챗GPT
초등 글쓰기
상담소

챗GPT 초등 글쓰기 상담소

인공지능으로 국어·영어 글쓰기 자신감에 날개를 달다

초 판 1쇄 2025년 01월 23일

지은이 이리재, 후추
펴낸이 류종렬

펴낸곳 미다스북스
본부장 임종익
편집장 이다경, 김가영
디자인 임인영, 윤가희
책임진행 이예나, 김요섭, 안채원, 김은진, 장민주

등록 2001년 3월 21일 제2001-000040호
주소 서울시 마포구 양화로 133 서교타워 711호
전화 02) 322-7802~3
팩스 02) 6007-1845
블로그 http://blog.naver.com/midasbooks
전자주소 midasbooks@hanmail.net
페이스북 https://www.facebook.com/midasbooks425
인스타그램 https://www.instagram.com/midasbooks

© 이리재, 후추, 미다스북스 2025, *Printed in Korea*.

ISBN 979-11-7355-038-6 03370

값 19,500원

미다스북스는 다음세대에게 필요한 지혜와 교양을 생각합니다.

★ 인공지능으로 국어·영어 글쓰기 자신감에 날개를 달다 ★

챗GPT
초등 글쓰기
상담소

이리재, 후추 지음

★ ★ ★

챗GPT와 함께하는
메타인지 자기주도 글쓰기
A to Z

Transformer · Generative · Pre-trained

★ ★ ★
사교육 없이
완성하는 국어·영어
글쓰기 자신감

추천사   7

여는 글   12

1부   초등 글쓰기에는 챗GPT가 제격이에요

1장 | 우리 아이, 왜 챗GPT 글쓰기를 해야 할까?

1. 혼자서도 잘 쓸 수 있다는 자신감이 솟는다!   26

2. 생각을 잇고 대화를 이어 주는 챗GPT의 마법   30

3. 틀려도 괜찮아! 긍정적인 공부 정서를 키우자   34

4. 언제 어디서든 할 수 있는 글쓰기 방법: 돈, 시간, 에너지를 아끼다   41

5. 미래 인재로서 인공지능 리터러시를 경험하자   44

2장 | 챗GPT와 함께하는 글쓰기 사례: 나는 이렇게 썼어요

1. 챗GPT 사용 방법   51

2. 챗GPT 글쓰기, 어떤 순서로 썼을까?   56

3. 쓰기 교육 이론을 적용한 실제 사례 분석   62

4. 자기주도 학습으로 성장하는 인공지능 글쓰기   72

5. 감정과 생각을 나누는 글쓰기   89

3장 | 엄마들과 나눈 Q&A: 나도 이게 궁금했는데!

1. 챗GPT 번역, 얼마나 정확하고 효과 있을까요?   105

2. 몇 학년부터 챗GPT 글쓰기를 시작하면 좋을까요?   115

3. 디지털 기기 사용 시간이 길어지고
   인공지능 의존도가 높아지면 어쩌나요?   124

4. 피드백은 어떤 방식이 좋을까요?   132

5. 시간을 함께 설계하는 엄마 vs 정해진 시간을 통보하는 엄마   140

6. 사교육 없이도 영어 글쓰기를 할 수 있을까요?   153

7. 프롬프트 활용법, 더 잘 쓰려면?   156

8. 책을 얼마나 읽어야 잘 쓸 수 있을까요?   163

2부 **우리 아이는 글쓰기로 세상을 이어요**

4장 | 알파 세대의 주먹도끼, 챗GPT

1. 내 아이는 나와 다른 인류: AI 사피엔스와 알파 세대   172
2. 괜찮은 공부 친구 챗GPT: 연결성, 맞춤형, 한결같음   176
3. 글쓰기의 쓸모는 평생 간다: 인공지능과 소통하는 글쓰기   181
4. 2025년, 디지털 교과서와 하이터치 하이테크 교육이 시작된다   184

5장 | 국어 · 영어 글쓰기, 교육 과정으로 살펴보기

1. 내 아이 영어 글쓰기, 어떻게 시작할까: 일기 vs 에세이   188
2. 일기는 모든 글쓰기의 출발점   193
3. 진로 탐색과 자기 성찰을 돕는 일기   196
4. '나'의 시간을 세계 역사로 이어 주는 일기: 자기 역사를 쓴다는 것   199
5. 마음이 담긴 '한 문장'부터 시작되는 글쓰기   202
6. 학교의 시선에서 바라보는 국어·영어 글쓰기   207

6장 | 무조건 성공하는 초등 영어 글쓰기 전략 8가지

1. 성공적인 영어 글쓰기를 위한 엄마 마음 준비   224
2. H.E.A.R.T로 아이의 글쓰기를 응원하세요   226
3. 활짝 웃으며 글을 쓰도록 S.M.I.L.E   231
4. 아이의 영어 글쓰기 정서, 망치지만 말자   242
5. 가족과 긍정확언 나누기   246
6. 옆집 아이는 '남의 떡'이다: 인간은 비교 기계   249
7. 구름을 드리우는 엄마 vs 무지개를 펼쳐 주는 엄마   252
8. 나는 네가 보지 못한 것을 봐   254

닫는 글   257

부록
1. 챗GPT 글쓰기에 활용할 수 있는 프롬프트 모음   264
2. 챗GPT 글쓰기, 이제는 실전이다   273

참고문헌   316

챗GPT 글쓰기를
고민하는 분들을 위한 체크박스

다음 항목 중 본인에게 해당하는 내용을 체크하세요.

☐ 2008년 이후 태어난 아이와 가족이다. (2009년생 아이부터 해당)

☐ 아이가 자기 주도적으로 글쓰기를 하기를 바란다.

☐ 국어 글쓰기와 영어 글쓰기를 고르게 할 수 있는 방법을 알고 싶다.

☐ 아이가 영어 학원에 다니기를 거부한다.

☐ 아이가 영어 학원에 다니고는 있는데 무엇을 얼마나 배워 익히고 있는지 정확히 모른다.

☐ 주변에 사교육을 받을 수 있는 인프라가 없다.

☐ 초등 5, 6학년과 중1의 영어 교육 수준의 차이를 잘 이겨내고 적응하기를 바란다.

☐ 초등 고학년이 되기 전에 어떻게 영어 쓰기 준비를 할 수 있는지 탐색해 보고 싶다.

☐ 한 줄 쓰고 "다음에 뭐 써?"라는 아이의 말을 들으면 화가 난다.

☐ 아이의 공부 정서와 쓰기 정서를 긍정적으로 지켜 주고 싶다.

☐ 아이의 생각을 알고 대화하는 글쓰기 시간을 만들고 싶다.

☐ 챗GPT를 활용한 글쓰기 경험을 제공해 주고 싶다.

☐ 아이가 자기 성찰을 통해 진로를 잘 찾아가기를 바란다.

☐ 2022년 개정 교육과정, 2028 대입 입시제도의 변화가 걱정된다.

☐ 글쓰기 격차가 공부 격차임을 알고 있기에 쓰기 역량을 키워 주고 싶다.

☐ 내 아이가 영어를 좋아하고 잘할 수 있는 방법을 알고 싶다.

3개 이상 해당하는 분에겐 이 책이
아이와 챗GPT 글쓰기를 시작하는 데 도움이 될 수 있습니다.

추천사

함께 성장하겠습니다. 이리재 작가가 초등 글쓰기와 챗GPT를 연결하여 책을 쓰셨다는 소식에 반가운 마음이 들었습니다. 이는 제가 평소 고민하던 2가지 문제를 동시에 해결하기 때문이었습니다.

챗GPT에 관심을 갖고 사용을 하는 것은 현재 자라는 세대에게는 선택이 아닌 필수입니다. 이미 인공지능이 사회 전반에 퍼지고 있는 상황에서 기존에 확립된 지식만을 익히는 것으로는 미래에 대한 반쪽짜리 대비가 될 것이기 때문입니다.

아이들은 챗GPT를 활용하면서도 챗GPT와는 차별화되는 경쟁력을 확보해야 합니다. 그 해답을 저는 글쓰기에서 찾고 싶습니다. 아이들의 글쓰기는 결과를 향한 지름길이 아닌, 성장의 여정입니다. 생각하고, 글을 쓰는 과정에서 아이는 세상을 바라보는 관점을 형성하고, 성장할 겁니다. 가장 인간다운 일을 계속해서 추구해야 아이들이 세상에 나아갈 10년 후, 20년 후에 경쟁력을 확보할 수 있을 겁니다.

이리재 작가의 책은 아이들이 20년 이후를 대비하기 위한 친절한 가이드가 될 것이라고 생각합니다. 읽고, 생각하고, 쓰는 작업을 통해서 아이들이 인간의 존엄성을 지켜 주기를 기대합니다.

정승익 EBS 영어 강사

제목만으로도 흥미를 자아내는 책입니다. 아이와 인공지능이 함께 만들어 가는 글쓰기의 세계를 상상하니 설렘이 앞섭니다. 이 책은 단순히 영어 글쓰기의 방법을 알려 주는 매뉴얼이 아닙니다. 인공지능이라는 도구를 통해 아이들의 자율성과 창의력을 북돋아주며 그 과정을 통해 스스로를 발견하게 하는 특별한 여정을 담고 있습니다.

챗GPT와 함께 영어 글쓰기를 시작하는 일은 단순히 한 가지 공부법을 배우는 것을 넘어 미래 인재로서 필수적인 역량을 갖추는 과정입니다. 책 속에서 다루는 '챗GPT를 활용한 자기주도 학습 사례'와 '글쓰기 정서와 부모의 역할'은 기존 자녀 교육서에서 보기 드문 독창적인 통찰로 가득합니다. 아이가 자기만의 주제를 글로 풀어내며 스스로를 발견하는 경험은 내적 동기를 이끌어 내고 평생 학습의 기초를 다지는 귀한 기회가 될 것입니다.

챗GPT와 같은 생성형 인공지능은 아이들에게 단순한 도구 이상의 존재가 될 것입니다. 이 책은 인공지능이라는 새로운 친구와 협업하며 자기 표현과 창작의 기쁨을 느끼도록 돕는 데 초점이 맞춰져 있습니다. 디지털 네이티브로 성장하는 아이들이 챗GPT를 활용해 글쓰기의 즐거움을 느끼고,

자신의 생각과 감정을 주도적으로 표현하는 모습을 상상해 보세요.

부모는 아이의 첫 번째 교사입니다. 그렇기에 부모가 먼저 챗GPT를 이해하고 활용법을 익혀야, 아이가 글쓰기와 공부를 자연스럽게 연결하고 즐길 수 있는 환경을 만들어 줄 수 있습니다. 이 책은 부모가 어떤 마음가짐으로 챗GPT를 활용해야 하는지, 그리고 아이의 학습을 어떻게 도울 수 있는지 구체적이고 친절하게 안내합니다.

이 책은 단순히 영어 글쓰기의 기술을 배우는 것을 넘어, 아이와 부모 모두에게 글쓰기를 통해 더 깊은 대화를 나누고 함께 성장할 기회를 선사합니다. 특히 초등학교 5학년부터 중학교 1학년까지의 아이를 둔 부모, 사교육 없이 자기 주도적 학습을 시작하고 싶어 하는 가정, 또는 챗GPT와 같은 인공지능의 교육적 활용에 관심 있는 분들에게 좋은 길잡이가 될 것입니다. 아이의 글쓰기 여정에 챗GPT를 더하면 부모와 아이 모두 새로운 가능성을 발견할 수 있습니다. 그 길의 첫걸음으로 이 책을 만나보시길 권합니다.

이은경 부모교육전문가, '슬기로운초등생활' 대표

2022 개정 교육과정으로의 전환이 이루어지고 있는 지금, AI 교육이 교육 현장에서 어떻게 적용되는 것이 바람직한가에 대해 교육 현장의 많은 교사들이 고민하며 논의하고 있습니다. 초등학생의 자기주도적 학습 능력을 기르기 위해 다양한 교육 방법이 시도되고 있는 가운데, 영어 교과의 핵심은 꾸준함과 성실함이라 생각합니다.

저는 후추의 6학년 담임교사로서 한 해 동안 후추가 챗GPT를 활용해 자신의 일상에서 글감을 찾아 영어로 글쓰기를 하고, 원어민 교사와 소통하며 성장해 나가는 과정을 가까이에서 지켜봤습니다. 이 과정은 단순히 영어 학습을 넘어, 학생이 체계적으로 언어 능력을 확장하고 창의적 사고를 키워가는 시간이었습니다. 무엇보다 이 모든 과정이 부모님의 변함없는 응원과 지지, 그리고 아이와의 소통 속에서 이루어졌다는 점에서 특별한 의미가 있다고 생각합니다.

이 책은 챗GPT를 활용해 영어 읽기와 쓰기를 꾸준히 실천하며, 아이가 자기주도적으로 배우고 성장하는 과정을 생생히 담고 있습니다. 영어 학습에 대한 고민이 많은 부모님, AI 기술을 활용한 미래 교육에 관심 있는 독자들에게 이 책은 실질적인 도움과 영감을 줄 것이라 확신합니다. 교육 가족으로서 후추가 자기다운 도전과 미래를 열어 가길 진심으로 응원합니다.

서은호 충남교육청 영재교육원 수학 담당 교사

제가 한국에 도착한 후 곧바로 아이들을 만나러 초등학교에 도착했을 때, 조금 긴장했었습니다. '만약 학생들이 내 말을 이해하지 못하면 어떡하지? 영어를 싫어하면 어떡하지?' 이런 걱정들이 머릿속을 맴돌았죠. 하지만 6학년 반 아이들을 만나자마자 그런 걱정은 모두 사라졌습니다. 아이들이 저를 너무나 따뜻하게 맞아 주었거든요.

특히 후추가 "선생님, 어디에서 오셨어요?"라고 물었을 때 정말 안심이 되었습니다. 후추는 또렷한 발음으로 질문을 해 주었고, 그 모습이 정말 인상 깊었습니다. 수업 시간마다 후추는 별다른 도움 없이 질문에 답을 척척 해냈고, 종종 친구들을 도와주는 모습도 자주 보였습니다. 제가 그에게 더 어려운 질문을 던지거나 도전을 줄 때마다, 그는 매번 기대 이상으로 잘 해내며 뛰어난 실력을 보여 주었습니다.

남아프리카공화국에서는 열심히 노력하는 것을 매우 중요하게 생각합니다. 그리고 저는 후추가 그 정신을 몸소 보여 주고 있다고 느꼈습니다. 한국에서는 영어를 실제로 사용할 기회가 제한적인 상황임에도 불구하고, 후추는 그 도전을 정면으로 받아들이며 '결심만 한다면 불가능한 것은 없다'는 것을 보여 주고 있습니다. 후추의 이러한 헌신적인 태도는 부모님의 변함없는 응원과 지지, 그리고 아이와의 지속적인 소통 속에서 더욱 빛나고 있다고 생각합니다.

후추는 제가 가르친 가장 뛰어난 학생 중 한 명입니다. 영어 글쓰기와 듣기 실력이 훌륭하고, 특히 읽기와 말하기에서는 탁월한 능력을 보여 줍니다. 이 어린 학생은 분명히 멋진 미래를 향해 나아갈 것이라 믿습니다. 앞으로의 학업에서도 후추의 성공을 진심으로 응원합니다.

Jenny 충남교육청 아산교육지원청 소속 원어민 교사

여는 글

인공지능과 소통하며 살아갈 우리를 응원합니다.

12개월 동안 영어 학원비, 논술 학원비를 저축해서 다함께 해외여행을 간다면? 학원에 가는 대신 내 아이와 즐겁게 대화하며 국어 · 영어 글쓰기를 할 수 있는 방법이 있다면? 이 책은 사교육 없이 열세 살 아들과 함께 인공지능 글쓰기를 위해 노력한 시간을 담고 있습니다.

아이들 영어 공부, 즐겁게 한다는 집 찾기가 참 어렵습니다. 그토록 일찍 시작하고 그렇게나 오래 공부하는 영어인데 말입니다. EBS 영어강사인 정승익 선생님은 저서 『어머니, 사교육을 줄이셔야 합니다』에서 초등 영어 교육 목표는 '영어에 대한 흥미와 자신감을 기르는 것'이라고 강조합니다. 정작 우리 현실을 보면 아이의 영어 흥미와 자신감을 키워 주기 위한 시간은 온데간데없고 남보다 앞서는 선행, 초등 시절부터 수능 1등급을 받는 아이들이 있다는 소문을 따라잡기만 중요해 보입니다. 우리들, 이대로 달려도 괜찮을까요?

저는 중학교 2학년 딸, 초등학교 6학년 아들을 키우는 엄마입니다. 2022 개정 교육과정, 2025년부터 시행되는 고교학점제, 2028 대입제도 개편을 강 건너 불구경하듯 바라볼 수 없는 사람이라는 뜻이지요. 새로운 교육과정에서 아이들은 융복합을 넘어 개인 맞춤형 교육으로 미래 역량을 키울 수 있다고 합니다. 아이들마다 적성을 살려 성장할 수 있다니, 내 아이 장래에 도움이 될 교육 제도 변화에 기대감이 생깁니다.

다만 입시 제도 변화는 부담스럽습니다. 공교육 중심 미래 교육 구현으로 사교육비 부담을 줄이겠다는 교육부 발표가 있었습니다. 그러나 초3 의대반 모집 공고가 붙은 학원가를 돌며 불안해하는 엄마들 풍경에서 기시감을 느낍니다. 교육 현실이 바뀌어야 한다고 생각하지만 내 아이를 입시 경쟁 레이스에서 내려오게 하기는 불안합니다. 그런 학부모들의 모습은 안데르센이 쓴 벌거벗은 임금님 이야기에 나오는 사람들과 닮았습니다. 다수의 선택은 현명한 길잡이일까요, 불안을 덮어 버리는 눈가리개일까요.

현재 저는 두 아이와 비수도권의 작은 시골 마을에서 우리 가족만의 속도로 살고 있습니다. 서울에 살던 때 8년 동안 대치동에서 주로 SKY, 특목고반 아이들을 가르쳤습니다. 감탄이 절로 나오는 똑똑한 아이들이었어요. 격려가 필요하지 않아 보이는 목표 의식으로 무장한 아이들도 있었습니다. 어찌나 자기 관리에 철저한지 책에서나 보던 아이들이구나 싶기도 했지요. 그런 아이들은 정말 극소수였습니다. 그런데 학부모 상담을 하면서 알게 된 사실이 있습니다.

거의 모든 부모님들이 본인 아이들의 성장 기준을 모두 '1% 아이들'로 맞춘다는 점입니다. 만점 혹은 1등이 아니면 무의미하다고 했습니다. 아이가 열심히 노력해서 지난 번보다 성적이 좋아졌어도, 글쓰는 실력이 성장했어도 인정해 주지 않는 모습도 무섭도록 닮아 있었습니다. 저는 제 아이들은 사교육과 거리를 두고 키웠습니다. 제가 초지일관 입시에 정진하는 엄마가 될 자신이 없었거든요. 아이들이 1%가 되기 위해 걸어야 할 길이 얼마나 험난한지 너무나 잘 알고 있었기 때문이기도 합니다. 게다가 세상의 변화는 어찌나 빠르던지요. 부모 세대가 살아보지 못한 변화무쌍한 미래 사회에서 살아가야 할 아이들이 너무 일찍 삶의 에너지를 입시 공부에 소진하지 않기를 바랐습니다.

"엄마, 나 영어 공부해야겠어요!"

2024년 초 어느 날. 6학년 둘째가 제게 영어 공부를 하겠다고 했어요. 세상에, 로또 당첨만큼이나 반가웠습니다. 공부하겠다는 아이 말에 어느 엄마가 기쁘지 않겠어요. 게다가 중학교 진학이 코앞인 상황에서 스스로 꺼낸 말이니까요. 아이의 이야기를 들어보니 영국에 가서 EPL 축구 경기를 직접 보고 싶어 영어 공부를 해야겠다고 하더군요. 영어학원은 가지 않겠다고 했습니다. 친구들이 모두 지겨워한다면서요. 상황을 정리해 보니 '학교 현행만 착실히 밟아간 아이가 자신의 소망을 이루기 위해 영어 공부를 본격적으로 해 보고 싶어 한다.'로 정리되었어요.

아이들의 성장은 신비롭고 놀라워서 생각하지 못했던 성장의 계기를 만들어냅니다. 학원이 싫었던 아이는 제게 도움을 요청했습니다. 감사하게도 우리는 첨단 기술 시대에 살고 있습니다. 처음에는 번역 앱을 활용하여 영어로 말하고 쓰기를 시도했습니다. 한 줄에서 세 줄 정도였지요. 마냥 신기해하며 사용하던 아이는 금방 흥미를 잃었습니다. 번역 애플리케이션은 입력한 내용이 금방 사라지고, 무엇보다 피드백을 바탕으로 한 상호작용이 이루어지지 않기 때문입니다.

궁리를 이어 가다가 챗GPT를 활용해 보기로 했습니다. 생성형 인공지능이 교육적 측면에서 부정적 영향(표절, 수동성, 무비판적 수용, 자기주도성 상실 등)을 미칠 수 있다는 예측을 많이 본 터라 망설임도 있었습니다. 그러나 그런 부정적 예측들이 난무하는 가운데 각 교육청에서는 앞다투어 AI 활용 수업 방안을 내놓았고, 2022 개정교육방향 역시 에듀테크를 기반으로 한 미래교육과 학생 맞춤형 교육이라고 발표되었습니다. 이 엇박자들 가운데 한 가지 사실은 명백해 보였습니다. 아이들의 삶이 인공지능과 떼려야 뗄 수 없는 관계가 되리라는 점이었습니다.

세상 모든 일에는 빛과 그림자가 있습니다. 챗GPT가 출시되고 표절, 비윤리적인 베끼기, 비판적 사고와 창의력의 소멸 등 여러 우려가 앞섰습니다. 하지만 세상에 없던 아이들인 우리 아이들은 이미 디지털 네이티브이며 AI 사피엔스인 알파 세대입니다. 그렇다면 일찍부터 인공지능을 경험하고 바르게 쓰는 방법을 배우면 어떨까요? 인공지능 문해력을 키우고 의미의 마지막 선택과 편집은 '나'에게 있다는 사실을 아이들이 꾸준히 알고 새기는 일이 필요합니다.

좋아하는 일에 다가가기 위해 '공부'를 선택한 아이를 보며 '아이가 바라는 일이 무엇인가' 항상 생각했습니다. 아이의 바람은 '내가 관심 있고 쓰고 싶은 내용'을 영어로 표현하는 경험이었습니다. 그 경험이 '내 생각일 것 같은' 내용을 인공지능이 확률로 계산해서 대신 영어로 써서 보여 주는 일이 되어서는 안 된다는 점을 잊지 않으려 애썼습니다. 그렇게 챗GPT와 함께 '나'로부터 시작하는 글쓰기를 영어로 표현해 보는 경험을 1년 동안 지속했습니다. 이 과정에서 학교 원어민 선생님께서 매주 피드백을 주셨습니다. 담임선생님께서도 관심어린 시선으로 응원을 보내주신 덕에 더 큰 동기부여가 되었습니다. 선생님들께 진심으로 감사합니다.

아이와 저의 챗GPT 글쓰기 과정은 공식 권장 지도가 없는 여정이었습니다. 목적지는 '아이가 자기 자신이 원하는 주제를 영어로 표현하는 경험'이니 아이가 가는 걸음걸음이 곧 자신을 위한 지도가 되었습니다. 아이는 이제 챗GPT와 함께 소통하며 영어 글쓰기를 제법 용감하게 해냅니다. "나 영어 글쓰기 할 수 있어요!"라고 말하는 자신감 있는 아이가 되었습니다.

이 책의 핵심은 '자기주도적으로 인공지능과 함께 국어, 영어 글쓰기를 완성하는 방법'입니다. 총 6장과 부록으로 구성되어 있습니다.

1장에서는 챗GPT로 글쓰기를 할 때 누릴 수 있는 장점을 정리했습니다. 미래 세대인 아이들은 여전히 오지선다와 입시 경쟁의 틀에 갇혀 있습니다. 글을 쓸 때조차 틀려서 혼날까봐 두려워하는 아이들에게 챗GPT와 글쓰기가 대안이 될 수 있음을 밝혔습니다. 인공지능의 시대, 인간다움을 지킬 수 있는 가장 강력한 무기는 질문과 사고에 있다고 하지요. 그러기 위해서 아이들은 두려움 없이 질문하고 즐겁게 글쓰기하며 긍정적인 정서를 지킬 수 있어야 합니다.

2장에서는 실제 글쓰기 사례를 분석하여 더욱 쉽게 접근할 수 있도록 했습니다. 아무리 좋은 내용도 추상적인 이론으로 다가오면 쉽게 도전하기 어렵습니다. 챗GPT가 일상화되었다고 하나 낯선 분들을 위해 사용법, 글쓰기 단계, 쓰기 교육 이론을 바탕으로 한 사례 분석 등을 통해 도움이 될 내용을 정리했습니다.

3장에서는 엄마들과 나눈 질문과 답변을 모았습니다. 질문은 알고자 하는 마음에서 시작됩니다. 내 아이를 위한 더 나은 방법을 찾고자 애쓰는 엄마들의 질문 가운데 자주 만났던 내용들을 정리했습니다. 우리 삶에는 교집합이 있으니 분명 닮은 질문들을 만나실 수 있을 겁니다. 번역의 정확성, 글쓰기 시작 시점, 디지털 기기 사용 조절법 등 현실적인 고민을 다루었습니다.

4장에서는 챗GPT가 알파 세대에게 어떤 역할을 할 수 있는지 정리했습니다. 디지털 교과서 도입과 인공지능 활용은 교육 현장에서 뜨거운 감자입니다. 학교 현장에서 선생님들이 부단히 노력하고 계시지만 부모님들도 알아야 합니다. 그래야 내 아이가 디지털 기계와 인공지능을 어떤 자세로 접할지 도와줄 수 있습니다. 아이를 위해 애쓰실 부모님들을 위해 AI 관련 트렌드를 정리하는 한편 글쓰기와 어떻게 연결되는지 정리했습니다. 글쓰기는 단순히 학습의 도구를 넘어 아이들이 사고력을 키우고, AI와 소통하며 미래를 준비하는 과정으로 확장됩니다. 챗GPT와 함께하는 글쓰기는 평생 간직할 수 있는 소중한 자산이 되어, 아이들이 자신만의 이야기를 만들어 나가는 데 도움을 줍니다.

5장에서는 학교 교육 과정에서 글쓰기가 어떻게 구성되어 있는지 알아봄니다. 일기와 에세이를 시작으로 자기 성찰과 진로 탐색, 나아가 자신의 시간을 세계 역사와 연결하는 과정까지 소개합니다. 아이들이 짧은 문장 속에서도 깊은 의미를 담아낼 수 있는 능력을 기르도록, 글쓰기의 기초부터 확장까지 체계적으로 정리된 교육 과정을 이해하면 학교 현행을 더욱 충실히 해야 하는 이유를 알 수 있습니다. 불안함에 휩쓸려 아이를 사교육에 맡기기보다 함께 교과서를 충실히 읽어야하는 이유를 발견하시게 될 거예요.

6장에서는 아이와 부모가 글쓰기를 통해 더 깊이 연결되고 글쓰기 여정에 지속적인 동반자가 될 수 있는 가치관과 방법을 제안합니다. 아이의 정서를 망치지 않고 긍정적으로 응원하는 부모의 마음, 자기주도적으로 영어를 배우고자 하는 아이의 마음 모두가 성공적인 영어 공부를 위해 필요합니다. 'H.E.A.R.T'와 'S.M.I.L.E'라는 두 가지 원칙을 통해 아이들이 글쓰기를 즐길 수 있도록 돕겠습니다.

부록 「영어 글쓰기, 이제는 실전이다」는 저와 아이의 챗GPT 활용 영어 글쓰기 과정을 간접적으로나 함께하는 마음으로 만들었습니다. 프롬프트에 뭘 입력해야 할지 고민되는 첫 순간에는 부록을 참고하여 아이와 즐겁고 편안하게 챗GPT를 경험해 보세요. 아이들은 예시글이 있으면 더욱 쉽고 즐겁게 자신의 글을 써 나가지요. 부록에 실린 예시글을 보고 아이들이 글을 쓸 수 있도록 워크북 형식으로 만들었습니다. 지면의 제약으로 더 많은 질문을 싣지는 못했으나 아이와 즐겁게 대화하고 챗GPT로 영어글쓰기를 하기 위한 디딤돌이 되어 줄 것입니다.

글쓰기, 영어 글쓰기의 기술, 방법론 책들은 이미 시중에 너무나 많습니다. 그렇기에 이 책에서는 쓰기가 지닌 중요성을 강조하기 위한 본질적인 부분을 정리했습니다. 쓰기의 방법적인 부분은 관련 주제 글에서 도서목록을 일부 정리했습니다. 앞으로 훌륭한 도서들을 함께 찾고 공유하는 기회가 마련되면 좋겠습니다.

출산 전 육아에 관한 책을 그렇게나 많이 봤어도 내 아이에게 그대로 맞지 않았음을 늘 되새깁니다. 아무리 좋은 프로그램, 뛰어난 기술이 나와도 내 아이 고유의 기질과 성격, 학습 성향에 맞지 않다면 무용지물입니다. 기준은 세우되 세밀한 적용은 각자의 몫입니다. 사람에게는 거울 뉴런이 있다고 합니다. 다른 이들의 행동을 보고 따라 하게 만드는 뉴런입니다. 인공지능을 활용한 학습과 언어 습득에서 저희 가정의 사례가 하나의 거울 예시가 되길 바랍니다. 그 거울에 서로를 비춰보며 각 가정의 아이들이 편안한 맞춤형 영어 글쓰기를 경험한다면 기쁘겠습니다.

저는 뼛속까지 문과인 엄마입니다. 프롬프트 엔지니어링, 코딩, 인공지능 리터러시의 구조적 접근. 이런 무거운 말들은 내려두시면 좋겠어요. 누구나 바로 시작할 수 있습니다. 챗GPT는 자연어로 소통할 수 있는 인공지능입니다. 그냥 일상 언어면 가능한 거죠. 시작해 보세요. 아이와 대화가 늘어납니다. 몰라서 답답했던 속마음도 알 수 있습니다. 내 경험에서 태어난 영어문장을 바라보는 아이의 눈빛은 살아 있습니다. 아이가 주도적으로 인공지능과 협업하며 글쓰기를 즐기게 됩니다. 곁에서 바라보는 엄마가 내 아이의 색깔이 담긴 언어와 생각을 보고 듣는 즐거움은 덤입니다.

130세 시대를 살아야 할 우리 아이들이 글쓰기와 공부의 즐거움을 알아가는 시간이 되기를 진심으로 바랍니다. 사춘기의 바다를 건너며 자기만의 항해 지도를 만드는 두 아이와 남편에게 사랑하는 마음과 고마움을 전합니다. 아이들을 함께 키워 주신 이웃들, 학교 현장에서 애쓰시는 선생님들께도 진심으로 감사드립니다. '나와 내 아이다움'을 잃지 않고 고유한 속도대로 살기 위해 고군분투하는 세상 모든 엄마를 응원합니다.

이리재 드림

안녕하세요, 저는 후추입니다. 대항해시대에는 금보다도 귀했고 적은 양으로도 요리의 맛을 살려주는 후추같은 글을 쓰고 싶어서 지은 이름이에요. 제가 책에 소개글을 쓴다니 손흥민 선수를 직접 만나는 일만큼이나 믿기 어려워요.

저는 이 책에서 챗GPT로 국어, 영어 글쓰기를 담당했어요. 제가 어떻게 글쓰기에 관심이 생겼는지 궁금하신 분들이 계실 거예요. 주변 친구 엄마들이 가장 많이 물어보신 질문이거든요. 저는 친구들과 축구하고 노는 걸 제일 좋아하고, 공부에는 별로 관심이 없었어요. 그러던 어느 날 잉글랜드 프리미어리그(EPL)를 보며 꿈이 생겼습니다.

"나는 꼭 영국에 가서 경기를 직접 보고야 말거야!"

영국에 가서 자유롭게 대화하고 즐겁게 여행하고 싶었어요. 학교에서도 영어로 표현을 하면 제 자신이 멋지게 느껴지고 재미있었으니까요. 주변 친구들을 보면 즐겁게 영어 학원에 다니는 경우가 별로 없어서 학원은 가기 싫었어요. 패턴만 지루하게 반복하는 학습지도 꾸준히 하기에는 재미가 없어서 어려움을 겪었지요. 그 과정에서 엄마가 챗GPT 글쓰기를 권해 주셨고 학교 원어민 선생님께서 함께 도와주셨어요. 저는 챗GPT 국어, 영어 글쓰기가 점점 재미있어졌어요.

  저는 이 책으로 많은 사람들의 집에 찾아가 보면 좋겠어요. 열심히 쓴 책이니까 더 많은 분들이 함께 읽어 주셔서 경험을 전할 수 있다면 정말 보람 있을 것 같거든요. 제가 꾸준히 공부하도록 도와주신 부모님, 선생님께 고맙습니다. 앞으로도 챗GPT로 공부하며 EPL을 보러 가겠습니다. 같이 가실 분은 연락주세요.

후추 드림

1부

초등 글쓰기에는
챗GPT가 제격이에요

1장

우리 아이,
왜 챗GPT 글쓰기를 해야 할까?

1
혼자서도 잘 쓸 수 있다는
자신감이 솟는다!

"나 혼자 잘 쓸 수 있어요."

'나 혼자 할게요, 알아서 할게요, 나도 잘할 수 있어요'. 엄마들이 꿈에서라도 듣고 싶은 자기주도 3종 세트 문장입니다. 꾸준히 함께 글쓰기를 해오던 어느 날, 아들이 저에게 혼자 글을 쓰겠다며 엄마는 엄마 할 일을 하라고 했습니다.

저희 아이는 역사 커뮤니케이터가 꿈입니다. 최태성 선생님이 닮고 싶은 사람(롤모델)이지요. 지난 한국사능력검정시험에서 100점을 받아 큰별쌤 친필 사인이 들어간 펜을 받았습니다. 평소에도 역사에 관심이 많던 아이가 그날 선택한 주제는 '안중근 의사의 시신을 찾아 우리나라로 모셔오려면'이었어요. 학교 과제는 아니었습니다. 학원에 다니지 않으니 학원 과제도 아니었고요. 아이와 이야기를 나눠보니 사도 광산 유네스코 세계 유산 지정을 둘러싼 한일간 역사 기록 논란 뉴스를 접하고 생각할 거리를 건져 올렸더라고요.

그날 아이는 장장 세 시간을 혼자 메모하고 중얼거리며 자판을 두드렸습니다. 도와줄 일은 없나, 뭘 하고 있는 건가 궁금한 마음에 슬쩍 오가며 지켜본 아이의 세계는 신선했습니다. 인터넷 강의를 듣거나 유튜브로 한국사 강의를 듣는 모습과는 확연히 달랐어요. 분명 혼자 있는데 아이는 혼자가 아니었습니다. 아이는 자기만의 방식으로 인공지능과 소통하는 시간을 보내고 있었습니다. 화면을 한참 바라보다가 연필을 잡고 톡톡 두드리기도 하고 메모지에 끄적이다가 중얼거리기도 했습니다. 범죄 수사 드라마에 나오는 장면에서처럼 메모지들을 붙이고 화살표를 그리기도 했어요. 책장에서 여러 권의 책을 가져다 읽기도 하더군요.

생각할 거리가 많고 연결하기 쉽지 않은 주제였습니다. 그런데 아이는 혼자 검색, 번역, 참고 도서, 가정 세우기, 자료조사, 셀프 숙론의 과정을 챗GPT와 차분히 진행해 나갔습니다. 나중에 아이의 글을 보고 입이 떡 벌어졌습니다. 시신 확인 가능성, DNA 분석, 외교문제, 우리나라 국민들의 반응 예상, 필요한 비용, 그 일을 해야 하는 이유, 위험 부담 요인, 찬반을 가정한 두 입장의 비교 등 다양한 영역의 질문을 던지고 궁리를 이어갔더군요. 아이는 생각을 그러모은 후, 그 내용을 우리말로 먼저 작성하고 챗GPT를 통해 영어로 번역하여 비교·대조하고 단어 공부까지 이어 갔습니다.

아이들은 6학년 국어에서 정확한 출처를 밝히고 근거 있는 글쓰기의 중요성을 배웁니다. 배운 내용을 기억해서 챗GPT에게 출처를 꼭 밝히라는 내용을 프롬프트에 입력한 점도 인상적이었습니다. 아이들은 부모의 생각보다 훨씬 더 많이 생각하고 표현할 수 있습니다. 다만 글쓰기라는 어려운 길을 처음 걸을 때 응원과 도움이 필요합니다. 그 날 아이는 깊이 고민한 흔적이 드러나는 글을 써냈고 챗GPT는 그 과정을 원활히 돕고 있었습니다.

아이는 자라는 과정에서 크고 작은 글쓰기에 도전하게 됩니다. 풀면 답이 나오는 객관식과는 또 다른 부담의 세계가 글쓰기입니다. 중고등학교에 가면 당장 서술형 평가가 아이들에게 부담이 됩니다. 2022 개정 교육 과정에서 서술형 평가가 강화된다는 발표가 있었습니다. 쓰기의 쓸모는 유통기한이 평생입니다. 글쓰기를 '해 볼 만하다'고 여긴다면 여러모로 큰 도움이 됩니다. 글쓰기의 시작을 생각해 보면 '쓰고자 하는' 마음이 있어야 하지요. 챗GPT는 아이에게 '일단 한번 써 볼까'는 마음을 낼 수 있게 도울 수 있습니다. 막막하고 무서운 백지 앞에서 동료가 되어 주거든요. 세상 누구보다 아이들은 잘 해내고 싶어 합니다. 엄마를 사랑하기에 엄마를 기쁘게 해 주고 싶고 칭찬도 받고 싶지요.

『챗GPT 국어 수업』[1]은 현직 국어 선생님들의 인공지능 활용 국어 수업의 내용을 담고 있습니다. 선생님들은 '챗GPT가 해 준 말을 분석, 해석한 뒤 자기 생각과 언어로 다시 만들어 내는 경험을 아이들에게 쥐여 주고 싶었다'고 밝힙니다. 문학, 비문학을 넘나들며 다양한 수업을 한 결과 각기 다른 장소에서, 서로 다른 교사가 방향성을 미리 약속하지 않았는데도 '학습자가 자신을 더 잘, 깊이 알게 되는 결과'에 이르게 되었다며 놀랍고 벅찬 일이라 평가했습니다. 아이들은 인공지능과의 수업에서 자기 잠재력을 확인하고, 선입견을 부수기도 하고, 혼자서는 정리하지 못했던 '나'라는 사람을 언어화하기도 했다는 것입니다. '자신을 발견한다'라는 교육의 오래된 목표를 인공지능 활용 수업에서 경험했다니 저도 그 수업 속의 학생이 되어 보고 싶었습니다.

---

1 『챗GPT 국어 수업』, 김가람·김소진·김영희·윤재오·정수화·조인혜, 서해문집, 2023

쓰기의 본질은 언어에 따라 변하지 않습니다. 시, 소설, 편지, 설득하는 글, 자기소개서, 진로 탐색, 면접 준비, 논문, 사업 계획서, 자서전 등 쓰기의 쓸모는 무궁무진한 영역에서 평생 갑니다. 초등학생 시기는 평생의 바탕이 되는 다양한 경험이 중요한 시기입니다. 아이가 부모와 함께 챗GPT를 즐겁게 사용하고 쓰기의 즐거움과 자신감을 경험할 수 있도록 도전해 보면 어떨까요.

2
생각을 잇고 대화를 이어 주는 챗GPT의 마법

　인공지능과 로봇 시대를 살아갈 우리 아이들은 과연 어떤 역량을 가져야 할까요? 단순 검색과 암기 시대는 이미 가치를 잃었다고 하나 입시 제도라는 기준을 두고 보면 혼란스럽습니다. 안 그래도 아이들이 배워야 할 양이 너무 많아진 시대, 입시 경쟁이 너무 빠르게 시작되는 시대에 발맞추기도 버거운데 과거와는 다른 통섭의 역량도 필요하다니 막막해하는 분들이 많습니다.

　초점을 좁혀서 이야기를 계속 나눠볼까요? 지금 이 책을 골라 읽고 계신 여러분은 어떤 이유 때문에 이 책을 읽고 계신가요? 아마 챗GPT를 활용하여 내 아이가 국어와 영어 글쓰기를 더 잘할 수 있도록 도와주고 싶기 때문일 겁니다. 그리고 그것이 내 아이의 교육과 미래에 어떻게 장점이 될 수 있을지 알고 싶기 때문이기도 하겠지요. 그렇다면 여기서 한 번 더 짚어 봐야 할 부분이 보입니다. 과연 챗GPT를 활용하면 어떤 부분에서 글쓰기에 도움이 되는 걸까요?

　챗GPT는 철저히 사용자가 입력하는 프롬프트(입력명령)에 따라 결과물을 나타냅니다. 챗GPT를 쓰려면 우선 내가 원하는 바를 말과 글로 표현할 수 있어야 하는 것이지요. 내가 알고 싶은 것이 무엇인지 파악하는 과정은 메타인지와 밀접하게 연결되어 있습니다. '생각에 대한 생각, 인지에 관한 인지'라 불리는 메타인지는 내가 정말 아는 것과 모르는 것을 분명하게 파악하는 힘입니다.

생성형 인공지능이 제 아무리 똑똑하고 온 세상 데이터를 많이 가지고 있어도 쓰는 사람이 질문하지 않으면 아무 소용없습니다. 챗GPT를 활용하여 글을 쓰면 사용자는 반드시 '선택'과 '표현'의 과정을 거치게 됩니다. 글 쓰는 과정에서 이 과정은 '편집'과 닮았습니다. 20여 년간 잡지 편집자로 일한 최혜진 작가의 『에디토리얼 씽킹』[2]에서는 '모든 것이 다 있는 시대의 창조적 사고법'이 왜 필요한지 편집이라는 열쇳말을 통해 이야기합니다.

> 편집은 우리가 세상을 인식하고 기억하는 방식 그 자체다. 우리 뇌는 장면의 모든 세부 사항을 동결시켜 기록하는 카메라처럼 작동하지 않는다. 어떤 부분은 주목하고, 어떤 부분은 무시한다. 새로 들어온 정보를 원래의 것과 연결하고, 정보의 공백을 스스로 채워넣기도 한다. 에디터뿐 아니라 모든 사람의 뇌 공장에서 '주목-무시-범주화-채워 넣음' 등의 편집 행위가 시시각각 벌어진다.

글쓰기는 파편처럼 흩어져 있는 지식의 구슬을 활용해 내가 원하는 목

2　『에디토리얼 씽킹』, 최혜진, TURTLENECK PRESS

걸이를 만드는 과정입니다. 단순한 단어 나열을 넘어 사고의 깊이와 연속성을 키우는 과정입니다. 이때 '에디토리얼 씽킹(편집적 사고)'이 빛을 발합니다. 에디토리얼 씽킹은 질문과 호기심을 바탕으로 아이의 사고를 조직화하고 확장시킵니다. 챗GPT를 활용하면, 아이가 스스로 다양한 질문을 던지고 인공지능이 답한 내용에 다시 묻고 답하면서 논리적 사고와 메타인지를 기를 수 있습니다. 기존의 것과 새로운 것을 연결하고 질문하기 위해 생각해야 하기 때문입니다. 이를 통해 자기 주도적인 학습이 가능해지며, 내가 아는 지식들을 생각과 함께 표현하는 글쓰기에 대한 자신감이 자라납니다. 이 과정에서 부모는 아이를 격려하고 경청하며 아이의 글쓰기를 도울 수 있습니다.

단, 이 과정에서 욕심은 금물입니다. 닫힌 질문, 정답이 정해진 질문을 던져 아이들이 대답하기 싫어지게 만들어서도 안 됩니다. 우리가 아이들을 사랑하는 데 무슨 끝이 있을까요. 아이에게 도움이 된다면 뭐라도 해 주고 싶은 게 부모 마음이죠. 문제는 내 아이가 살아갈 시대는 부모가 살아온 시대와 너무나 다르다는 점입니다. 솔직히 저는 앞으로의 세상을 상상조차 하기 어렵습니다. 엄마들은 과목별 분화 사고와 영역별 분리 사고 속에서 성장했습니다. 아이들을 키우며 제가 두부 자르기식 사고의 경향성이 강한 사람임을 느낍니다. 제가 자란 시대의 사회에서 받은 교육 DNA 영향이라고 생각하며 위안해 봅니다. 이제는 그런 태도가 미래 세계를 살아야 할 아이들에게 어떻게 작용하게 될지 한 번 진지하게 생각해 봐야 합니다. 부모의 경험이 아이가 살아가야 할 시대 언어를 구성하는 일에 방해가 된다면 너무 안타깝고 속상한 일이잖아요?

우리 가족에게 챗GPT는 아이들 생각과 저의 세상을 이어 주는 부담 없는 다리입니다. 아이들이 부모의 도움 없이 스스로 질문하고 내가 해냈다는 자신감을 느끼게 하는 거울입니다. 열쇳말을 주고 질문을 통해 새로운 관점을 찾아가는 일은 보물찾기와 닮았습니다. 챗GPT는 감정이 없기에 더욱 과감히 실험적으로 질문하고 실수를 두려워하지 않아도 됩니다. 감정이 없는 존재 덕분에 감정적으로 편안하게 글을 쓰고 공부하는 상황, 사람이 아닌데 사람의 언어를 구사하는 존재 덕분에 가족 간 대화가 많아지는 묘하고 낯선 그 시간을 여러분도 경험해 보시길 바랍니다.

3
틀려도 괜찮아!
긍정적인 공부 정서를 키우자

걱정이다 걱정 걱정이다 걱정

걱정이다 걱정 걱정이다 걱정

나는 공부를 못 해서 걱정이다

집에 가면 맞기만 한다

맨날 맨날

내 속에는 죽는 생각만 한다

— 정익수 시, 백창우 곡, 〈걱정이다〉

2017년 큰아이가 초등학교에 입학했습니다. 두 달여가 지난 어느 날 아이가 부르는 이 노래를 듣고 얼마나 놀랐는지요. 학교 수업 시간에 배웠다는 설명에 가슴을 쓸어내렸습니다. 찾아보니 초등학생이 쓴 시에 백창우 선생님이 곡을 붙이셨더군요. 아이 노래를 들으며 '나는 적어도 죽는 생각이 들게 하는 엄마는 되지 말자' 다짐했습니다. 저는 초등학교에 다닐 때 글쓰기 숙제를 안 해가면 손바닥이나 발바닥을 맞기도 했습니다. 요즘 아이들 동화 중에도 '일기'나 '글쓰기'를 소재로 한 작품들이 많지요. 작품 속 아이들은 자기 마음을 그대로 표현했다가 혼이 나거나 문제가 커질까 봐 고민이 많습니다. 심지어 글 쓴 공책을 숨기거나 버리기도 합니다.

영어 글쓰기는 더 그렇습니다. 외국어이기에 낯설고 맞고 틀림에 대한 부담이 큽니다. 일찍부터 입시에 뛰어드는 우리나라 아이들은 문법적 요소에 예민합니다. 엄마에게 가장 직접적으로 지적받고 혼나는 부분이기 때문입니다. "내가 하고 있는 게 맞나?"라는 의문이 이어지면 글쓰기에 온전히 몰입할 수 없습니다. 결과가 어떨지를 몰라 자신이 틀리는 것에 대한 두려움이 커집니다. 그 뒤에는 엄마의 실망과 화를 감당해야 하고, 다른 친구들과 비교하며 자기도 모르는 사이 느껴질 열등감과 수치심도 상상됩니다. 영어를 외국어로 배우는 환경에서 영어 학습자들이 '평가'에 대해 느끼는 불안 때문에 쓰기 활동에 부정적인 영향을 미친다는 연구 결과도 발표되었습니다.

챗GPT와 영어 글쓰기를 하면 즉각적인 피드백이 가능합니다. 아이가 글감을 찾고 견해를 정하는 과정부터 요모조모 생각하도록 활용할 수 있습니다. 챗GPT는 스스로의 생각을 점검할 때 거울이 됩니다. 다른 사람의 관점이나 이어지는 영역을 탐색할 때는 유리창이 됩니다. 지속적인 채팅으로 아이에게 맞춤형 대화가 가능하다는 것도 장점입니다. 친구와 추억을 되새기듯 "지난번에 이야기한 A에 관한 사항도 같이 생각해 줘."같은 프롬프트 입력이 가능하니까요.

학교 정규과정보다 앞선 선행의 경우 상황이 다를 수 있습니다. 아이 스스로 소화하기 어려운 수준의 어려운 영어지문을 쓰고 익히는 데 목표를 둔다면 어른들이 계속 끼어들 수밖에 없습니다. 그 과정에서의 어른은 아이에게 지지자가 아닌 평가자로 느껴질 될 가능성이 크지요. 응원과 격려 대신 지적과 독촉의 피드백을 받은 아이에게 챗GPT는 아이의 부족함을 적나라하게 드러내는 일그러진 거울이 될 수 있습니다.

'말 잘 듣고 착한 아이가 반성하는 글'을 강요하지 마세요

'자유로운 영어 글쓰기'는 두 가지 뜻으로 해석할 수 있습니다. 첫째는 글쓰기 주제나 표현에 있어 다른 사람 눈치를 보지 않고 내 의지대로 쓴다는 의미입니다. 둘째는 영어를 외국어로 사용할 때 막힘없이 표현할 수 있다는 뜻입니다. 저는 외국어로서 영어를 배우는 첫 정규 과정인 초등 영어 글쓰기에서는 첫 번째 의미가 더욱 중요하다고 생각합니다. 자유롭고 즐거움을 느낀 경험은 자발성을 이끌어냅니다. 그 자발성 덕분에 어려움을 극복하고 유창하게 영어를 구사하는 수준에 도달하게 되는 것입니다.

"엄마, 나 이런 말 써도 되나?"

한 번은 후추가 저에게 복잡한 표정으로 자기가 쓴 글을 보여줬습니다. 글을 읽어 보니 가족과 있었던 사건에 대해 썼더라구요. 처음에는 작은 사건 하나를 떠올려 짧게 쓸 생각이었는데 누나가 하는 어떤 행동 때문에 자기가 얼마나 성가시고 짜증이 났는지, 그때 엄마의 말 가운데 뭐가 눈물나게 서운했는지 꼬리에 꼬리를 물고 떠오른다고 했어요. 아빠는 주말에만 보는데 자기와 시간을 보내지 않아 얼마나 서운한지도 썼습니다. 사춘기 아이가 부모에게 이런 마음을 표현하는 자체가 복이고 고마운 일인데 그걸 몰라줬으니 어찌나 미안하던지요.

글을 읽는데 제 얼굴이 화끈거렸습니다. 제가 한 말과 행동을 다시 생각해 보게 되었습니다. 충분히 더 살피지 못하고 쏟아붓는 말이 아이 가슴에 가시처럼 박혀 얼마나 아팠을지 생각하니 미안해서 눈을 못 맞추겠더라고요. 아이도 그 글을 쓰면서 영 마음이 불편했던 모양입니다. 가족에 대해 불편하고 싫은 마음을 표현하는 일이 '착한 아이'가 할만한 행동은 아니라고 생각했겠지요.

"엄마한테 이 글 보여 줘서 진짜 고마워. 그리고 엄마가 그런 말 한 건 정말 미안해. 네가 그 정도로 속상해하는 줄 몰랐어."

아이가 괜찮다고 합니다. '으이그, 뭐가 괜찮아. 그렇게 속상했으면서.' 속으로 꿀꺽 말을 삼키고 말을 이어 갔습니다.

"다른 가족들이 한 행동이나 말에 대해서는 엄마가 대신 말하는 건 안 맞을 것 같아. 주말에 아빠 오시면 다 같이 모인 자리에서 네가 힘들고 기분 나빴던 부분을 이야기해 보면 어떨까? 그리고 네가 쓰는 글이니까 써도 되는지를 물어보지 않아도 괜찮아. 네 마음이잖아."

아이가 저를 꼬옥 안아 줬습니다. 그리고 속상하게 해서 미안하다고 하더라구요. 에어컨도 틀었는데 왜 그렇게 더웠나 모르겠습니다.

자유롭고 편안해야 계속 쓸 수 있습니다

글쓰기 정서가 긍정적인 가정은 드물어 보입니다. 아니, 드뭅니다. 없을

지도 몰라요. 감정적으로 싫은 것은 시작하기 어렵습니다. 이 이야기를 나누기 위해 우리 아이의 '처음'에 대해 한 번 떠올려 보면 좋겠습니다. 엄마마음에는 내 아이의 '처음'을 간직한 특별한 방이 있습니다. 아이가 처음 무엇인가를 해냈던 순간은 언제든 눈앞에 생생하게 살아나 가슴을 뛰게 하지요. 초음파로 심장 뛰는 소리를 처음 듣던 날, 처음 눈을 맞추며 젖을 먹던 순간, 엄마라고 또렷하게 불러준 첫 날, 혼자서 일어선 첫 날, 혼자서 그림책을 소리 내 읽던 첫 날. 그때마다 "어머어머! 어쩜 좋아!"를 외치며 온 가족에게 전화를 걸고 영상통화를 하며 같은 이야기를 무한반복을 했었더랬습니다.

그런데 '처음'에 관한 감정은 아이들이 자라면서 달라졌습니다. 대부분 유치원과 어린이집에 다니기 시작하는 나이에 학습이 시작되지요. 공부와 관련된 상황은 이상하게 첫 순간들이 마냥 행복하지 않았습니다. 커피 한 잔 나누는 자리에서 '때가 되면 다 알아서 하겠지'라고 했던 엄마들이 만날 때마다 학습지 과목을 늘려가더군요. 내 아이의 처음을 내가 망치거나 놓치면 안 된다는 비장함이 마음에서 마음으로 전해졌습니다. 모두가 불안해하고 있었어요.

쓰기는 분명 학습의 영역입니다. 내 아이의 첫 글쓰기가 엄마 마음에 들 가능성은 거의 없습니다. 엄마들은 삐뚤삐뚤한 글씨를 보며 마음이 어지러워집니다. 옆집 아이는 반듯반듯하게 잘만 쓰던데 내 아이는 왜 이러나 싶습니다. 엄마 속이 터지고 아이 울음도 터집니다. 받아쓰기를 시작으로 글쓰기는 계속 이어집니다. 초등학교 입학 전까지는 바로잡아야 한다, 중학년인 초등 3학년이 되기 전에는 고쳐야 한다, 초등학교 졸업 전에는 논리적 글쓰기의 기초를 다져두어야 한다는 생각이 해마다 꼬리에 꼬리를 물고 찾아옵니다. 반듯하게 받아쓰기 잘하던 옆집 아이는 논술 대회에서 상을 타 온다는데 내 아이는 왜 여전히 이러나 싶습니다. 엄마 속은 타들어 가고 사춘기가 시작된 아이는 입을 열지 않습니다. 사춘기에 접어든 아이들을 엄마 의지로 움직이는 일은 거의 불가능합니다. 당장 글쓰기가 문제가 아니라 관계를 지켜야 합니다.

영어 글쓰기는 더 힘듭니다. 그때 아이에게 써 볼까 싶은 마음이 조금이라도 남아 있어야 포기하지 않고 써 나갈 수 있습니다. 감정이 느껴져야 생각이 뒤따르고, 생각이 일어나야 행동으로 이어집니다. 영어 글쓰기를 포기하는 일을 막고 싶다면 아이가 원하는 것을 표현하고 싶은 그대로 쓰게 내버려 둬야 합니다. 형제자매와 다퉈서 부정적인 감정이 올라오면 그것을 그대로 표현하게 해 주세요. 엄마 · 아빠한테 서운한 마음이 들어서 거칠게 터뜨리고 싶어 하면 공책에서 소리 없이 폭발하도록 내버려 두면 됩니다. 친구가 마음에 들지 않고 학교에서 선생님과 문제가 있을 때 그냥 그대로 적도록 간섭하지 않아야 합니다. 만일 아이가 그런 마음을 적은 글을 보여 줬다면 그건 고마워할 일입니다. 표현한 마음을 지적하는 엄마에게 아이는 결계를 칠 수도 있습니다. 눈앞에 아이가 보이는데 마음이 오가지 않는 투명한 장막을 두고 살아간다고 생각해 보세요.

저희 아이는 속상하거나 화가 난 일을 챗GPT와 소통하며 영어 일기로 쓰고 나면 속상했던 마음이 한글과 영어로 된 두 세계로 흘러가면서 사라지는 것 같다고 합니다. 생각하기도 싫었던 마음들을 우리말로 적고, 그 말이 다시 영어로 바뀌어 표현되는 걸 보면 신기한 느낌도 든다고 했습니다.

영어를 쓰는 그 사람들도 이렇게 속상했던 걸까, 또 다른 언어를 쓰는 사람들은 어떨까 궁금해진다고 했어요.

'공감과 협력, 연대의 힘'은 미래 인재에게 중요한 핵심 역량입니다. 글쓰기는 이 역량을 기르기 위한 열쇠와 같습니다. 영어로 자신의 감정을 표현할 수 있는 아이는 당연히 그 언어를 사용하는 이들과 공감하고 협력할 가능성이 큽니다. 챗GPT는 사람처럼 공감할 수 없지만, 챗GPT는 아이의 감정에 대해 평가하거나 지적하지 않습니다. 한결같은 반응 속에 아이 질문에 답하며 아이가 스스로 자기 감정의 이름을 찾아가는 데 함께 합니다. 아이들도 무엇이 옳은지 그른지 압니다. 그렇기에 더 고민하고 답답해합니다. 자신의 감정을 날 것 그대로 온전하게 쏟아 낼 수 있는 대나무 숲이 아이들에게도 필요합니다.

이오덕 선생님께서는 아이들의 글이 어른들의 문장관에 의해 난도질당하고 뜯어고쳐져서 죽은 글이 되어 간다고 비판하셨습니다. 글쓰기의 가장 기본은 저마다 쓰고 싶은 것을 쓰는 일이니 그 자유가 주어져야 한다고 하셨습니다. 아이들의 글은 아이들의 환경과 생활의 산물입니다. 아이들을 믿게 하는 글, 아이들을 배우게 되는 글, 아이들의 자신의 삶에 긍지를 가지는 글[3]을 쓰도록 엄마들이 바라보고 응원해 주세요. 엄마의 기다림과 믿음을 양분 삼아 아이가 내일의 글쓰기를 꽃피워 낼 테니까요.

---

3 『글쓰기, 이 좋은 공부』, 이오덕, 양철북, 2017

4 ✦

언제 어디서든 할 수 있는 글쓰기
: 돈, 시간, 에너지를 아끼다

챗GPT 글쓰기는 지혜로운 소비를 도와줍니다. 1mm라도 더 커야 할 아이들의 에너지를 아낄 수 있습니다. 오가는 학원 버스에서 금쪽같은 시간을 버리지 않아도 됩니다. 우리 가정의 피 같은 돈을 학원 관계자 대신 내 아이의 미래에 투자해 줄 수 있습니다.

'돈' 문제를 생각해 볼까요. 사교육비는 많은 가정에 큰 부담이 됩니다. 통계청이 발표한 '2023년 초중고 사교육비 조사' 결과에 따르면 2023년 사교육비 총액은 27조 1,000억 원으로 1년 전보다 1조 2,000억 원이 증가했습니다. 초중고 전체 학생 수는 약 521만 명으로 전년 대비 약 7만 명이 줄었다는 사실을 생각하면 1인당 사교육비는 가파르게 증가했음을 알 수 있습니다. 사교육 참여 학생을 기준으로 1인당 사교육비는 55만 3,000원이며 영어가 가장 높은 비중을 차지합니다. 특히 고등학생의 사교육비 증가가 눈에 띄게 나타납니다. 고등학교 사교육비 총액은 7조 5,000억 원으로 전년보다 8.2% 늘었고, 전체 사교육비의 두 배 가까운 속도로 늘어났습니다. 수능에서의 킬러 문항 배제가 불안감을 낳고 불안감은 사교육 시장의 확대로 이어진 것입니다.

'시간'은 우리가 가장 중요하게 여기는 자원 가운데 하나입니다. 누구에게나 하루 24시간, 86,400초가 주어집니다. 공부는 '학습'이지요. '배우고' 반드시 스스로 '익히는' 과정이 필요합니다. 지식을 들이붓기만 하면 제대로 스며들지 못하고 다 넘쳐흐를 뿐입니다. 학원을 여러 개 다니며 '배우는' 일에만 시간을 쏟으면 아이의 공부는 공허해집니다. 똑같이 주어진 시간에 아이가 '내 머리로 생각하는' 시간을 확보하지 못하면 단단한 공부는 불가능합니다. 챗GPT를 활용하여 차근차근 글쓰기를 하면 여러 생각하는 단계를 거치게 됩니다. 무엇을 쓰고 싶은지, 그때 나의 감정은 어땠는지 되새기게 되지요. 학교에서 배운 종류별 글쓰기 방법을 다시 찾아보고 그에 맞는 글쓰기를 위한 가이드를 요청할 수 있습니다. 프롬프트를 만드는 과정에서 아이들은 자연스럽게 읽고 쓰고 생각하기를 반복하게 됩니다. 내 안에 있는 지식 구슬을 찾아 목걸이를 엮어 가는 과정인 것이지요.

'에너지' 역시 아이들의 공부에 중요한 부분입니다. 여기서 에너지는 이동하는 과정에서 나오는 탄소 배출 및 자원 소모 에너지이고 또한 엄마와 아이들이 써야 하는 신체적, 정신적 에너지이기도 합니다. 우리나라는 OECD 국가들 가운데 출퇴근 시간이 가장 긴 국가입니다. 조사에 따르면 하루 평균 61.8분을 출퇴근에 사용한다고 합니다.

지역별 인프라 차이에 따라 이 문제는 더 심각해집니다. '5남매 시골 엄마의 버거운 귀갓길'[4]에서는 아이들 하교 시간에만 70~80km를 이동해야 하는 가정의 상황이 드러납니다. 사회가 보장하지 못하는 아이들의 이동권

---

4   주간경향, 1594호, 2024.9.2.~8

을 부모가 감당해야 하는 상황이 고스란히 드러납니다.[5]

저는 사교육 절대 반대를 외치는 사람이 아닙니다. 혼자 공부하기 어려운 순간, 내 아이의 필요한 부분을 딱 맞게 보충해 줄 사교육은 도움이 될 수 있습니다. 적재적소에 활용한다면 좋은 자원이 되고 거름이 됩니다. 다만 남들이 다 하니까 무조건 하고, 불안하니까 일단 시작하고, 해야 될 때라고 하니까 시작하는 사교육은 엄마에게도 아이에게도 도움이 되지 않습니다. 100세를 훌쩍 넘는 시간을 살게 될 거라는 아이들에게 글쓰기의 쓸모는 평생입니다. 엄마와 대화를 나누며 가운데 인공지능 활용의 경험을 더해 글쓰기 하는 아이, 그 아이는 즐겁게 표현하고 글쓰는 사람으로 성장할 겁니다. 그때 아낀 돈, 시간, 에너지는 꼭 필요한 곳에 쓰기로 해요.

---

5 챗GPT와 같은 인공지능 모델을 이용할 때 배출되는 탄소가 많다는 사실은 널리 알려져 있지요. 여기에서는 교육 서비스를 받기 위해 물리적 이동이 필요한 경우에 관한 에너지 배출을 말하는 것으로 한정합니다. 탄소 배출량을 줄이기 위해서 적확한 프롬프트를 구성해서 사용 횟수를 줄이는 일도 중요합니다.

5 ✦
미래 인재로서 인공지능
리터러시를 경험하자

문해력 전성시대입니다. 가만히 살펴보니 문해력과 함께 쓰이는 단어가 있습니다. 바로 '리터러시'입니다. '리터러시'를 우리말로 번역한 단어가 '문해력'입니다. '문해력'은 입시나 시험을 염두에 둔 목적성 아래 사용되는 경우가 많습니다. 리터러시라는 말은 여기저기 안 쓰이는 곳이 없습니다. 같은 의미라는 두 단어의 사용 범위가 왜 이렇게나 다른 걸까요? 『인공지능은 나의 읽기–쓰기를 어떻게 바꿀까』[6]를 통해 실마리를 찾아보도록 하겠습니다.

김성우 교수는 옥스퍼드 영어사전에서 보여 주는 리터러시의 두 가지 정의를 보여 줍니다. 첫 번째는 "글을 읽을 수 있는 자질·조건 또는 상태. 읽고 쓰는 능력. 또한 특정 공동체·지역·기간 등에서 읽고 쓰는 능력이 미치는 범위"이고 두 번째는 "(대개 수식어를 동반한) 확장된 사용의 경우, 특수한 주제나 미디어를 '읽어 내는' 능력, 특정 영역의 역량이나 지식"입니다. 옥스포드 영어 사전에서 정의하는 리터러시는 읽기를 넘어서 특정 공동체·

---

6 『인공지능은 나의 읽기-쓰기를 어떻게 바꿀까』, 김성우, 유유

지역·기간 등의 사회문화, 지리, 역사적 차원을 더해 우리의 삶과 연결되는 부분임을 설명하고 있다는 면에서 차이가 있습니다.

옥스퍼드 영어 사전의 리터러시에 관한 정의는 '글'만이 대상이 아니라 '특수한 주제나 미디어'까지 대상으로 합니다. 결국 문해력은 활자로 새겨진 '글'을 읽는데 초점을 맞추고 있는 말이고, 리터러시는 이를 바탕으로 여러 미디어와 주제를 다룰 수 있는 역량을 의미하는 확장된 의미의 단어입니다. 그렇기에 디지털 리터러시, 생태 리터러시, 미디어 리터러시 등 다양한 영역에서 사용될 수 있는 것이지요.

내 아이가 학교에서 인공지능과 관련된 내용으로 무엇을 배우는지 혹시 알고 계신가요?

인공지능 관련 역량은 현재 학교 상황에서 전통적인 교과 교육만으로는 충분히 기르기 어려워 보입니다. 우선 아이가 관심을 가지고 다양한 방식으로 꾸준한 사용 경험이 누적되어야 합니다. 그래야 맞춤형으로 발전시켜 나갈 수 있습니다. 학교에서는 선생님들께서 여러 아이들을 표준 과정에 따라 아이들을 가르치고 성취 기준을 평가해야 합니다. 아이들마다 관심사가 다르고 하고 싶은 일들이 다른데 그것을 일일이 맞춰 주기 어렵습니다.

코딩 학원도 정답은 아닐 듯합니다. 이미 챗GPT에 자연어로 프롬프트를 입력하면 파이썬이 알아서 코딩해 주는 상황입니다. 코딩 학원의 컴퓨터 언어 로직은 엄마가 아이와 인공지능에 대해 나눌 수 있는 사람의 마음이 담긴 고민과 풍성한 대화의 경험을 제공하지 못합니다. 아이가 챗GPT를 거울삼아 질문하고 생각하여 새로운 관점으로 다가가는 시간은 엄마가 함께 만들어갈 수 있습니다.

아이의 모든 첫 순간, 엄마가 함께했습니다. 이제 인공지능과 함께하는 공부, 평생 학습의 시작을 엄마가 응원할 차례입니다. 아이가 주인공이 되어 배운 내용을 이해하고 자기 내면을 들여다봐야 호기심이 생기고 질문이 싹틉니다. '빨리빨리'를 외치기 전에 아이가 자신만의 속도로 먼저 생각하고 인공지능과 소통하는 노력을 기울이도록 엄마가 지켜줘야 합니다. 그렇지 않으면 인공지능이 만든 결과물을 내 것으로 착각하고 생각하는 힘을 키우지 못할 수 있으니까요. 아이가 편안하고 즐겁게 AI 도구를 통해 실습하고 경험을 쌓는 일은 엄마가 도와줄 수 있습니다. 학습적인 면에서 나아가 세상을 둘러보면 이미 아티스트들도 AI로 그림을 그리고 작사, 작곡을 합니다. 유명 가수들이 자신의 목소리를 활용하여 성공하는 곡을 만들어 내는 크리에이터에게 수익의 50%를 나누겠다고 공개적으로 제안하기도 합니다. 1인 창작자들의 독창적인 결과물은 대형 소속사 아이돌을 능가하기도 합니다. 그 바탕이 되는 것은 '단순한 모방'이 아니라 '개성 있는 재해석'입니다. 자기 관점이 있어야 인공지능을 제대로 활용할 수 있습니다.

인공지능은 다양한 산업에서 필수적인 도구로 자리 잡고 있으며, 이러한 기술에 익숙한 인재가 미래 직업 시장에서 유리한 위치를 차지할 것입니다. 단순한 활용뿐만 아니라 자기만의 관점을 갖췄다면 더 많은 일을 해낼 수 있습니다. 아이의 거울이 되어 아이만의 독창적이고 깊이 있는 관점을 키우는 일, 엄마가 줄 수 있는 가장 큰 선물입니다.

2장

챗GPT와 함께하는 글쓰기 사례: 나는 이렇게 썼어요

함께 성장하는
인공지능 글쓰기 여정을 시작합니다

· 〈나 혼자 산다〉

· 〈전지적 참견 시점〉

· 〈미운 우리 새끼〉

· 〈슈퍼맨이 돌아왔다〉

· 〈하트 시그널〉

관찰형 예능의 시대입니다. 초반의 관찰형 예능은 기획자와 실행자가 명확히 분리된 오더메이드 구조였습니다. PD와 작가를 중심으로 한 제작진이 프레임을 짜면 역량 있는 출연진이 거기에 재미를 더해 내는 과제 실현형이 많았습니다. 그런데 시간이 지날수록 제작진의 존재는 희미해졌습니다. 출연자의 자연스러운 일상 그 자체가 중심인 관찰형 예능이 두각을 나타냈습니다. 출연자가 꾸며진 이미지, 환상에서 벗어나 존재 그 자체에 집중하고 거리감을 줄인 것이 주요한 성공 요인으로 분석됩니다. 저도 제가 좋아하는 연예인이 화장기 하나 없이 헝클어진 머리로 쉬는 모습을 보면 왠지 더 가깝게 느껴지기도 합니다.

관찰형 예능 프로그램 이야기를 꺼낸 이유가 있습니다. 앞선 부분에서 아이들이 챗GPT와 영어 글쓰기를 자기주도적으로 해 나갈 수 있는 방법에 대한 내용을 말씀드렸습니다. 태도, 이론, 마음가짐에 대한 말들은 실제로 적용하려면 막막합니다. 저도 그랬거든요.

용기를 내어 저희 아이와 그동안 작성한 영어 글쓰기 결과물들을 공유합니다. 글쓰기를 공개하는 데는 굉장한 용기가 필요했어요. 카메라 앞에 서는 듯한 느낌입니다. 아이의 글에는 엄마로서 저의 부족한 모습이나 감추고 싶은 부분들도 있으니까요. 하지만 다른 친구들과 챗GPT로 영어 글쓰기한 과정을 나누고, 온라인에서라도 더 많은 친구들과 이야기하는 기회가 생기면 신나겠다는 아이를 보며 저만 괜찮으면 되는구나, 깨달았어요. 저에게도 함께 고민을 나누는 '엄마인 친구들'이 생기기를 바라봅니다.

사람은 누구나 실제 사례를 볼 때 한결 도전하기 쉬워집니다. 아이들도 예를 들어 글을 보여 주면 훨씬 편안하게 써 내려갑니다. 아이의 쓰기 교육을 위해 고민하는 분들에게 실질적인 참고 자료가 되길 바랍니다. 유명 강사가 쓴 비법서나 특강에서 찾을 수 있는 엄청난 꿀팁 대신 엄마이기에 가능했던 관찰과 응원, 발견, 공감의 순간을 담았습니다. 진도와 커리큘럼이 짜여진 사교육 현장이나 프로그램 대신, 집에서 자신이 쓰고 싶은 주제로 스스로 쓴 글들이기에 아이의 일상, 주장, 시선, 목소리에 귀기울여 주시면 좋겠습니다.

챗GPT는 이제 누구나 아는 생성형 인공지능의 대명사가 되었습니다. 아는 것과 경험하는 일은 다르기에 기초적인 챗GPT 사용안내부터 다루었습니다. 엄마가 먼저 사용하고 경험하며 디지털 도구, 인공지능에 대한 막연한 걱정과 두려움을 정리해 나가시면 좋겠습니다. 자, 이제 시작해 볼까요?

1
챗GPT
사용 방법

　아직 챗GPT를 사용해 본 적이 없는 분들을 위해 사용 방법을 알려 드리겠습니다. 만일 챗GPT를 이미 사용하고 계시다면 이 부분은 건너뛰셔도 좋습니다.

　챗GPT는 OpenAI라는 회사에서 만든 생성형 인공지능이며 일종의 채팅 사이트라고 생각하면 이해하기 쉽습니다. 평소 본인이 사용하는 브라우저를 실행하고, URL(https://chat.openai.com)을 입력합니다. 혹은 검색창에서 '챗GPT'라고 입력 후 검색해서 이동해도 좋습니다. 스마트폰에서도 편리하게 검색, 설치할 수 있습니다.

※주의사항 :

① 플레이스토어, 앱스토어에서 '챗GPT'를 검색하면 수많은 애플리케이션이 나타납니다. 어떻게 된 일일까요? 챗GPT 인기에 편승해서 광고수입을 올리거나 개인정보를 알아내기 위해 만들어진 유령 애플리케이션이 많습니다. 애플리케이션 정보를 먼저 살펴보시면 피해를 막을 수 있습니다. 일단 영어가 아닌 문자로 관련 정보가 보인다면 설치하지 않기를 권합니다.

② 챗GPT를 유료로 이용할 경우 이용료는 한 달에 20달러입니다. 챗GPT는 처음 설치부터 유료 결제를 유도하지 않습니다. 설치 후 처음 시작할 때는 무료로 사용해 보시면 좋습니다. 무료 버전에서도 충분히 다양한 질문에 답변하고 여러 작업을 수행할 수 있습니다. 처음에는 아이가 호기심에 온갖 질문을 쏟아붓기도 하는데 정해진 제공량만큼 답이 출력되고 나면 정지됩니다. 현재 챗GPT는 여러 모델 가운데 필요에 따라 선택적으로 사용할 수 있습니다. 처리 속도나 출력 결과물에 차이가 있으니 직접 비교해 보는 것도 즐거운 실험입니다. 유료 결제 시 더 복잡하고 정교한 작업을 할 수 있는 모델을 쓸 수 있다는 점, 서버에 과부하가 생기면 우선 사용이 보장된다는 점이 장점입니다. 우리는 아이와 영어 글쓰기를 위해 사용하기 때문에 유료 버전부터 사용할 필요는 없습니다. 또한 국내에서 챗GPT를 활용한 서비스로 '뤼튼' 같은 사이트가 있으므로 활용할 수 있습니다.

이어서 회원 가입을 합니다. 이미 구글이나 다른 계정이 있다면 연동하여 사용하면 됩니다. 화면에 영어로 나온다면 한국어로 번역하기를 선택하여 쉽게 활용할 수 있습니다.

PC에서 직접 사용하거나 애플리케이션을 설치해서 활용할 수 있습니다.

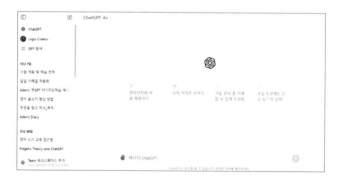

로그인을 하면 다음과 같은 창이 나타납니다.

- 메모장 위 연필이 놓여있는 아이콘을 누르면 새로운 채팅을 시작할 수 있습니다. 챗GPT는 같은 채팅창에 이어서 작성할 경우 먼저 입력된 내용을 바탕으로 대화를 이어 갑니다. 따라서 완전히 다른 주제를 다루고 싶다면 새로운 채팅창을 열어 주세요.
- 화면 아래쪽 클립 모양 아이콘을 누르면 내가 원하는 내용을 입력할 수 있습니다. 여기서는 입력하는 메시지를 프롬프트라고 하겠습니다. 프롬프트를 입력한 후 엔터(Enter)키를 누르거나 입력창 오른쪽에 위를 향한 화살표를 누르면 챗GPT에 전달됩니다.
- 입력할 내용이 길어질 경우 엔터를 누르면 바로 답이 생성되므로, shift+Enter를 누르면 줄을 바꿔 입력할 수 있습니다.
- 채팅주제 목록 : 사용자가 챗GPT와 소통한 내용이 주제별로 왼쪽에 정리됩니다. 주제목록은 대화 내용을 바탕으로 챗GPT가 자동으로 생성하는데, 나중에 내가 원하는 이름으로 수정할 수 있습니다.
- 설정 메뉴로 들어가서 다크 모드, 밝기 등 세부 조정이 가능합니다.

2
챗GPT 글쓰기,
어떤 순서로 썼을까?

먼저 아이가 실제 영어 글쓰기를 한 과정을 살펴보겠습니다.

1. 글감을 찾는다

아이는 일상에서 경험한 다양한 사건들을 바탕으로 글감을 스스로 선택했습니다. 일상 속에서 느낀 감정, 활동 등을 글로 표현하려는 시도는 자기주도적인 글쓰기의 첫 단계로서 중요합니다. 충분한 시간을 들여 여유 있게 아이가 자신의 하루를 되돌아볼 수 있도록 해 주세요. 엄마가 내 준 과제를 시간 내에 끝내야 한다는 초조함은 아이의 글쓰기를 메마르게 합니다.

2. 포스트잇이나 마인드맵을 통해 글감을 발전시킨다

글을 쓰기 전 포스트잇을 활용해 생각을 정리하거나 마인드맵을 통해 아이디어를 확장하는 단계는 브레인스토밍 과정에 해당합니다. 마인드맵은 생각을 확장하는 데 유리합니다. 포스트잇이나 카드를 사용하면 색다른 장점이 있습니다. 전면에는 글감이 된 단어만 적고 뒤에 이유를 더해서 설명을 적기 좋습니다. 그리고 나중에 이 카드 자체를 이동시키면서 손쉽게 개요로 바꿀 수 있습니다. 온라인 마인드맵 도구를 사용할 수도 있습니다. 저는 가능하면 아이와 눈빛을 나누고 대화하는 시간을 늘리고 싶어 종이와 펜으로 마인드맵을 만드는 편입니다. 각 가정의 상황, 아이의 연령에 따라 맞는 방법으로 진행하면 됩니다.

3. 우리말로 먼저 글을 쓴다

일기든, 편지든 어떤 글이든 다 좋습니다. 이 과정에서 저희 아이는 주로 '말글'을 썼습니다. 글자 그대로 말로서 글을 쓰는 과정이지요. 글쓰기 자체가 부담스러운 경우 받아쓰기 어플리케이션을 활용해 편안히 말하듯 글을 쓸 수 있습니다. 이후 기록된 글을 보며 활용하면 됩니다. 말로 글을 쓰면 내용이 부실할 수 있다 생각하는 엄마들을 종종 만났습니다. 유시민 작가님은 말로 표현되지 않는 글은 죽은 글이라 하셨고 강원국 작가님은 『나는 말하듯이 쓴다』라는 책을 내셨습니다. 말과 글이 별개라는 생각은 버리세요. 그리고 아이와 함께 시도해 보는 과정에서 알게 됩니다. 내가 이해하지 못하거나 모르는 내용은 말로 표현할 수 없습니다.

이 단계는 기본적으로 자유 쓰기에 해당하며, 아이가 주도적으로 자신의 감정과 생각을 자유롭게 표현하는 데 중점을 둡니다. 일반적인 글쓰기 지도에서 가르쳐야 할 여러 가지 내용들이 있으나 저는 온전히 스스로 쓰고 즐겁게 진행하는 데 중점을 뒀기에 꼼꼼한 첨삭 과정을 거치지 않았습니다.

4. 챗GPT를 활용해 영어로 번역한다

우리말 글을 입력하여 챗GPT에게 영어로 번역해 달라고 요청합니다.[7] 아이는 스스로 생각해서 프롬프트를 입력했고 그 과정에서 궁금한 점은 저와 상의했습니다. 순식간에 영어로 번역된 자기 글을 보며 무척 신기해하고 뿌듯해했습니다. 번역된 글을 보며 우리말로 쓴 글과 비교합니다. 그 과정에서 단어의 쓰임, 관용적 표현에 대해 스스로 찾거나 사전을 활용합니다. 저희는 이 과정에서 아날로그 사전과 디지털 사전을 함께 활용하고 있습니다. 아이가 길게 작성한 글에서는 생각보다 모르는 표현이 너무 많이 나올 수 있습니다. 그럴 때는 공부할 단어 개수를 정해서 지치지 않게 해야 합니다. 욕심은 금물입니다. 또 하나, 엄마가 '나이가 몇 살인데, 몇 학년인데 이것도 모르느냐, 지난 번에 봤던 건데 정신 안 차리느냐.'는 말을 하는 순간 다음 글쓰기는 사라집니다. 노력하는 자체를 칭찬해 주세요. 영어로 번역된 글에 모르는 단어가 많아도 아이가 먼저 우리말로 쓴 내용이 영어로 표현된 글이기에 이해도가 높고 흥미로워합니다. 쓰기 교육 과정에서 이는 학습자가 스스로 수정과 피드백을 통해 글을 다듬는 과정 중심 글쓰기의 한 예입니다.

5. 영어 노트에 옮겨 적는다

아이는 번역된 내용을 노트에 옮겨 적으며, 손으로 쓰는 과정을 통해

---

7   프롬프트 예시 : 내가 쓴 내용을 영어로 번역해 줘. 나는 초등학교 6학년이니 교육부 지정 초등학교 권장 단어를 주로 활용해 줘. 초등학교 과정에서 이해할 수 있는 문법을 참고해서 번역해 줘.

영어 표현을 몸에 익힙니다. 이 단계에서는 아이가 직접 글을 쓰면서 문장 구조나 표현을 자연스럽게 학습하게 됩니다. 옮겨쓰는 작업은 옮겨적는 경험이 많아질수록 시간이 단축됩니다. 물론, 문장 길이, 글에 나타난 어휘, 문법 구조 복잡성, 당일 아이 컨디션에 따라서 달라집니다. 처음에는 욕심내지 말고 한 문장에서 세 문장 정도로 시작하시기를 권합니다. 눈앞에 황금알이 탐나서 황금 알을 낳는 거위 배를 가르는 일은 없어야겠지요?

6. 원어민 선생님에게 피드백 받는다

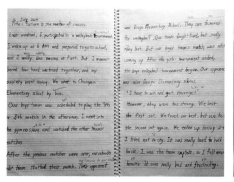

이 부분은 각 가정마다 상황이 다를 것입니다. 원어민 선생님과 소통할 상황이 아닌 경우 바로 다음 순서에 챗GPT를 활용한 좋은 방법을 알려드릴 테니 활용하시면 됩니다. 저희의 경우 감사하게도 학교 원어민 선생님께서 아이 영어 글쓰기를 도와주셨습니다. 후추가 직접 편지를 쓰고 선생님께 여쭤보는 과정을 거쳤습니다. 후추는 이제까지 학교 영어 시간에 3명의 원어민 선생님과 공부했습니다. 참관 수업에 가 보면 선생님마다 지도 방식, 수업 구성, 밀도 등이 상당한 차이를 보였습니다. 세 분 중 고학년이 되어 만난 Elija 선생님과 Jenny 선생님 두 분이 영어 글쓰기를 지도해 주셨습니다. Elija 선생님은 수줍음이 무척 많은 분이었습니다. 피드백도 아주 간단했고, 아이에게 직접 이야기로 건네는 방식이었습니다. 반면 Jenny 선생님은 아이 글쓰기에 대해 내용적, 형식적 측면에서 상세하게 살펴봐주셨습니다. 초등학교 1학년 아이에게 글씨체, 띄어쓰기 등을 가르치듯 하나하나 고칠 사항을 알려 주셨어요. 아울러 내용적인 측면에서 특별히 기억해야 할 부분은 별도로 적어 주셨습니다. 아이가 쓴 글 안에서 교정을 위한 첨삭만이 아니라 질문을 주고 받으며 다음 글감으로 이어지기도 했습니다.

한번은 학교 임원 선거에 관해 아이가 쓴 글을 읽고 선생님께서 공약이 무엇인지 궁금하다고 피드백에 적어두셨어요. 아이는 다음 글은 자기 공약을 설명하는 내용이었습니다. 선거 포스터를 촬영하여 공책에 적당한 크기로 인쇄해서 붙였습니다. 그리고 하나하나 선을 연결해서 영어로 설명하는 과정을 거쳤습니다. 그 글을 쓰며 아이는 자연스럽게 글의 구도, 이미지의 배치, 자료의 활용, 자기 생각 전달의 과정을 거쳤습니다. 나중에 회장이 아닌 부회장이 되어 아쉬워하는 아이에게 선생님께서는 본인도 부회장이었으며 그때 어떤 리더십을 발휘했는지 경험을 나누어 주셨습니다. 아이는 선생님의 응원에 정말 감동받았지요. 그리고 선생님 고향인 남아프리카공화국 역사와 대통령에 대해 찾아보며 여러 가지를 알고 싶어했습니다.

영어라는 언어 측면에서는 원어민의 도움이 필요할 수도 있습니다. 그러나 챗GPT가 전문가들도 인정할 정도의 번역 정확도를 보여준다는 측면에서 더 중요한 과정은 아이에게 관심을 기울이고 소통하는 사람, 그 한 사람의 정성과 응원입니다. 내 아이를 글쓰기를 지지하고 키울 수 있는 사람, 바로 엄마입니다.

6-1. 챗GPT에게 궁금한 점을 물어본다

후추는 영어 글쓰기를 주2회 실시합니다. 가끔은 정해지지 않은 날 본인 뜻에 따라 영어 글쓰기를 하는데요, 그럴 때는 챗GPT에게 피드백을 요청합니다. 프롬프트에 본인이 쓴 글에 대해 어떤 관점에서 피드백을 원하는지 입력하면 그 형식에 따라 상세한 분석을 받을 수 있습니다. 예상보다 훨씬 꼼꼼한 답변에 깜짝 놀라실 수도 있습니다.

만일 6번처럼 원어민 선생님 혹은 학교 선생님의 피드백을 받을 수 있다면 피드백 내용 중 이해되지 않는 부분이나 궁금한 사항을 다시 챗GPT에게 묻고 답변을 통해 학습하는 것도 가능합니다. 이로써 아이는 스스로 질문하고 답을 찾는 능력을 키우며, 자기주도적 학습이 이루어집니다. 이러한 과정은 아이가 영어 글쓰기를 단순히 외우고 따라 하는 것이 아니라, 생각을 발전시키고 수정해 나가는 과정으로 이해하게 만듭니다. 이는 궁극적으로 아이의 영어 학습 능력을 키우고 긍정적 정서를 형성하도록 도울 수 있습니다.

3

쓰기 교육 이론을 적용한
실제 사례 분석

유튜브에서 Grammarly라는 인공지능 글쓰기 광고를 보고 무척 웃었습니다. 영어 원어민들을 대상으로 한 광고였습니다. 어떻게 해야 담당 교수님의 괴롭힘에 당하지 않고 제대로 된 문법에 따라 글쓰기를 할 것인가에 관한 내용이었어요.

쓰기는 말하기와 달리 모국어 학습자도 별도로 교육을 받아야 하는 고급 언어 기능입니다. 초등학교 6학년과 중학교 1학년 영어 교과서 쓰기 활동 분석 연구에 따르면 영어 쓰기 교육에 대한 개념이 시대에 따라 달라졌습

니다. 초기 쓰기 교육에서는 생각과 내용을 글로 옮기는 '결과 중심(product-oriented) 교육'이 강조되었습니다. 80년대 이후로는 쓰기의 과정에 따라 생각을 발전시키고, 다양한 피드백을 통해 수정하는 '과정 중심(process-oriented)교육'이 주목받았습니다. 이와 함께 의사소통 중심 언어 학습 중요성이 대두되면서 특정 장르에 대한 분석을 통해 글의 특징을 이해하고, 해당 장르 글을 읽는 독자들의 기대에 부합하는 글을 쓰는 '장르 중심(genre-based) 쓰기 교육'도 주목을 받았습니다.

영어를 모국어로 하지 않는 학습자, 특히 초기 영어 학습자들을 위한 쓰기 학습은 크게 기능적 쓰기(skills-based)와 의사소통적 쓰기(a communicative approach)의 두 가지 접근법으로 나누어 볼 수 있습니다. 기능적 쓰기는 구두점, 스펠링, 문법요소 등의 정확성에 초점을 둔 쓰기 학습을 통해 학생들의 정확한 문장 구사력 향상을 목표로 합니다. 의사소통적 쓰기는 과정 쓰기를 통해 자신의 표현하고자 하는 의미를 쓸 수 있도록 돕는 학습입니다. 브레인스토밍, 초고 쓰기, 수정, 교정, 출판 등의 과정(process)등을 통해 쓰기 학습을 하게 되지요. 영어 쓰기를 위해서는 정확성과 유창성이 균형 있게 발달해야 하기 때문에 이 두 가지 쓰기 학습은 초기 영어 학습자의 영어 발달을 위해 모두 필수적인 학습입니다. 그러나 처음 영어를 접하는 과정에서 기능적 쓰기 학습이 과도하게 강조되면 '정확한 문장을 쓰는 것만이 영어 쓰기'라는 편향된 개념을 습득할 수도 있습니다.

분류	설명
결과 중심(Product-Oriented)	쓰기의 최종 결과물에 초점을 맞춘 쓰기 교육
과정 중심(Process-Oriented)	쓰기 과정에서 생각을 발전시키고 피드백을 통해 수정하는 과정을 강조
장르 중심(Genre-Based)	특정 장르의 글을 분석하고 독자의 기대에 부합하는 글을 쓰는 방식
기능적 쓰기(Skolls-Based)	문법, 맞춤법, 구두점 등의 정확성에 초점을 맞춘 쓰기 학습
의사소통적 쓰기(Communicative-Approach)	브레인스토밍, 초고 작성, 수정 및 교정을 통해 의미를 표현하는 과정 쓰기 학습

초등학교 영어 교과서 쓰기 활동은 크게 통제 쓰기, 유도 쓰기, 자유 쓰기의 3가지 기준으로 이루어지고 있습니다. 통제 쓰기는 써야할 내용과 형식이 거의 모두 제시되는 쓰기 활동, 유도 쓰기는 쓰기에 사용할 문장의 내용과 형태 일부가 주어지고 나머지를 학습자가 채우는 활동, 자유 쓰기는 문자 그대로 내용과 형태에 대한 주어진 틀 없이 학습자가 자신의 생각을 자유롭게 표현하는 유형의 쓰기 활동으로 제시합니다.[8]

항목	통제 쓰기	유도 쓰기	자유 쓰기
정의	형식과 내용이 모두 제공됨	일부 내용과 형식만 제공됨	내용과 형식에 대한 제한 없이 자유롭게 작성
자유도	매우 낮음	중간 정도	매우 높음
목적	문법적 정확성 및 형식적 연습 강조	점진적인 자율성 개발	창의적 사고와 자유로운 자기 표현 촉진
학생의 역할	제공된 형식을 그대로 따름	제공된 구조에 따라 나머지를 완성함	스스로 주제를 정하고 자유롭게 글을 작성함

8 「2015 개정 교육과정 기반 초등학교 6학년과 중학교 1학년 영어 교과서 쓰기 활동 분석」, Primary English Education, Vol.27, No.1, 2021, 김소연(한국교육과정평가원)
「초등학교 6학년 영어교과서 쓰기 활동과 중학교 1학년 영어교과서 쓰기 활동 비교」. 교육논총. 54(1), 1-21. 2017, 이선
「장르 중심적 접근법에서 살펴본 중학교 1학년 영어교과서의 쓰기 활동 분석」. 외국어교육, 20(1), 45-71. 2013, 이선, 나경희
「효과적 쓰기 지도를 위한 초등학교 영어 교과서 쓰기 활동 분석」, 인문사회과학연구, 17(1), 435-465. 김동규, 노은, 2016
「5·6학년 초등 영어 교과서의 쓰기 활동 및 학습자 인식 분석」. 영어어문교육, 20(3),231-256. 나임정, 김태은, 2014

주요 학습 목표	정확한 문장 구성, 오류 감소	형식과 내용에 대한 이해 및 점 진적 발전	자신의 생각을 자유롭게 표현 하고 창의성을 발휘함

실제 아이가 쓴 글을 통해 각 쓰기의 유형과 과정을 적용해서 살펴보겠습니다.

제목 : 달콤씁쓸한 승리 - 부회장이 되다

(우리말)

선생님, 제가 오늘 이 세상에서 가장 슬픈 이야기를 들려드릴게요.

지난 금요일, 결전의 날이 밝았어요. 긴장도 되고 행복하기도 했어요. 왜냐하면 '나는 꼭 회장이 될 것이다!'라고 긍정적인 말을 스스로 계속했기 때문이에요. 스쿨버스에 타면서 연설문을 외우는데 뭔가 안 외워져서 굉장히 무서웠어요. 점심시간 때까지 아무 생각도 없었어요.

5교시가 소견 발표 시간이었고, 저는 준비한 대로 잘 해냈어요. 아이들이 큰 박수와 환호를 보내줬어요. 3시 즈음 게시판에 투표결과를 알려준다고 했는데 정말 궁금해서 죽을 것 같더라구요.

소견 발표가 끝나고 저는 발표를 충분히 잘한 것 같다는 느낌이 들었어요. '난 꼭 회장이 될 거야!'라고 다짐했어요. 공고문이 나왔어요. 공고문을 보려는 순간, 옆에 있던 친구들이 'ㅇㅇ 언니 축하해!'라고 했어요. 난 부회장이 된 걸 알게 되었어요. 공고문을 보니 한 표 차이로 내가 부회장이 되었어요. 나는 너무 아쉬웠어요. 눈물은 나지 않았지만, 마음 속으로는 엄청 슬펐어요. 그래도 1학기에는 아예 당선되지 못한 친구도 있었는데, 나는 당선이라도 돼서 다행이라고 생각했어요. 슬픈 마음을 없애려고 친구들과 놀았더니 슬픈 마음이 싹 가셨어요. 엄마에게 오늘 사건을 얘기했더니 엄마는 나를 위로해 줬어요. 난 긍정적인 마음으로 생각했어요.

'그래도 학교를 대표하는 자리니 학교를 위해 열심히 봉사해야겠다.'

(영어)

Teacher, today I will tell you the saddest story in the world.

Last Friday, the day of the decisive battle dawned. I was both nervous and happy because I kept telling myself, 'I will definitely become the president.' While riding the school bus, I was memorizing my speech, and it was terrifying because I couldn't remember it properly.

The 5th period was the time for presenting opinions, and I did well as I had prepared. The children gave me a big round of applause and cheers. They said the results would be announced around 3 PM on the bulletin board. I was dying of curiosity.

After the presentation, I felt like I had done really well. I was determined to become the president. Then the announcement was posted. As I was about to read the notice, my friends next to me said, 'Congratulations, OO!' I realized then that I had become the vice president. I saw in the notice that I had become the vice president by just one vote. I was so disappointed. I didn't cry, but I was incredibly sad inside. Still, I thought I was lucky to have been elected at all, as there were friends who hadn't been elected in the first semester. I played with my friends to erase the sad feelings, and the sadness completely disappeared. Then I told my mom about today's event, and she comforted me. I thought positively, 'I still represent the school, so I must work hard and serve the school.'

▶ 쓰기 교육 과정에 따른 분석

1) 글감 찾기 (자유 쓰기)

이 글의 소재는 '학생회장 선거에 도전'한 경험입니다. 주제는 뭘까요? 아이에게 물어보니 '도전, 극복, 응원'이라고 했습니다. 글감과 그를 통해 담아내고 싶은 주제에 대해 자연스럽게 대화를 나눠주세요. 아이가 충분히 생각하면 할수록 더 풍부하고 좋은 글을 쓸 수 있습니다. 억지스럽게 의미를 부여하지 않아도 됩니다. 아이가 자기 안에 소용돌이치던 감정과 생각들을 차분히 바라볼 수 있는 그 자체로도 의미 있습니다.

부회장이 되어 많이 아쉬워하던 아이는 경험한 사건을 바탕으로 감정과 생각을 자연스럽게 풀어내며 글을 썼습니다. '자유 쓰기'는 말 그대로 아이가 스스로 글의 주제를 선택하고 자신의 목소리를 표현하는 방법입니다. 그렇기에 자신이 선택한 주제로부터 시작된 글을 책임감 있게 완성하려고 노력하고 아끼는 마음을 갖게 됩니다. 또한 이를 바탕으로 영어로 번역된 글에 낯설지 않게 다가설 수 있습니다.

2) 한국어 일기 작성 (과정 중심 글쓰기)

아이는 먼저 우리말로 시간 흐름에 따라 글을 썼습니다. 이 단계는 과정 중심 글쓰기에서 브레인스토밍과 초고 작성 과정에 해당합니다. 과정 중심 글쓰기에서는 아이가 글의 흐름을 생각하고 사건의 전개를 계획하면서 초고를 작성하는 것이 중요합니다. 아이는 메모지를 이용해 적어둔 내용들을 자유롭게 배치하며 글의 구조를 만들어 갔습니다. 그 과정에서 Jenny 선생님께 '슬픈 이야기'를 들려주는 사람의 고백으로 첫 문장을 시작하기로 했지요. 그 과정에서 자신의 여러 모습을 바라보게 되었습니다. 도전하고 노력했으며 불안과 싸웠고, 실망했지만 다시 다짐하는 스스로의 마음을 글로 담아내며 아이는 한층 성장했습니다. 이 과정에서도 아이에게 충분한 시간을 주고 지켜보는 일이 중요합니다. 질문은 관심과 시간을 먹고 자라는 법이니까요.

3) 챗GPT를 통한 한영 번역 (과정 중심 글쓰기)

우리말로 작성된 글을 챗GPT를 통해 영어로 번역하는 과정에서는 과정 중심 글쓰기의 수정과 피드백 단계가 반영됩니다. 아이는 챗GPT를 활용해 번역된 문장을 검토하며 한국어와 영어 사이의 문법적 차이를 이해하고, 영어 표현을 자연스럽게 받아들이게 됩니다. 이 과정에서 아이는 한국어로 작성된 문장이 영어로 어떻게 변환되는지를 학습하게 됩니다. 이는 번역 과정이 단순한 기계적 번역이 아니라 아이가 스스로 자신이 알고 있던 내용과 비교하며 발전시키는 기회로 삼을 수 있습니다. 또한 표현에 있어 다양한 방식을 비교대조하여 알 수 있는 기회로 만들 수도 있습니다.

4) 영어 노트에 옮겨 적기 (기능적 쓰기)

번역된 내용을 영어 노트에 옮겨 적는 과정에서는 기능적 쓰기가 적용됩니다. 아이는 영어 문장을 직접 손으로 쓰면서 문법, 철자, 구두점을 신경 쓰게 됩니다. 이 과정은 아이가 문법적 규칙을 체득하고, 정확한 문장을 구사하는 능력을 기르는 데 중요한 역할을 합니다. 기능적 쓰기는 정확한 언어 사용을 목표로 하며, 아이가 글쓰기 과정에서 영어 문법을 정확하게 적용하는 데 도움을 줍니다. 글씨가 엉망이어도, 일단 아이가 쓰려고 한다는 그 자체를 칭찬하고 응원해 주세요. 잔소리라고 여긴 아이가 마음의 문을 닫아버리면 힘들게 틔워 낸 글쓰기 싹은 자라지 못하게 됩니다.

5) 선생님 피드백 받기 (과정 중심 + 기능적 쓰기)

선생님은 아이의 글에서 문법적 오류를 수정하는 것뿐만 아니라, 글의 흐름과 표현을 개선할 수 있는 방법도 제안합니다. 예를 들어, 'thrilled'와 'thrilling'의 차이에 대해 설명해 주거나, 문장의 구조를 어떻게 더 명확하게 할 수 있는지를 알려 줍니다. 이 과정에서 아이는 자신이 놓쳤던 부분을 다시 돌아보며 글을 더 발전시킬 수 있습니다. 이는 과정 중심과 기능적 쓰기가 결합된 형태로, 아이가 스스로 글을 수정하고 발전시킬 수 있도록 돕습니다. 피드백 과정은 아이가 다음 글로 나아갈 수 있는 동기부여가 됩니다. 학습적 내용 중심의 피드백만 중요하게 여기지 마시고 아이의 시도, 아이의 노력과 과정을 칭찬하는 피드백이 훨씬 의미 있습니다.

6) 챗GPT와 질문 주고받기 (자기주도 학습)

마지막으로, 아이는 선생님의 피드백 중 이해되지 않는 부분이나 궁금한 점을 챗GPT에게 질문하며 다시 학습하는 과정을 거칩니다. 이를 통해 아이는 스스로 궁금한 점을 해결하고 더 나은 글을 쓰기 위한 노력을 지속합니다. 자기주도 학습은 학습자가 스스로 질문을 던지고 답을 찾아가는 과정으로, 영어 학습에서 중요한 요소 중 하나입니다. 아이는 이러한 과정을 통해 문제 해결 능력을 기르고, 스스로 학습을 주도하는 능력을 키우게 됩니다.

이처럼 아이는 과정 중심 글쓰기와 기능적 쓰기를 결합한 방식으로 영어 학습을 진행하며, 자기주도 학습을 통해 영어 글쓰기 실력을 향상시킬 수 있습니다.

4
자기주도 학습으로
성장하는 인공지능 글쓰기

아이가 주인공이 되는 자기주도학습

'자기주도 학습'은 아름다운 단어입니다. 모든 부모가 내 아이에게 있기를 바라는 태도 중 으뜸입니다. 자기가 좋아하는 분야를 알고, 스스로 계획을 세운 후 차근차근 계획에 따라 어려움을 헤쳐나가며 성장하는 아이 모습을 상상만 해도 가슴이 설렙니다. 자기주도 학습이 이토록 긍정적인 이미지로 자리잡은 이유는 무엇일까요? 그 안에 담긴 긍정성, 적극성, 계획성, 실천력이 공부뿐만 아니라 인생을 살아가는 근본적인 힘이기 때문입니다.

자기주도 학습(Self-directed learning)은 학습자가 자신의 학습 과정을 스스로 계획하고, 실행하며, 평가하는 과정입니다. 즉, 학습자는 교사나 부모의 지시를 따르는 것이 아니라 스스로 학습 목표를 설정하고 학습 방법을 선택해 나가며, 자신의 성과를 스스로 평가합니다. 이는 특히 현대 교육에서 중요한 학습 전략으로, 학습자가 독립적으로 문제를 해결하고 지식을 습득하는 능력을 길러주는 데 큰 역할을 합니다.

자기주도 학습은 단순히 지식 습득에만 그치지 않고, 학생이 자신이 필요로 하는 학습 방법을 스스로 찾아내고 조절할 수 있는 능력을 키워 줍니다. 이는 글쓰기에서도 매우 중요합니다. 학습자가 자기 생각을 글로 옮기고 피드백을 바탕으로 수정하면서 점점 더 기능과 내용 면에서 성장하기 때문입니다.

챗GPT 글쓰기와 자기주도 학습

챗GPT는 글쓰기 과정에서 자기주도 학습의 강력한 도구로 활용될 수 있습니다. 학습자는 글을 작성한 후 챗GPT를 통해 번역하거나 피드백을 받고, 그 과정에서 생기는 궁금한 점을 다시 챗GPT에게 질문하여 스스로 학습을 확장시킵니다. 이러한 과정은 학습자가 주도적으로 자신의 글을 수정하고 발전시키는 기회를 제공합니다.

아이가 우리말로 작성한 글을 챗GPT를 통해 영어로 번역하고, 그 결과를 바탕으로 스스로 수정하거나 더 나은 표현을 찾는 과정을 겪게 됩니다. 또는, 선생님이 제공한 피드백을 바탕으로 궁금한 점을 챗GPT에게 질문함으로써 아이는 자신의 학습 방향을 조절하고 발전시키는 경험을 하게 됩니다.

이러한 자기주도 학습이 어떻게 실현되었는지를 '배구 대회 − 실패는 성공의 어머니'라는 일기 예시를 통해 분석해 보겠습니다.

제목 : 배구 대회 – 실패는 성공의 어머니

(우리말)

저는 지난 주 주말 배구 대회에 나갔어요. 아침 6시에 일어나서 학교 갈 준비를 하는데 정말 긴장되더라구요. 그러나 친구들이 열심히 응원하고 끈기 있게 연습했던 시간을 생각하니 긴장이 저절로 풀렸어요.

그렇게 버스를 타고 출발해 C초등학교에 도착했어요. 남자팀은 7,8번째 경기여서 오후에 진행될 예정이었지요. 체육관에 들어가 다른 팀 경기를 구경했어요. 여자팀도 엄청 잘하더라고요! 앞선 경기를 마치고 우리 학교 여자팀 경기가 시작됐어요. 상대팀은 A시에서 배구를 잘 한다고 알려진 D초등학교였어요. 우리팀은 열심히 싸웠어요. 하지만 아쉽게도 지고 말았지요.

우리 남자팀 경기가 남아 있었어요. 여자 배구 대회가 끝나고 남자팀 배구 대회를 시작했어요. 저희의 상대도 D초등학교였어요. 우리는 여자팀 복수를 하겠다는 마음으로 경기를 시작했어요. 그러나 상대의 서브가 너무 강했고 실력 차이가 많이 났어요. 그렇게 그냥 어이없이 1세트를 빼앗겼어요. 그래도 2세트는 꼭 이기겠다는 마음으로 했지만 결국 2대0으로 지고 말았어요.

안 울려고 했는데 눈물이 계속 나서 참느라 힘들었어요. 심지어 저는 주장이었기 때문에 더 마음이 무거웠어요. 정말 허무했던 것 같아요. 엄마가 격려해 주시면서 '최선의 노력이 반드시 최고의 결과로 이어지지 않을 때도 있어. 네가 이번에 최선을 다한 그 경험은 네 삶에 나이테가 될 거야.'라고 하셨어요. 저희 6학년은 올해 더 이상 배구 대회가 없어요. 하지만 내년에 후배들이 더 잘할 수 있도록 남은 훈련 시간에 열심히 노력할 거예요. 응원에 보답하지 못해서 죄송해요. 앞으로의 제 노력을 선생님도 지켜봐 주세요!

(영어)
Dear Teacher,

Last weekend, I participated in a volleyball tournament. I woke up at 6 a.m. to get ready for school, and at first, I felt really nervous. But as I thought about my friends cheering me on and all the time we spent practicing hard, my nervousness started to go away.
We got on the bus and headed to C Elementary School. Our boys' team was scheduled for the 7th and 8th matches, which were set to happen in the afternoon. While waiting, we watched other teams play. The girls' teams were really good! After the earlier games, our school's girls' team started their match. Their opponents were from D Elementary School, which is known in A (city name) for being really good at volleyball. But our team fought hard. Sadly, they lost in the end.

Then it was time for our boys' team to play. The girls' match was over, and we were ready to start our game. Like the girls' team, our opponent was also from D. We began the game with the mindset of avenging the girls' loss, but their serves were just too strong, and the skill gap was noticeable. Just like that, we lost the first set. Even though we tried our best in the second set, we ended up losing 2-0.

I tried not to cry, but it was really hard to hold back my tears. Since I'm the team captain, it felt even heavier on me. I think I just felt really empty inside. My mom comforted me, saying, "Sometimes, your best efforts don't always lead to the best results. But the experience of giving it your all will become a valuable part of your life."

For us 6th graders, there are no more volleyball tournaments this year. But I'm going to work hard during the remaining practice sessions, so our younger teammates can do better next year. I feel sorry that we couldn't repay everyone for their support. Please keep watching over me as I continue to do my best!

자기주도 학습 과정은 크게 두 가지 측면에서 나타납니다. 먼저 글감을 찾고 표현하는 면에서의 자기주도성, 그리고 피드백을 바탕으로 문법, 표현 등에 대한 질문을 통해 학습을 발전시키는 과정입니다. 이와 별개로 실패를 통해 성장하는 마음의 성장도 중요하지요.

글감을 찾고 표현하는 자기주도성

아이는 배구 대회에 참여한 자신의 경험을 바탕으로 스스로 글감을 선택하고, 그 경험에 대한 감정과 생각을 글로 썼습니다. 자기주도 학습에서 중요한 것은 글의 주제를 찾고, 그에 맞는 표현을 찾아내는 능력입니다. 이 글에서는 배구 대회에서의 패배와 그 과정에서 느낀 감정들을 솔직하게 표현한 점에서 그 가치를 찾을 수 있습니다. 속상한 마음에 돌이키기 싫었을 수도 있지만 이 과정을 통해 아이는 자신에게 의미 있는 순간을 발견하고 기록했습니다. 이는 자기주도 학습의 핵심인 '스스로 선택하고 실행하는 능력'과 연결됩니다.

· 자기주도적 글감 선택 : 배구 대회라는 주제는 아이가 스스로 선택한 주제이며, 이는 아이가 경험한 상황을 바탕으로 자신만의 시각에서 이야기를 풀어내는 자유 쓰기의 형태입니다. 이 과정에서 아이는 감정적으로 도전적인 상황(패배)을 다루며, 그 상황을 어떻게 해결해 나갈지에 대한 생각을 표현하고 있습니다.

· 자기표현의 확장과 성장 : 아이가 이 글이 '내가 주인공이 되어 쓰는 글'이라는 생각이 없었다면 아마 다음처럼 썼을 겁니다.

오늘 나는 배구 대회에 나갔다. 여자팀이 먼저 했다. 상대방이 너무 잘해서 졌다. 우리가 복수해서 이기고 싶었지만, 상대방이 너무 잘했다. 분하고 눈물이 났다. 앞으로 열심히 해서 후배들이 잘 했으면 좋겠다.

아이 글에는 긴장감, 안타까움, 응원하는 마음, 복수심, 실력 차이로 인한 좌절감, 패배감, 눈물, 아쉬움, 미안함, 다짐에 이르기까지 다양한 감정이 표현되어 있습니다. 아이는 자신의 내면 감정을 진솔하게 표현하며 '최선을 다했지만 이길 수 없었다'고 스스로 정리하며 기록했습니다. 그리고 내년 후배들의 경기는 더 나아지기를 바라며 앞으로 열심히 훈련하겠다고 다짐하지요. 저도 이 날 배구 경기를 보러 갔었어요. 안타까움이 가득 묻어나는 아이의 뒷모습을 보며 조용히 응원했습니다. 경기를 마친 후 담담한 모습으로 저와 만났는데, 아이가 이렇게 복잡하고 깊은 감정을 느꼈다는 사실을 나중에 이 글을 보며 알게 되었습니다.

만일 아이가 이 날 글쓰기를 통해 자기 내면과 시간을 톺아보고 기록하지 않았다면, 이 많은 생각과 감정들은 점점 흐릿해지는 추억으로 남았을 겁니다.

아이가 '단순한 경험 나열'만 하는 글에 그치지 않도록 충분히 대화하고 시간을 주세요. 같은 날은 단 하루도 없지만 아이들은 쓸 게 없다고 자주 말합니다. 내가 스스로 내 시간의 주인이 되어 하루 중 어떤 일을 자세히 들여다보고 관찰하는 힘을 키운다면 아이들은 다양한 글감과 만나는 하루를 보내게 됩니다.

공부에서의 승패는 시험지 위에서만 결정되지 않습니다. 우리 아이들은 변화하는 미래 사회에서 학교 공부로 다 채울 수 없는 다양한 분야를 공부할 겁니다. 그러면서 무수히 좌절하고 울고 답답해하면서 나아가겠지요. 그때 스스로에게 '이 정도면 괜찮은데? 다음에는!', '아오, 생각보다 많이 어렵잖아. 조금씩 다시 한 번 더 해 보자.'라고 말할 수 있는 힘을 지닌 아이는 어떤 공부를 하든 괜찮을 겁니다. 그리고 나만을 위한 공부, 남을 이겨야 하는 공부가 아니라 다른 존재까지 배려하고 함께 할 수 있는 공부의 태도를 지닌다면 호모 심비우스(공존하는 인간)의 시대를 살아가는 시민으로 성장하리라 믿습니다.

피드백에서 문법과 표현에 대한 궁금한 점 찾아 질문하기

아이의 글쓰기 과정에서 중요한 부분 중 하나는 피드백을 받는 단계입니다. 이때, 피드백에서 제기된 문법적 오류나 표현의 차이를 아이가 이해하고 수정하는 과정은 자기주도 학습의 중요한 요소입니다. 아이는 피드백을 받은 후 궁금한 점이나 이해되지 않는 부분에 대해 챗GPT에게 질문하며 학습을 확장했습니다.

· 실제 사례 : 'thrilled'와 'thrilling'의 차이

여기에서는 후추가 선생님께 받은 피드백에 바탕을 두고 설명하겠습니다. 챗GPT를 통해 피드백을 받은 경우에도 마찬가지 방식으로 진행할 수

있습니다.

선생님은 후추에게 'thrilled'와 'thrilling'이라는 단어의 차이에 대해 피드백을 주었습니다.

선생님의 피드백

Thrilled = for feelings or emotions

예시 : "I was thrilled to see you."

Thrilling = something can be thrilling

예시 : "The ride was thrilling."

후추는 왜 선생님이 이 부분을 자세히 설명했는지 궁금해했습니다. 먼저 누나에게 물어보더군요. 첫째는 중2답게 "주어가 사물인지 사람인지에 따라 형용사 형태가 과거분사형이나 현재분사형으로 달라져. 알겠지?"라고 시크하게 답하더라구요.

아이들과 공부할 때 여러 주의 사항이 있습니다. 그 중 하나는 아이가 해당 학년, 해당 과정에서 배운 개념어로 이해할 수 있도록 설명해야 한다는 점입니다. 개구리 올챙이 적 생각 못한다고 본인 초등학교 시절을 이미 건너온 큰아이는 자신이 중학교에서 배운 문법 용어로 친절하지만 불친절한 설명을 했습니다.

후추는 이 차이를 분명히 알고 싶어했습니다. 다만, 이 상황에 문법적 용어를 더해 설명하거나 이해하려 애쓰는 건 적합하지 않아 보였어요. 처음 들어본 문법 용어에 당황한 아이에게 저는 "중학교에 가면 더 쉽게 이해할 수 있도록 문법을 배우게 될 거야. 문법은 외국어를 배울 때 가장 빠르게 배울 수 있는 튼튼한 뼈대거든. 지금 너는 문법을 따로 배운 적 없으니 일단 다양한 예시를 통해 알아보면 어떨까?"라고 제안했습니다. 이렇게 물어봤습니다.

▶ 아이의 실제 프롬프트

너는 초등학교에서 영어를 가르치는 선생님이야. 너는 영어가 모국어이고, 학생들은 영어를 외국어로 배우고 있지. 학생들은 한국 사람들이야. 나는 너의 도움이 필요해. 네 역할 이해했니?

◉ 네, 저는 초등학교에서 영어를 가르치는 선생님이고, 제 모국어는 영어입니다. 학생들은 한국인으로, 영어를 외국어로 배우고 있는 상황이군요. 이제 어떻게 도와드리면 좋을지 말씀해주세요!

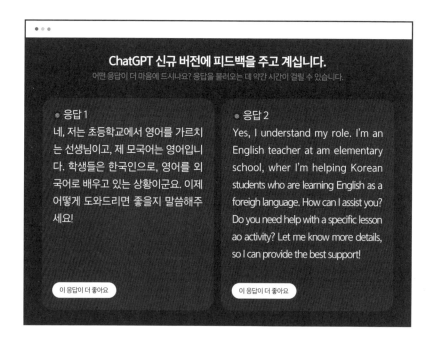

ChatGPT 신규 버전에 피드백을 주고 계십니다.
어떤 응답이 더 마음에 드시나요? 응답을 불러오는 데 약간 시간이 걸릴 수 있습니다.

◉ 응답 1
네, 저는 초등학교에서 영어를 가르치는 선생님이고, 제 모국어는 영어입니다. 학생들은 한국인으로, 영어를 외국어로 배우고 있는 상황이군요. 이제 어떻게 도와드리면 좋을지 말씀해주세요!

이 응답이 더 좋아요

◉ 응답 2
Yes, I understand my role. I'm an English teacher at am elementary school, wher I'm helping Korean students who are learning English as a foreign language. How can I assist you? Do you need help with a specific lesson ao activity? Let me know more details, so I can provide the best support!

이 응답이 더 좋아요

나는 영어 글쓰기를 한 후 Jenny 선생님께 보여드리고 지도받고 있어. 선생님께서 'thrilled'와 'thrilling'의 차이에 대해 설명해 주셨어. 내가 보기에는 비슷해보여. 선생님이 이 부분을 특별히 강조하신 이유가 뭘지 궁금해. 그 이유를 선생님의 입장이 되어서 설명해줘. 그리고 두 단어가 언제 어떻게 쓰이는지 더 자세히 알려줘. 예문을 3세트 이상 만들어줘. 나는 초등학교 6학년이니 복잡한 문법, 어려운 단어는 사용하지 마.

◉ 선생님인 제 입장에서, 'thrilled'와 'thrilling'의 차이를 강조한 이유는 두 단어가 비슷해 보이지만, 실제로는 아주 다르게 사용되기 때문이에요. 이 차이를 잘 이해하면 영어 표현이 더 정확해지고 자연스러워져요.

- **"Thrilled"**는 감정을 표현하는 단어로, 사람이 흥분하거나 매우 기쁜 상태일 때 쓰여요. 이 단어는 주로 사람의 느낌을 말할 때 사용돼요. 예를 들어, "I was thrilled."는 "나는 정말 기뻤다."라는 의미예요.
- **"Thrilling"**은 어떤 경험이나 상황이 사람을 흥분시키는 것을 말해요. 즉, 'thrilling'은 사람이 아닌 경험이나 사건에 대해 이야기할 때 사용해요. 예를 들어, "It was thrilling."은 "그건 정말 짜릿했어."라는 의미죠.

챗GPT는 계속 학습하며 변화합니다. 가끔은 두 가지 응답 가운데 어느 답이 더 좋은지 형태를 고르도록 제시합니다. 영어로 질문하면 영어로 설명해 주기도 합니다. 아이는 아직 영어를 배우는 초보 학습자이기 때문에 필요한 경우에 영어로 접하도록 한국어 응답을 선택했습니다. 그러면 이후 기본 응답이 한국어로 우선 제공됩니다.

◉ 예문

1. **Thrilled:**
   - I was **thrilled** when I won the game.
     (나는 게임에서 이겨서 정말 기뻤어.)
   - She was **thrilled** to meet her favorite singer.
     (그녀는 좋아하는 가수를 만나서 정말 신났어.)
   - We were **thrilled** to go on a trip to the amusement park.
     (우리는 놀이공원으로 여행을 가서 너무 기뻤어.)

2. **Thrilling:**
   - The roller coaster ride was really **thrilling**!
     (롤러코스터 타는 건 정말 짜릿했어!)
   - Watching the fireworks was such a **thrilling** experience.
     (불꽃놀이를 보는 건 정말 짜릿한 경험이었어.)
   - The movie was so **thrilling** that I couldn't stop watching it.
     (그 영화는 너무 흥미진진해서 멈출 수가 없었어.)

이처럼 'thrilled'는 사람이 느끼는 감정을, 'thrilling'은 그 감정을 일으키는 상황이나 경험을 말할 때 사용해요. 두 단어의 차이를 이해하면 영어로 감정을 더 풍부하게 표현할 수 있게 될 거예요!

아이는 초등학교 영어 과목에서 어떤 단어들은 과거를 나타낼 때 −ed가 붙기도 한다는 사실을 알고 있었어요. 또 진행을 의미할 때 −ing가 더해진다는 점도 이미 알았죠. 하지만 본인이 아는 정보로는 이 경우에 적용해서 이해할 수 없었고, 질문을 더 이어 갔습니다.

고마워. 그러면 언제 단어에 "-ed"를 붙이고 언제 "-ing"를 붙이는 거야?

◉ 좋은 질문이야! 단어에 **"-ed"**를 붙일 때와 **"-ing"**를 붙일 때의 차이는 다음과 같아:

- '-ed': 이 형태는 감정을 느끼는 사람이나 대상을 설명할 때 사용돼. 즉, 그 사람이 어떤 상황에서 어떤 감정을 느꼈는지를 말하는 거야. 'thrilled'처럼 말이야. 감정을 받는 쪽이 '-ed'를 사용하는 거지.
- '-ing': 이 형태는 사람에게 그 감정을 일으키는 대상을 설명할 때 사용해. 즉, 상황이나 경험이 사람에게 어떤 감정을 일으키는지를 말할 때 '-ing'를 붙여. 'thrilling'처럼 감정을 주는 쪽에 '-ing'를 사용하는 거야.

예문으로 더 쉽게 이해해볼게:

1. -ed (감정을 느끼는 사람):
   - I was **excited** about the school trip.
   - (나는 수학여행이 기대됐어.)
   - → 여기서 '나'가 기대되는 감정을 느끼는 사람이야.
   - She felt **bored** during the class.
   - (그녀는 수업 시간에 지루했어.)
   - → 그녀가 지루함을 느끼는 사람이야.

2. -ing (감정을 일으키는 대상):
   - The school trip was really **exciting**!
   - (수학여행은 **정말 재미있었어!**)
   - → **수학여행이** 재미있는 경험을 주고 있어.
   - The class was **boring**.
   - (수업은 지루했**어.**)
   - → **수업이 지루함을** 일으키는 대상이야.

정리하자면:
- -ed: 감정을 **느끼는** 사람(또는 대상).
- -ing: 그 감정을 **일으키는** 상황이나 대상.

이걸 이해하면 어떤 단어에 '-ed'를 붙이고, 어떤 단어에 '-ing'를 붙여야 할지 더 쉽게 구분할 수 있을 거야!

아이는 답변을 천천히 읽으며 이해가 된다고 기뻐했습니다. 다음으로는 자신에게 더 적합한 문장으로 이해하고 표현하고 싶어했어요. 그 마음이 다음 질문에 담겨 있습니다.

와, 나 2학기에 수학여행 가는데! 수학여행을 예를 들어 설명하니까 이해가 된다. 고마워.

◎ 수학여행을 예로 들어서 도움이 되었다니 정말 기뻐! 2학기 수학여행도 아주 기대되겠네. 그때 느낀 감정을 영어로 표현할 수 있도록 미리 연습해 두면 좋을 거야. 수학여행에서 멋진 경험 많이 하고, 그 경험을 영어로도 멋지게 표현해 보자! 궁금한 게 생기면 언제든지 물어봐!

몇 가지 더 물어볼게. 나는 축구, 수학여행, 배틀 그라운드, 피아노 치기를 좋아해. 이 단어들을 이용해서 위에서 말한 내용을 다시 가르쳐 줄래?

◎ 그럼 네가 좋아하는 축구, 수학여행, 배틀 그라운드, 피아노 치기를 이용해서 'ed'와 '~ing'의 차이를 다시 설명해줄게!

1. 축구 (Soccer)

- **I was thrilled** when I scored a goal in soccer.
  (나는 축구에서 골을 넘어서 정말 기뻤어.)
  → **-ed**: 내가 기쁜 감정을 느끼고 있어.

- The soccer game was **thriling** to watch!
  (그 축구 경기는 정말 짜릿했어.)
  → - ing: 축구 경기가 사람들에게 짜릿함을 주는 상황이야.

2 수학여행 (School trip)

- I was **excited** about the school trip
  (나는 수학여행이 기대됐어.)
  → -ed: 내가 기대하는 감정을 느끼고 있어.
- The school trip was **exciting**!
  (수학여행은 정말 재미있었어!)
  → - ing: 수학여행이 재미있는 경험을 주는 상황이야.

3. 배틀 그라운드 (Battleground)

- I was **frustrated** when I lost the game in Battleground.
  (나는 배틀 그라운드 게임을 졌을 때 답답했어.)
  → -ed: 내가 답답한 감정을 느끼고 있어.
- The game of Battleground was so **frustrating**!
  (배틀 그라운드 게임은 정말 답답했어!)
  → - ing: 그 게임이 답답한 상황을 주고 있어.

4. 피아노 치기 (Playing the piano)

- I was **satisfied** after I played the piano well.
  (나는 피아노를 잘 치고 나서 만족스러웠어.)
  → -ed: 내가 만족스러운 감정을 느끼고 있어.
- Playing the piano is so **satisfying**. (피아노를 치는 건 정말 만족스러워.)
  → - ing: 피아노를 치는 경험이 만족감을 주고 있어.

이렇게 네가 좋아하는 활동을 예로 들면 더 쉽게 기억할 수 있을 거야! 'ed'는 감정을 느끼는 사람이나 대상을, 'ing'는 그 감정은 일으키는 상황이나 경험을 표현하는 걸 잊지 마!

이처럼 아이는 선생님의 피드백을 바탕으로 단순히 틀린 부분을 수정하는 데서 끝나지 않았습니다. 자신이 이해하지 못한 부분에 대해 질문하고 답을 찾아가며 궁금한 점을 찾았습니다. 질문 내용을 바탕으로 문제를 출제해 달라고 하여 퀴즈를 풀어보는 것도 아주 좋은 방법이지요. 이처럼 챗GPT는 아이가 두려움 없이 능동적으로 글쓰기를 통해 성장하도록 좋은 도구가 됩니다.

5
감정과 생각을
나누는 글쓰기

아이가 '책'이라는 물질을 보고 있다는 사실만으로, 아이가 '글쓰기'라는 행위를 하기 위해 펜을 들었다는 자체만으로 감사해야 하는 시대라는 우스갯소리가 있습니다. 사춘기를 대하는 태도가 예전에는 이 정도까지는 아니었다 싶은데 뭐 이리 예민하고 까칠한가 궁금하기도 합니다. 한편으로는 아이가 어른으로 변화하는 시기를 존중하는 사회로 성숙해지고 있다고 생각하면 반갑습니다.

이 책은 초등학생부터 중학생까지 챗GPT로 영어 글쓰기 하는 방법을 다루고 있습니다. 이때 빠질 수 없는 '그 분'이 등장하죠. 바로 사춘기입니다. 초등 고학년부터 본격적인 사춘기가 시작됩니다. 『사춘기 자존감 수업』[9]에서는 사춘기를 관장하는 3대 호르몬과 뇌의 변화에 대해 설명합니다. 알아두면 엄마들이 뒷목 잡는 사태를 줄일 수 있기에 살펴보고 가겠습니다.

사춘기 관련 성장 호르몬 3총사는 테스토스테론, 에스트로겐, 프로게스테론입니다. 남자아이의 경우 테스토스테론이 절대적 영향을 미칩니다. 신

9　『사춘기 자존감 수업』, 안정희, 카시오페아, 2021

체의 극적인 성장, 목소리 변화 등을 일으키는데 사춘기가 끝날 무렵에는 이전에 비해 무려 1,000퍼센트가 방출되고 이는 같은 연령 여자 아이들에 비해 20배나 높은 수치입니다. 테스토스테론의 수용체인 편도체는 분노, 공격성, 성적 관심 또는 지배 등을 촉발하는 부분입니다. 충동성, 반항성, 욕설과 욱하는 태도, 서열과 위계에 대한 열망, 강자가 되고자 하는 마음 등이 이와 관련되어 있습니다. 지나가다 어깨 한 번 쳤다고 온 학교가 뒤집어지도록 치고받는 남자아이들 일상은 테스토스테론의 영향이라 보면 됩니다.

여자아이의 경우 에스트로겐과 프로게스테론이 많은 영향을 미칩니다. 에스트로겐은 신체 변화를 촉진하는데, 가슴이 발달하고 골반이 확장되며 생리가 시작되도록 합니다. 에스트로겐은 해마가 수용체입니다. 해마는 새로운 기억을 부호화하는 기능을 담당하는데 여자아이들은 사춘기 동안 이 해마에 지속적으로 자극을 받게 됩니다. 상대적으로 기억에 관한 부분에 유리합니다. 반면 사소한 일에도 짜증을 내고 꼬치꼬치 따지는 경향이 있습니다. 비꼬거나 비아냥대기도 하지요. 아주 작은 일도 기억하고 있기에 지적하는 일도 많아집니다.

사춘기 아이들이 자신의 감정을 파악하고 글로 표현하는 일은 중요합니다.(현실은 말이라도 해 주면 감사한 상황이지만요.) 기분과 감정의 토네이도 속에 자신을 던져두고 오즈의 나라로 가 버리는 일을 막을 수 있기 때문입니다. 글쓰기는 감정을 해소하고 정리하며 표현하는 좋은 방법입니다. 이러한 글쓰기는 정서적 발달뿐만 아니라 사회적 관계에서도 긍정적인 영향을 미칩니다. 아이들이 긍정적, 부정적 감정을 있는 그대로 표현할 수 있다면 훨씬 건강하게 생활할 수 있습니다. 특히 부정적 감정을 억압하지 않고 글로 풀어낼 수 있다면 더없이 반가운 일입니다.

이렇게 건강하게 성장한 아이들은 다양한 언어를 통해 감정 표현을 나누며 폭넓은 네트워크를 만들어 갈 수 있습니다. 영어를 통해 감정을 표현하는 능력은 다문화 사회에서 더 많은 사람들과 소통하는 데 중요한 도구가 됩니다. 영어를 통해 감정을 세밀하게 표현하는 일은 다른 나라 사람들과의 교류에서 특히 유용합니다. 감정 표현이 풍부할수록 언어 소통 능력이 높아져, 타문화 사람들과 공감대를 형성하고 협력할 수 있는 능력이 강화됩니다. 글로벌 사회에서 감정을 언어로 표현할 수 있는 능력은 단순히 언어 능력을 넘어, 다문화적 협력과 관계 형성에 있어서 중요한 자산이 됩니다.

예시 1

제목 : 엄마는 깜빡 대장

(우리말)

오늘 엄마와 같이 도서관에 도착했다. 지난 번처럼 (엄마가) 동아리실을 예약한다고 하서서 (나는) 기다리고 있었다. 그런데 방이 예약되어 있다는 것이었다. 나는 아쉬운 마음으로 동아리실 앞에서 공부를 했다. 그런데 시간이 지나도 사람이 안 오는 것이었다. 나는 이상한 마음으로 예약표를 보았다. 그런데, 오늘은 아무 예약이 없었다! 난 엄마에게 물어봤다. 대답을 듣고 엄청 웃겼다. 엄마는 저번 주 예약을 오늘로 착각하신 거다. 그렇게 동아리실을 예약하고 들어갔다. 그런데 엄마 폰이 사라졌다고 하셨다! 우리는 동아리실을 다 찾아봤지만 없었다. 그런데, 엄마가 폰을 찾으셨다. 바로 화장실에서 말이다. 난 정말 웃겼다. 엄마는 '깜빡 대장'인 것 같다.

(영어)

I arrived at the library with my mom today. We were waiting to book the club room like last time. But it turned out that the room was already reserved. I studied in front of the club room with a sad heart. However, as time passed, no one came. I looked at the reservation sheet with a strange feeling. But today, there was no reservation at all! I asked my mom about it, and when I heard the answer, I laughed a lot. My mom confused this week's reservation with last week's. So, we reserved the club room and went inside. But then, my mom said her phone was missing! We looked everywhere in the club room, but we couldn't find it. My mom found her phone later. It was in the RESTROOM! I thought it was really funny. I think my mom is a little forgetful!

예시 2

제목 : 가족은 내 마음의 롤러코스터

(우리말)

나는 우리 가족을 너무나도 사랑한다. 그러나 가끔 우리 가족이 싫을 때가 있다. 언제 누가 싫어지는지 가족 한 사람씩 돌아가며 말해 보겠다. 먼저 아빠부터 생각해 보자. 우리 부모님은 주말 부부이다. 그러니 아빠는 주말에만 오는 아빠가 많이 반갑다. 그러나 아빠는 주말마다 많이 주무신다. 가끔 아빠랑 놀고 싶어서 방에 들어가면 게임을 하고 있거나 일을 하고 계신다. 아빠가 '나 일해야 돼.'라고 하면 속상하다. 아빠가 나랑 많이 놀아 주면 좋겠다.

다음은 우리 누나이다. 내 주변을 봤을 때 '누나'를 좋아하는 남동생은 찾아보기 어렵다. 누나는 그냥 싫다. 허락도 없이 내 방에 들어와서 간식을 먹고 쓰레기를 치우지 않는다. 자기는 안했다는 듯이 변명해서 내가 혼나는 경우가 있다. 어떤 때는 분리배출 담당이면서 끝내 하지 않아 결국 엄마랑 나랑 같이 하고 정말 힘들다. 사춘기라도 저러면 안 된다.

엄마는 나를 누나 같은 천적으로부터 지켜 주는 안전한 불 같은 존재다. 가끔씩 누나가 지저분하게 만든 방인데, 내 방이니 내가 치워야 한다고 나를 혼내면 엄마가 미워진다. 내가 뭔가 설명을 하려고 "핑계대지 마!"라고 해서 더 속상해진다. 결국 죄인은 벌을 받지 않고 누명이 씌워진 나만 청소한다. 그래도 시간이 흐르고 나서 내가 엄마한테 차근차근 얘기하면, 누나는 2배로 혼난다. 그후 엄마는 나에게 진심어린 사과를 하고 나를 꼭 안아 주신다. 그래서 나는 가족 중에서 엄마가 가장 좋은 가족인 것 같다.

이렇게 쓰고 나니 속이 후련하다. 한편으로는 마음이 불편하다. 내가 나쁜 사람이 된 것 같기 때문이다. 『페인트』에서처럼 부모 면접을 봐서 선택할 수 있다 해도 나는 내 부모님을 선택할 거다. 엄마에게 쓴 글을 보여 드리니 미안하다고 하셨다. 그리고 주말에 가족회의를 하면서 더 이야기 나누자고 하셨다. 마음이 가벼워졌다. 소중한 가족들과 편안히 즐겁게 지내고 싶다. 전국의 남매, 자매, 형제들 힘내라!

(영어)

I love my family very much. But sometimes, there are times when I don't like my family. I'll talk about each family member and when I feel that way.

First, let's think about my dad. My parents are a weekend couple, so I'm really happy to see my dad on the weekends. But my dad sleeps a lot on weekends. Sometimes, when I want to play with him and go to his room, he's either playing games or working. When he says, "I have to work," it makes me sad. I wish he would play with me more.

Next is my sister. From what I see around me, it's hard to find a younger brother who likes his sister. I just don't like her. She comes into my room without permission, eats my snacks, and doesn't clean up the trash. Sometimes, she makes excuses like she didn't do anything, and I end up getting scolded. Sometimes, even though she's in charge of recycling, she doesn't do it, so my mom and I have to do it together, which is really hard. Even if she's a teenager, she shouldn't act like that.

My mom is like a safe fire that protects me from my sister, who feels like an enemy. Sometimes, when my mom scolds me for not cleaning my room, which my sister made messy, I end up disliking her. When I try to explain something, and she says, "Don't make excuses!" it makes me even more upset. In the end, I'm the one who has to clean up, while the real culprit doesn't get punished. But after some time, when I calmly talk to my mom, my sister gets scolded twice as much. After that, my mom sincerely apologizes to me and hugs me tight. So, I think my mom is the best family member.

After writing this, I feel relieved. But at the same time, I feel uncomfortable. I feel like I've become the bad guy. Even if I could choose my parents like in 『The Paint』, I would still choose my parents. When I showed my mom this writing, she said she was sorry. And she suggested that we have a family meeting this weekend to talk more. I feel lighter now. I want to enjoy my time with my precious family comfortably and happily. To all the siblings out there, hang in there!

첫 번째 예시글을 살펴보겠습니다. 아이는 착각한 제 모습이 퍽 재미있었나 봅니다. 사실 아이들 입장에서 어른들 실수만큼 통쾌하고 재미난 일이 또 있을까 싶어요. 저는 그 날 "내가 착각했네!"라며 함께 엄청 웃었습니다. 실수는 함께 웃을 수 있는 일상 속 사건일 뿐입니다. 아이가 엄마를 일부러 놀리거나, 마음의 상처를 주려는 건 아니지요. 선생님이 보셔도 괜찮습니다. 선생님도 아이와 함께 이야기 나눌 소소한 이야깃거리가 생겨서 반가우실 겁니다.

가족에 대해 쓴 두 번째 글도 소중합니다. 아이가 어떤 점에서 가족에게 서운한지 글로 읽고 나니 가족들이 평소 대하는 태도가 달라졌습니다. 더 노력하게 되었지요. 말과 글은 둘 다 나의 생각을 담는 그릇입니다. 신기하게도 말이 글의 옷을 입으면 더 멀리 보다 깊게 전달됩니다. 둘째가 불편한 마음을 말로 표현했다면 작은 다툼이 생겼거나, 별 일 아니라는 듯 지나가지 않았을까요?

아이가 안심하고 어떤 표현이든 드러낼 수 있도록 바라보고 공감하는 엄마가 되었으면 합니다. 공부하는 수단으로 단어만 일대일 대응시키지 않고, 그 안에 담긴 아이 마음과 가족 마음이 맞닿아 공감하는 시간으로 꽃피우길 바랍니다.

예시 3

제목 : 슬픔으로 가득한 하루

(우리말)

오늘은 부처님 오신 날이라 학교에 가지 않았다. 평소에는 휴일을 즐겁게 보내는데, 오늘은 슬펐다. 이별이 왜 이렇게 슬플까? 최근에 두 번의 이별 소식을 들었다. 하나는 내가 가장 좋아하는 Elija 선생님이 다음 주 목요일까지만 우리를 가르친다는 소식이었다. 다른 하나는 우리 텃밭에 두더지가 죽은 채 나타난 것이다. 3년 동안 그렇게 보고 싶어도 한 번도 못 만났는데 시체가 되어 나타나다니 너무 슬펐다. 이틀 전에 담임 선생님께서 Elija 선생님이 다음 주 목요일까지만 수업을 하신다고 말씀하셨다. 이제 선생님은 한국어를 공부하러 떠나실 거라고 하셨다. 그 말을 듣는 순간, 정말 충격을 받았다. Elij 선생님과 5학년때부터 공부했고, 선생님과 함께 영어 공부하는 게 정말 즐거웠다. 게다가 선생님은 영어로 쓴 글을 보여 주시고 칭찬도 해 주셨다. 연속으로 두 가지 이별이 오다니 정말 마음이 힘들다.

(영어)

Today was Buddha's Birthday, so I didn't go to school. Usually, I enjoy holidays, but today I felt sad. Why is saying goodbye so sad? Recently, I heard two pieces of sad news. One is that my favorite teacher, Elija, will only teach us until next Thursday. The other is that a mole was found dead in our garden. I had wanted to see a mole for three years, but it appeared only after it had died. It made me really sad. Two days ago, my homeroom teacher told us that Elija would only be teaching until next Thursday. She said Elija is going to leave to study Korean. When I heard that, I was really shocked. I have studied with Elija since 5th grade, and I enjoyed studying English with her. Also, she would show me writings in English and praise me. Having two goodbyes in a row is really hard for me.

이 글에는 다양한 감정 표현(Emotional expression)이 대상을 달리 하며 나타납니다. "I felt sad."와 같이 단순하고 명확한 표현을 통해 감정을 나타내며, 이별에 대한 감정을 중심으로 슬픔을 강조하고 있습니다. "I was really shocked."에서 이별에 대한 갑작스러운 감정을 나타내고 있습니다. 이제 막 자리 잡기 시작한 영어 글쓰기 자체를 포기할 수도 있겠구나 싶을 정도로 많이 슬퍼하더라구요. 오랜 시간 가르쳐 주신 Elija 선생님에 대한 애정을 "I really enjoyed learning English with her."과 같은 문장에서 잘 드러냈습니다. 아이는 이렇게 자기 감정에 두 가지 언어로 이름을 붙이고 적어 나가며 선생님과 이별하는 마음 가닥을 정리했습니다.

이 즈음 저희가 가꾸는 텃밭에 두더지가 죽은 채 발견되었습니다. 농약 없이 농사를 짓다보니 두더지가 저희 땅까지 찾아와 살았던 듯합니다. 3

년 동안 파놓은 굴 덕분에 푸욱 꺼지는 굴을 따라다니며 얼굴 한 번 보는 게 소원이었습니다. 안타깝게도 무지개 다리를 건넌 후에야 만나게 되었습니다. 아이는 두 가지 사건을 하나로 묶어 공통점을 찾고 그에 대한 감정을 표현하는 글을 썼습니다. 이 과정을 통해 아이와 삶과 죽음, 만남과 이별에 대한 여러 가지 책을 읽고 이야기를 나눌 수 있었습니다. 아이의 글이 더 풍성하고 넓게 뻗어나갈 수 있도록 엄마가 함께 마음으로 읽고 귀 기울인 후 대화를 나누면 어떨까요?

3장

엄마들과 나눈 Q&A: 나도 이게 궁금했는데!

챗GPT 글쓰기에 대한 Q&A

　질문은 최고의 공부법입니다. 게다가 같은 입장에 있는 사람들이 남긴 질문이라면 그 유용성은 더욱 큽니다. 이 장에서는 챗GPT 글쓰기에 대해 엄마들과 나눈 대화에서 많이 나온 질문들을 정리했습니다. 일단 우리, 그러니까 엄마들을 위해 박수를 먼저 보내면 좋겠습니다. 지금 아이 신경 쓰는 것의 절반만큼만 학교 다닐 때 공부했다면 무조건 서울대 갔을 거라며 농담할 정도로 자녀 교육에 최선을 다하고 있으니까요. 이따금 욕심이 앞설 때는 '내가 왜 이러나' 자책하기도 하지만, 엄마들끼리 속을 털어놓고 이야기를 나누다 보면 다시 기운 내고 시작할 수 있습니다. 아이들은 우리 삶에 있어 영원한 갈증이며 샘물입니다. 머리를 맞대어 함께 질문하고 숙론을 통해 더 나은 방향과 방법을 찾을 수 있기를 바랍니다.

　이 책은 제가 엄마로서 아이와 인공지능을 이용해 글쓰기를 한 경험을 담고 있습니다. 같은 시대를 살며 닮은 고민을 하는 엄마들에게 조금이나마 도움이 되고 싶었습니다. 저는 챗GPT를 활용한 글쓰기를 하며 혹여 제가 아이에게 잘못된 방향으로 영향을 미치게 될까 걱정스러웠습니다. 그만큼 더 많은 책과 자료를 찾아 아이 공부의 본질에 닿아 있고 시대의 흐름에 맞는 글쓰기를 하기 위해 노력했습니다.

감사하게도 이 세상에는 책이라는 몸을 통해 생각을 나누어 주는 훌륭한 저자들이 있습니다. 제가 세상의 말을 빌리지 않고, 앞선 현명한 분들의 글에 의지하지 않고 할 수 있는 말은 없다고 생각합니다. 그 바탕에 저와 아이의 경험이 스며들도록 담았습니다. 세계적인 영화감독의 반열에 오른 봉준호 감독은 "가장 개인적인 것이 가장 창의적인 것."이라 했습니다. 이 책이 계기가 되어 각 가정에서 창의적인 방법으로 인공지능을 활용한 글쓰기를 한다는 소식들이 벚꽃 구름처럼 피어오르면 좋겠습니다.

아이의 글쓰기를 성공으로 이끌기 위해 두 가지가 필요합니다. 첫째는 미래 사회에 걸맞은 공부란 무엇인지, 둘째는 엄마와 아이의 마음가짐에 대한 부분입니다. 이곳에 인용한 책들은 두고두고 힘이 될 수 있으니 읽어 보시길 추천합니다.(책 읽는 독서 모임을 만들까요?)

단행본이 광각 렌즈라면 논문은 현미경 같습니다. 주제도 다채로워서 「초등학교 고학년 영어 활동을 위한 팝송」이라는 논문을 읽으며 찰리 푸스의 노래를 찾아 듣기도 했습니다. 실질적인 활동 부분에서 도움이 된 자료는 논문이었습니다. 영어 글쓰기, 초등 글쓰기, 고학년 대상 글쓰기, 자기 주도 학습, 외국어로서 영어 교육, 영어 교과과정 쓰기, 인공지능 활용 영어학습 등을 주제로 많은 교육 전문가와 현장 선생님들이 연구하고 계셨습니다.

인지심리학자 김경일 교수님은 유튜브에서 흥미로운 논문을 소개하고 읽는 법에 대해 알려 줍니다. "논문은 단 한 줄을 파악하기 위해 읽고 쓴다."라는 말이 인상적이었습니다. 학술적 논문은 정해진 양식과 표현의 규칙에 따르는 글입니다. 그렇기에 단단한 고목 같은 인상을 주지만 그 안에 담긴 내용은 생동감이 있습니다. 초록(논문 앞부분에 제시되는 요약 부분)을 통해 빠르게 파악할 수 있는 것도 장점입니다.

　논문들은 앞서 연구된 내용을 바탕으로 문제를 발견하고 새로운 관점에서 연구한 내용들입니다. 나에게도 흥미롭고 해당 학술 세계에 의미 있어야 하며 우리가 사는 세상에도 도움이 되어야 합니다. 따라서 논문의 내용은 절대불변이 아니라 학자들 간에 티키타카가 오가는 과정이지요. 누구나 구글 스칼라 등에서 관심 있는 주제를 연구한 다양한 논문을 쉽게 찾아볼 수 있습니다. '제목 살펴보기'를 시작으로 천천히 살펴보시면 내 아이의 학습과 글쓰기를 성공으로 이끌 수 있는 흥미로운 내용들을 만나실 수 있습니다.

　이제 엄마들이 가장 궁금해했던 질문들을 하나씩 살펴보며 챗GPT를 활용한 글쓰기와 학습의 가능성을 구체적으로 알아보겠습니다. 엄마들의 입장에서 궁금해 한 질문과 답변을 통해 내 아이를 위한 더 많은 힌트와 아이디어를 얻으실 수 있을 거예요.

1 ──────────────── ✦
챗GPT 번역,
얼마나 정확하고 효과 있을까요?

챗GPT의 한영 번역 정확도는 상당히 높은 것으로 나타났습니다. 서울교육대학교 윤어범 교수는 2023년에 「챗GPT의 한영 번역 도구로서의 정확성 분석」[10]이라는 논문을 발표했습니다. 이 논문은 챗GPT가 번역 도구로서 얼마나 정확한지 알아보기 위해 챗GPT가 내놓은 한영 번역 결과물을 영어 원어민 평가를 통해 분석한 연구내용을 담고 있습니다.

이 연구에서는 한영 번역이 텍스트의 종류에 따라 난이도가 다르다는 점을 고려하여 텍스트 종류를 ① 전공 서적 ② 문학작품 ③ 속담으로 나누어 비교했습니다. 그 결과 챗GPT는 세 종류의 텍스트 번역에 있어 문법적 오류를 거의 찾아볼 수 없을 정도의 정확성을 보여 주었습니다. 다만 고유한 문화나 정서를 공유해야만 바른 이해가 가능한 관용적 표현에 관해서는 보완이 필요한 것으로 나타났습니다. 그러나 네이버 파파고, 구글 번역기가 보이는 번역과 다른 점이 있었습니다. 챗GPT가 문화적 문맥을 고려해야 한다는 점을 밝히거나 해당 속담에 대한 추가적 정보를 제공했다는 점입니다.

---

10   서울교육대학교 한국초등교육 Korean Journal of Elementary Education 제34권 제4호, Vol. 34, No. 4, 215-231, 2023

아이들은 초등학교 6학년 국어과에서 속담을 활용하여 표현하기를 배웁니다. 초등 고학년이 되어 관용적 표현인 속담을 통한 글쓰기를 배운다는 점에서 고유한 문화를 반영한 속담, 관용구는 인공지능이 쉽게 번역하기 어려우리라는 점을 짐작할 수 있습니다. 「번역교육에서의 챗GPT의 활용방안탐구」[11] 연구에서도 이러한 점을 밝히고 있습니다. 연구자가 챗GPT에게 '기계번역이 취약해서 인간번역사의 개입이 필요한 부분'에 대해서 물었을 때 챗GPT가 꼽은 첫 번째가 '문화에 대한 이해 부족'이라고 답했다고 합니다. 속담과 관용구는 우리 고유의 문화와 삶의 지혜가 담긴 언어의 샘과 같습니다. 인공지능을 번역을 돕는 도구로 활용하고 엄마의 지혜를 아이에게 더해 줘야 합니다. 함께 속담이나 사자성어 책을 읽거나 퀴즈를 내도 즐겁게 배울 수 있습니다.

윤여범 교수는 챗GPT가 이미 영어 교육의 많은 분야에서 성공적으로 활용되고 있으며 읽기와 쓰기를 비롯한 다양한 분야에 큰 변화를 가져오리라 전망했습니다. AI디지털교과서 현장적합성 검토 지원단 윤수영 선생님도 챗GPT의 발달이 교육 현장에서 영어 말하기 학습에 획기적인 발전을 가져다줄 수 있다고 전망[12]했습니다. 많은 부모들이 사교육비 부담을 감수하고 아이를 영어 학원에 보냅니다. 원어민에게서 자연스럽고 정확한 영어를 배우게 하기 위해서입니다. 이러한 점에서, 전문가들이 원어민과 함께 정확성을 검증한 챗GPT는 아이의 영어 글쓰기에 훌륭한 도구가 될 수 있습니다.

---

11   「번역교육에서의 챗GPT의 활용방안탐구」, 신지선, 번역학연구, 25(2), 39-67, 2024

12   『2025대한민국 미래 교육 트렌드』, 미래교육집필팀, 뜨인돌, 2024

챗GPT 글쓰기가 중등 과정에 도움이 될까

꽤 공부를 잘하던 아이들도 중학교 올라가서 성적이 곤두박질친다는 괴담이 심심치 않게 들립니다. 도대체 뭐가 문제일까요?

「2015 개정 교육 과정 기반 초등학교 6학년과 중학교 1학년 영어 교과서 쓰기 활동 분석」[13] 연구에서 지적하듯 초등학교 6학년과 중학교 1학년 사이의 학습 내용 틈이 커서 학습자들이 영어 학습에 어려움을 크게 겪을 가능성이 큽니다. 1학년 2학기부터 치러야 할 지필 평가와 서술형에 대해서도 상당한 부담을 느끼게 되고요.

초등과 중등의 결정적 차이는 학교 수업 시간에 선생님들이 사용하는 '용어'가 달라진다는 점입니다. 중학교 영어 수업은 문법 용어를 활용하여 진행됩니다. 문법 용어에 대한 경험이 없으면 중학교 영어 수업은 따라가기 힘듭니다. 엄마들도 알다시피 문법을 배우는 일은 낯설고 적응 기간이 필요합니다. 그 어려움을 견뎌내기 위해 가장 필요한 것은 영어에 대한 긍정적 정서와 자기 주도적 학습 태도입니다.

저는 첫째가 중2입니다. 그간의 경험을 볼 때 챗GPT로 영어 글쓰기 활동을 하는 것은 중학 영어에 적응하는 데 도움이 됩니다. 무엇보다 자기 주도적 영어 공부 태도를 형성하기 좋습니다. 언제나 공부의 핵심은 자기 주도입니다. 디지털 도구를 활용한 영어 쓰기 수업들이 아이의 자기 주도적 학습 태도 및 영어에 대한 긍정적 인식을 형성하는 데 도움이 된다는 연구가

---

13 「2015 개정 교육 과정 기반 초등학교 6학년과 중학교 1학년 영어 교과서 쓰기 활동 분석」, 김소연 (한국교육과정평가원), Primary English Education, Vol. 27, No.1, 2021

발표되고 있습니다. 연구들뿐만 아니라 큰아이와의 제 개인적인 이야기도 좀 더 말씀드릴게요. 직접 겪은 엄마의 경험인 만큼 도움이 되실 거예요.

큰아이는 초등학교 때 학교에서 보는 여러 시험에서 좋은 점수를 받았습니다. 학교 선생님 추천으로 영재원에 합격하여 두 해째 과학 과정을 이수하고 있습니다. 별도의 사교육은 받지 않았고 선행도 하지 않았습니다. 저는 집에서 EBS를 통해 중등 과정을 준비하려 했습니다. 세상만사 뜻대로 안 되더라고요. 사춘기에 접어든 아이는 공부와 관련된 모든 활동을 거부하고 밀어냈어요. 좋아하는 미술 학원만 다니겠다, 자기가 좋아하는 과목만 공부하겠다고 하더군요.

저는 그냥 기다리기로 했습니다. 대치동에서 수많은 아이를 봤던 경험이 있었기 때문입니다. 공부에 이유를 찾지 못해 공부해야겠다는 마음이 없는 아이들에게 공부를 지속하도록 만들 방법은 없습니다. 공부하는 과정에는 어려움이 따르는데 간절하지 않으면 계속하기 어렵습니다. 물론 저는 답답하기 짝이 없었습니다. 아이 기질상 호불호가 분명하고 본인이 선택한 일이 아니면 안 하는 아이라는 것을 알기에 꾹 참기로 했습니다.

중학교 입학 후 큰아이와 종종 학교 수업에 관해 대화해 보면 제대로 교과과정을 소화하지 못하고 있다는 사실을 알 수 있었습니다. 당연했습니다. 학습이란 배우고 이해한 후에 반드시 자신의 것으로 익히는 과정이 따라와야 하지요. 자유학년제 시기를 보내는 중1은 시험도 치르지 않기 때문에 지속적인 학습의 필요성을 느끼기 어렵습니다. 진로 탐색도 아닌 학습역량 강화도 아닌 애매한 시간이 흘러가기 쉽습니다.

2학년이 되어 첫 시험을 치르고 나서야 큰아이의 태도에 변화가 보였습니다. 큰 애는 현재 어휘 공부, 교과서 지문 쉐도잉 등에 챗GPT를 활용하고 있습니다. 내가 기획하는 방향대로 인공지능을 활용할 수 있다는 점에서 만족감이 높습니다. 최근에는 챗GPT를 활용해 말하고 듣기가 더욱 원활해져서 영역별 고른 학습이 가능한 것도 장점입니다. 규칙적인 학습 루틴의 형성과 자발적인 동기부여로 아이의 성적은 고르게 상승하고 있습니다.

「디지털교과서 및 번역기 활용 쓰기 활동이 6학년 학생들의 영어 쓰기 및 자기 주도적 학습 태도에 미치는 영향」[14]에 따르면 디지털교과서와 번역기 활용이 6학년 학생들의 쓰기 능력에 긍정적인 영향을 미치는 것으로 나타났습니다. 특히 실험 시작 시기에 쓰기 수준이 낮았던 하위 그룹 학생들에게는 더 큰 향상을 가져왔다는 점이 인상적입니다. 추가적인 학습 도구가 학습자들의 불안감을 낮추어 더 편안하게 학습하도록 도울 수 있다는 선행 연구와 같은 결과여서 더욱 의미 있는 결과라고 연구자는 밝혔습니다.

챗GPT는 번역기보다 더 유연한 소통이 가능한 도구이기에 학습에 큰 도움이 될 수 있습니다. 디지털교과서의 도입을 앞두고 찬반 논쟁이 뜨겁습니다. 올바른 디지털 기기 사용, 수업과 무관한 게임 및 놀이용으로 전락하지 않도록 막을 수 있는지 우려의 목소리가 높습니다. 시대적 흐름에 따라 인공지능 활용 경험을 쌓고 경쟁력을 높이는 한편 학부모들의 우려를 해소할 수 있는 좋은 방안이 필요합니다. 학교에서 공부를 위해 디지털 기기를 사용하려면 평소 가정에서 디지털 리터러시를 제대로 기르는 일이 중요합니다.

---

14 「디지털교과서 및 번역기 활용 쓰기 활동이 6학년 학생들의 영어 쓰기 및자기 주도적 학습 태도에 미치는 영향」, 김인옥, Primary English Education, Vol. 26, No. 2, 2020

결과적으로 챗GPT 글쓰기는 글쓰기과 외국어 학습에 대한 부담감을 감소시키는 등 여러 긍정적 효과를 가져옵니다. 아이의 수준에 맞춰 꾸준히 활용한다면 자유 글쓰기에 대한 충분한 기회를 제공하여 중등 과정 학습의 좋은 파트너가 될 수 있습니다.

아이 마음대로 글을 써도 영어 실력이 좋아질까

이 질문에 대해 '쓰기'의 학습적 측면과 본질에 대해 말씀드리겠습니다. 챗GPT로 글쓰기의 최대 장점은 '자기 주도성과 자유로움'입니다. 영어 글쓰기에 대한 긍정적 경험의 제공이지요. 「영어 자유 글쓰기 활동이 초등학교 6학년 아동의 영어 쓰기 능력에 미치는 효과」[15]라는 연구를 살펴보겠습니다. 이 연구에 따르면 스스로 쓰고 싶은 내용과 주제를 선택하여 실시한 영어 자유 글쓰기 활동은 초등학교 아동의 영어 쓰기 능력을 향상시키는 데 매우 효과적인 방법으로 밝혀졌습니다. 또한 영어에 대한 인식이 긍정적으로 변화하는 것으로 나타났습니다. 교사 중심적인 통제된 글쓰기 단계에 머무르지 않고 학습자 중심의 글쓰기 단계로 진행되는 영어 쓰기에서 훨씬 좋은 결과를 얻은 것입니다.

이러한 결과는 「초등 6학년의 쓰기 과제에 대한 흥미 양상-학습자 중심 쓰기 교실 실현」[16]이라는 연구와 함께 살펴보면 더 흥미롭습니다. 이 연구

---

15 「영어 자유 글쓰기 활동이 초등학교 6학년 아동의 영어 쓰기 능력에 미치는 효과」, 김현진, 전주교육대학교, 김현진, 2006

16 「초등 6학년의 쓰기 과제에 대한 흥미 양상-학습자 중심 쓰기 교실 실현의 토대 탐색」, 황미향, 학습자중심교과 교육 연구(The Journal of Learner-Centered Curriculum and Instruction), 2018

의 결과에 따르면 초등학교 6학년 교과서 쓰기 과제가 아이들의 흥미 유발에 그리 효과적이지 않다고 합니다. 쓰기 과제에 대한 흥미도에 긍정적 영향을 미치는 요인 가운데 '자기 주도성'이 있습니다. 안 그래도 바쁜 아이들이 주어진 패턴만 반복적으로 해치워야 하는 상황에서 영어 글쓰기는 정말 반갑지 않은 존재입니다. 어른들도 똑같습니다. 다른 사람 해외여행 사진을 오래 보는 건 그다지 재미가 없습니다. 장면은 멋지지만, 그 안의 이야기가 나와 전혀 상관없으니까요.

제가 대치동에서 아이들에게 논술 지도를 하며 지킨 원칙이 있습니다. '나는 이 글을 왜 읽어야 할까? 그리고 나에게 어떤 변화가 생겼을까?'라고 계속 물어보았습니다. 아이들에게 나 자신과 글의 연결고리를 찾으면서 읽고 글을 쓰게 했습니다. 처음에 아이들은 "엄마가 시켜서요, 교과서에 나와서요, 쓰라고 하니까요."라고 답합니다. 기계적 글쓰기에 이미 익숙해진 아이들이 더 힘들어합니다. 시간이 가고 선생님과 신뢰가 생기면 아이들은 더 진지하면서도 솔직하게 자기 생각을 풀어놓습니다. 그 글에 담긴 생각을 지지하되 적확한 표현으로 나아가도록 돕는 일이 선생님의 역할입니다. 아이들의 언어의 세계가 커지면 아이들의 세계도 같이 성장합니다. 그 과정에서 '나'를 중심에 둔 아이들은 읽고 쓰기를 끊임없이 이어 갑니다. 내 세계의 가장자리에 섰을 때 책을 통해 자기 세계를 키워가는 짜릿한 즐거움을 알기 때문입니다.

논술이나 글쓰기가 왜 그렇게 강조될까요? 주어진 조건에서 나의 삶과 세상의 흐름을 연결하고 함께 살기 위한 해결책을 발견하고 제시하는 능력을 키우기 위해서입니다. 그래야 내가 행복하게 살 수 있습니다. 그런 고민

없이 기계적으로 분량만 채우는 글에는 생동감이 없습니다. 우주 삼라만상이 눈부시게 운행되고 있다고 해도 '나 자신'이 없는 세상이 무슨 의미가 있을까요. '오늘 나는~'으로 시작하는 뻔한 일기처럼 논술도 뻔한 논술을 쓰는 이유는 그 논제가 자신과 어떤 접점이 있는지 생각하지 않고 공식처럼 써 나가기 때문입니다.

'아이 마음대로'라는 표현을 '내 아이가 자기주도적으로 선택하는'이라고 바꿔 보면 어떨까요? '스스로의 감정을 파악하고 생각을 표현하는'이란 의미로 이해해 보면 어떨까요? 내 아이를 미숙하고 부족한 존재가 아닌 놀라운 우주를 품고 있는 멋진 항해사라고 생각해 주세요. 엄마의 믿음만큼 아이의 세계는 자라날 수 있습니다.

▶ 추가정보

AR 지수(Accelerated Reader Index)와 렉사일 지수(Lexile Index)는 학생들의 읽기 능력을 평가하고 적절한 수준의 독서를 추천하는 데 사용되는 도구입니다. 두 지수 모두 읽기 이해도와 학습자의 성취도를 측정하지만, 접근 방식에는 차이가 있습니다.

AR 지수(Accelerated Reader Index)는 Accelerated Reader(AR)라는 독서 프로그램에서 사용되며, 학생들이 책을 읽은 후 독해력을 평가하는 퀴즈를 통해 지수가 산출됩니다. 이 지수는 학생의 독해 수준을 측정하여 각 학생에게 적합한 책을 추천하는 데 도움을 줍니다. AR 지수는 주로 미국에서 많이 사용되며, 학생들이 읽은 책에 대한 퀴즈를 풀고 점수를 받으며, 그 결과로 읽기 능력을 파악하게 됩니다.

렉사일 지수(Lexile Index)는 학생들의 읽기 능력과 글의 난이도를 수치로 나타내는 지표입니다. 이는 학습자가 읽기 적합한 텍스트를 찾고, 그 텍스트가 얼마나 난도가 있는지 평가하는 데 사용됩니다. 렉사일 지수는 학생의 읽기 능력을 측정하고, 책이나 다른 읽기 자료의 난이도를 비교하여 학생에게 적합한 자료를 추천합니다. 이 지수는 학생이 책을 읽는 동안 어휘, 문장의 복잡성 등을 기준으로 계산됩니다. 렉사일 지수는 숫자로 표시되며, 이 숫자는 학생의 독해 수준을 나타내고, 특정 책이나 자료의 텍스트 난이도도 수치화합니다. 예를 들어, 500L이라는 숫자는 특정 학생의 독해 능력을 나타낼 수 있고, 그 학생이 읽기 적합한 책도 500L 수준의 난이도를 가진 자료 가운데 찾을 수 있습니다.

두 지수 모두 학생들이 자신의 독해 능력에 맞는 책을 선택하고, 독서 경험을 통해 읽기 능력을 향상시키는 데 중요한 역할을 합니다. AR 지수가 성취 평가에 상대적으로 초점이 더 맞춰져 있고 렉사일 지수는 리딩 레벨과 관련하여 더 자주 언급됩니다. 이 밖에도 여러 온라인 채널에서 아이 영어 읽기를 위한 다양한 과정과 자료를 제공하고 있습니다.

챗GPT에서 영어 글쓰기 난이도를 조절할 때 CFER 지수를 사용할 수도 있습니다. CFER 지수는 유럽 연합 27개국에서 사용하는 언어 수준 기준입니다. 유럽 내에서뿐만 아니라 미국, 영국에서도 쓰이고 있다고 합니다. 영어교육 전문가 조이스박 선생님은 『조이스 박의 챗GPT 영어공부법』[17]에서

---

17 『조이스 박의 챗GPT 영어공부법』, 조이스 박, 스마트북스, 2023,

챗GPT가 쉬운 영어로 표현하도록 하는 프롬프트의 예를 제안합니다. 관심 있는 분들은 해당 도서를 찾아보고 참고하실 수 있습니다.

2 ──────────────────── ✦
몇 학년부터 챗GPT 글쓰기를
시작하면 좋을까요?

국어와 영어 쓰기를 한 번에 이어서 할 수 있다는 장점이 돋보일수록 이 질문을 하시는 분들이 많아졌습니다. 그런데요, 이 질문에 대한 답은 딱 한 사람, 엄마만 알 수 있습니다. 제가 이제부터 몇 가지 질문을 드릴게요.

1. 아이와 최근 일주일 사이에 가장 많이 나눈 대화는 어떤 내용이었나요?
2. 아이는 읽기 독립을 했을까요?
3. 평소 단 몇 줄이라도 꾸준히 쓰는 시간이 있었나요?
4. 아이와 함께 책을 읽거나 뉴스를 보고 이야기 나누는 시간이 있나요?

인공지능 활용 글쓰기에 적합한 시기를 알고 싶은데 이게 무슨 뚱딴지같은 질문인가 싶으실 수 있습니다. 지금부터 이유를 말씀드릴게요. 내 아이에게 좋은 것이라면 엄마는 무엇이든 해 주고 싶습니다. 게다가 우리는 교육열이라면 세계에서 손꼽히는 사회 분위기, 영어 공화국이라 불리는 상황속에서 아이들을 키우고 있습니다. 그러다 보니 아이들이 문자를 접하는 시기가 점점 빨라지고 있습니다. 공교육 과정에서 영어는 초등학교 3학년에 시작하게 되는데 그 전에 영어 사교육을 받지 않은 아이 찾기가 더 어려운 상황입니다.

입시에 도움이 될 방편으로만 글쓰기에 접근하시면 실패할 확률이 아주 아주 높습니다. 거의 99%입니다. 만일 아이의 선생님이 "○○이의 가정 내 생활 상황과 최근 독서, 대화에 대해 2,000자로 작성해 보내주세요."라는 가정통신문을 받으면 어떤 마음이 들까요? 막막하고 어떻게 쓰나 고민되지 않을까요?

쓰기는 가장 높은 차원의 언어 활동입니다. 그 활동을 꾸준히 지속하려면 반드시 아이가 하고자 하는 의지가 있어야 합니다. 그 마음은 엄마와의 안정적이고 따뜻한 관계, 사랑, 공부를 왜 하는지에 대한 정확한 이유를 알고 있을 때 생기고 유지됩니다. 아이에게 밑도 끝도 없이 앞으로는 인공지능이 중요하고 다른 애들도 다 하니까 너도 인공지능으로 글쓰기를 하라고 하면 아이가 순순히 따라올까요? 만일 그렇게 시작했다면 얼마나 지속할 수 있을까요? 그렇게 글쓰는 동안 아이는 진심으로 자기 생각을 담아내려 할까요?

"어느 시기에 어떤 공부를 반드시 시켜야 한다."는 '카더라' 정보가 우리 주변을 유령처럼 떠돌고 있습니다. 『내 아이를 위한 사교육은 없다』의 김현주 작가님은 사교육 없이 과학고에 진학한 육아의 성공 원칙을 강조하며 엄마들의 정체모를 불안에 대해 함께 생각해 보자고 무엇이 내 아이를 위한 길인지 생각해야 한다고 말합니다. 출처를 모르는 사교육 시장의 말들은 내 아이를 잘 키우고 싶은 엄마들의 마음을 파고들고 병들게 합니다.

앞서 말씀드린 부분을 고려하되 일반적인 기준을 설정한다면 챗GPT를 활용한 글쓰기는 초등학교 고학년부터 활용할 수 있습니다. 지금의 초등학교 고학년들은 코로나를 겪으며 온라인 수업에 이미 익숙합니다. 또한 교실 내 여러 온라인 협업툴을 이용한 교실 환경 속에서 공부하고 있습니다. 그러나 가치관이 쉽게 형성되지 않듯 올바른 디지털 리터러시도 짧은 시간에 기르기는 어렵습니다. 그렇기에 학교에서 선생님과 배우는 시간 외에 가정에서는 부모가 먼저 인공지능에 대해 배우고 익히며 아이와 함께 성장해야 합니다. 많은 교육 전문가들이 부모가 안내자, 촉진자, 시연자, 지지자로서 인공지능을 먼저 접하고 익혀 자녀들과 소통하는 사고의 유연성을 키워야 한다고 강조합니다.

세 가지 측면에서 한 번 더 살펴볼까요? 첫째는 인지발달 단계상의 적합한 나이라는 점, 둘째는 사교육 여부와 상관없이 학교 교육 과정에서 글쓰기를 충분히 접한 시기라는 점 때문입니다. 마지막으로, OpenAI사에서 '부모의 동의가 있는 13세 이상'을 챗GPT의 사용 나이 가이드로 제안하고 있기 때문입니다.

첫째, 피아제의 인지발달 이론에 따르면 초등 고학년 아이들은 구체적 조작기에서 형식적 조작기로 이행하는 시기에 해당합니다. 이전 단계인 구체적 조작기 아동들이 눈에 직접 보이는 사물 혹은 현상에 관해서만 조작적 사고가 가능한 데 비하여, 이 단계에 있는 아이들은 여러 가지 가능한 경우를 가정하는 일이 가능해집니다. 예를 들면, 관찰할 수 있는 실험 결과에 묶이지 않고, 그와 관련하여 발생할 수 있는 가능한 모든 경우를 생각할 수 있는 힘이 생기는 것이지요. 또한 구체적 조작기 말기에 이르러서는 탈중심화를 통해 여러 가지 관점을 차분히 고려하기 시작합니다. 다양한 관점을 추상적으로 사고할 수 있기에 발달 단계상 초등 고학년 이상이 챗 GPT 글쓰기를 시작하기에 적합합니다.

둘째, 교육과정상 경험도 중요합니다. 사교육이 아니라 엄마표로 다양한 공부를 하는 가정들이 많습니다. 여기에서는 초등학교 교육과정을 중심으로 현행을 충실히 따라간 아이라는 전제 하에 말씀드리겠습니다. 5학년 이상이 되면 아이들은 다양한 갈래의 글을 읽고 쓴 경험이 풍부합니다. 교과 과정을 통해서 살펴보면 알 수 있듯 아이들은 초등학교 시절 일기를 시작으로, 설명하고 주장하는 글에 이르기까지 다양한 글쓰기를 학습합니다. 또한 거의 모든 과목이 쓰기와 연관되어 있으므로 더욱 그렇습니다.

https://help.openai.com/en/articles/8313401-is-chatgpt-safe-for-all-ages

셋째, OpenAI사에서는 사용자 나이에 관한 공식 기준을 다음과 같이 제안합니다. 챗GPT는 만 13세 미만의 어린이를 위한 것이 아니며, 13세에서

18세의 사용자는 부모나 보호자의 동의를 받아야 사용할 수 있습니다. 만든 이들이 우려하는 바가 무엇인지 짐작할 수 있습니다. OpenAI는 챗GPT가 부적절한 콘텐츠 생성을 하지 않도록 방지했다고 밝혔습니다. 하지만, 모든 연령대나 상황에 적합하지 않은 결과물이 나올 수 있으므로, 교육 환경에서 사용할 때 주의가 필요하다고 덧붙여 설명합니다. 널리 알려졌지만 생성형 인공지능의 단점 가운데 환각(인공지능이 단어를 조합하여 없는 정보를 만들어 내는 것) 문제는 아직 개선되지 않고 있습니다. 우리는 한영 번역 및 글쓰기 부분에 관해 사용하기에 상대적으로 영향이 적습니다. 하지만 정확한 출처를 밝히는 일은 글쓰기 윤리의 기본이기에 꼭 확인해야 합니다.

따라서 가정 내에서 아이가 챗GPT를 사용할 때는 부모가 아이와 함께 프롬프트를 구성하고 적절한 표현으로 활용할 수 있도록 해야 합니다. 이는 내 아이를 지키는 방편인 동시에 인공지능에 바람직한 데이터를 더하는 일입니다. 인공지능의 방대한 데이터는 한 사람 한 사람의 언어가 모여서 형성됩니다. 존중과 배려의 표현이 쌓일수록 내 아이가 만나는 AI 환경이 안전할 수 있습니다.

정리해 볼까요? 위에서 살펴본 여러 사항을 고려하면 초등학교 고학년이 챗GPT와 영어 글쓰기를 부모의 지도 하에 일정 시간 시도하기에 적합합니다. 주위를 보면 이미 인공지능을 익숙하게 쓰는 초등학생이 많습니다. 디지털 기기를 활용해야 한다는 점에서 함께 읽어 보면 좋은 책이 있습니다. 『스마트폰으로 키우는 초등 문해력』[18]은 디지털 미디어 속 정보의 글

---

18 『스마트폰으로 키우는 초등 문해력』, 정산근, 박수진, 한겨레출판, 2024

을 뽑아내고 맥락을 파악하는 방법을 배워야 하는 이유를 조곤조곤 알려 주는 책입니다. 현직 기자 두 분이 함께 집필했습니다. 디지털 미디어를 활용하여 디지털 리터러시를 키우고, 책과 신문 같은 올드 미디어를 활용할 수 있는 힘까지 키워나가는 실제 수업 사례를 담은 책입니다. 이러한 과정을 통해 영역에 따라 분절화된 리터러시가 아닌 종합 리터러시에 이를 수 있도록 청사진을 제시하고 있다는 점에서 챗GPT 글쓰기를 고민하는 분들에게 현실적인 도움이 됩니다.

이 책에서도 미디어 리터러시 교육의 대상은 초등학교 5, 6학년 학생들입니다. 저자들은 5, 6학년 아이들이 입시에서 아직은 거리가 있고, 부모와 정서적 교감이 가능하다는 점, 미디어 노출이 많은 시기인 점, 자아정체성이 형성되는 중이라 자신의 의견과 생각을 정리해서 발표하기에 적합한 나이라는 점을 이유로 밝히고 있습니다.

꼭 기억해 주세요. '내 아이를 위한 가장 좋은 시기'를 아는 사람은 바로 엄마라는 사실을요. 유명 강사, 학원 상담실장, 옆집 엄마가 아니라 바로 '내 아이의 엄마'인 여러분입니다. 알지만 불안하고 힘드시죠? 저도 이해합니다. 엄마가 되어 아이들을 키우면서 머리와 가슴이 따로 노는 경우가 정말 많았거든요.

교육에 있어 '평균'과 '해야 할 때'만큼 일방적인 잣대가 또 있을까 싶습니다. 하버드대학교 토즈 로즈는 그의 저서 『평균의 종말』[19]에서 평균의 신화

---

19 『평균의 종말』, 토즈 로즈, 21세기북스, 2015년

가 어떻게 교육을 왜곡하고 속여왔는가를 이야기합니다. 모든 학생에게 똑같이 하면서 남들과 달라지라고 요구하는 이상한 교육 현실을 비판합니다. 분명 저자는 미국 교육 현실을 비판하는데 그대로 우리의 현실에 대입해도 이질감이 없습니다. 평균은 우리의『집단 착각』[20]을 만들어 내고 사회 구성원들은 벌거벗은 임금님에 나오는 백성들처럼 진실을 부정하게 됩니다. 이어 자신만의 규칙과 개성에 따라 성공 공식을 써가는『다크호스』[21]가 될 수 있는 개개인의 가능성을 짓밟는 사회가 되기 쉽다고 경고합니다.

『독학력』[22]의 저자 고요엘은 인공지능의 발전은 오히려 우리의 공부량을 늘릴 가능성이 크다고 전망합니다. 인공지능의 발전 속도를 따라잡기 위해, 거짓과 진실을 교묘하게 섞는 인공지능의 결과물을 판독하는 힘은 오히려 스스로 고독하게 공부하는 인간의 능력을 요구한다는 것입니다. 혼자 있는 시간의 힘, 그리고 대화하는 시간의 힘을 키운 아이가 미래 사회에 살아남을 수 있는 건강한 아이입니다.

국어 쓰기가 먼저다

우리나라에서는 영어를 외국어로 배우게 됩니다. 따라서 국어 쓰기 능력이 먼저 갖춰져 있어야 영어 글쓰기가 수월합니다. 그렇다면 초등학교 쓰

---

20 『집단 착각』, 토드 로즈, 21세기북스, 2023년

21 『다크호스』, 토즈 로즈, 오기 오가스, 21세기북스, 2019

22 『독학력』, 고요엘, 에이엠스토리, 2024

기 관련 교과과정은 쓰기 능력을 어떻게 발달시키도록 구성되어 있을까요? 「초등학교 고학년 학생들의 쓰기 능력 발달 연구 : 4, 6학년의 설명글과 이야기글 쓰기를 중심으로」[23]에 따르면 초등학교의 교육 내용은 학령기 여러 발달 특성을 고려하여 구성됩니다. 쓰기 부분에서는 발생적 쓰기, 초기 쓰기, 쓰기 능력의 질적 변화를 통해 유능한 필자로 성장하는 것을 목표로 삼고 있습니다. 그래서 아이들의 쓰기 교육 과정은 기초적인 철자 쓰기부터 단어와 문장 단위 따라 쓰기, 문장의 연결과 문단 단위 쓰기, 본격적인 내용 생성과 조직, 정확성과 유창성 확보, 장르와 관습적 지식 습득, 쓰기의 문제해결 전략 습득, 긍정적 쓰기 태도 형성에 이르는 다양한 발달 과업이 포함되어 있습니다.

'초등 고학년 시기'는 아이들의 쓰기 능력이 질적으로 변하는 시기입니다. 능숙한 필자로 키워내기 위한 중요한 시기로서, 쓰기 능력에 질적 변화가 나타나는 시기는 4학년이고 담화 수준의 쓰기 능력이 심화는 6학년 때까지 지속됩니다. 글쓰기가 질적으로 차별화된다는 건 새가 알을 깨고 나오는 것만큼이나 큰 변화입니다. 그만큼 고부담 활동이며 어렵고 부담을 느끼게 됩니다. 텍스트의 생성, 구성, 표현, 자기 조절과 점검, 문제해결을 동시에 수행해야 하니까요. 또한 이 시기에 쓰기를 위한 쓰기 학습에서 나아가 교과 학습과 연계된 학습 글쓰기로 나아갑니다. 이런 이유로 초등 고학년 때 쓰기에 부정적 태도를 형성하거나 해당 학년에서 제시한 성취기준에 미달하는 학생들이 우리나라뿐만 아니라 외국에서도 많이 나타납니다.

---

23 「초등학교 고학년 학생들의 쓰기 능력 발달 연구 : 4, 6학년의 설명글과 이야기글 쓰기를 중심으로」, 이순영, 유승아, 리터러시연구 The Korean Journal of Literacy Research 제14권 2호, 2023

결국 초등학교 4, 5, 6학년의 기간은 아이들의 쓰기 능력이 지속해서 향상되는 기간이며 동시에 부정적 태도를 형성할 가능성도 큰 시기입니다. 이 시기에 나타나는 쓰기 능력의 향상은 잠재적 발달이며 눈에 바로 보이지 않습니다. 따라서 이 시기의 쓰기 능력 발달 잠재성이 잘 발현될 수 있는 쓰기 교육이 제공된다면 아이의 평생 글쓰기에 튼튼한 뿌리를 내리도록 할 수 있습니다. 반대로 강압적이고 일방적인 쓰기 교육의 경험, 비교당하고 자존감을 깎아 먹는 경험은 오히려 악영향을 끼칠 수 있으니 주의가 필요합니다.

3
디지털 기기 사용 시간이 길어지고
인공지능 의존도가 높아지면 어쩌나요?

반딧불이는 멸종 위기인데 폰딧불이는 집마다 번성하는 시대입니다. 그들을 명명하는 '불안세대'라는 용어가 탄생했습니다. 바로 우리 아이들이지요. 스마트 기기 사용자의 뇌는 마약 중독자와 같은 상태가 된다고 합니다. 신뢰, 믿음에 바탕을 둔 규칙과 원칙이 우선입니다.

챗GPT를 사용하려면 어떤 방식으로든 디지털 기기가 필요합니다. 따라서 디지털 기기 사용에 대한 규칙이 먼저 세워져야 합니다. 디지털 기기들은 클릭 한 번, 터치 한 번이면 도파민 파라다이스로 건너갈 수 있는 다리입니다. 그렇기에 원칙이 지켜지지 않는다면 영어 글쓰기를 통해 자기 주도적인 학습, 긍정적인 자유 글쓰기 정서 대신 도파민의 욕조에 몸을 담근 아이를 만나게 될지도 모릅니다.

하지만 인공지능과 첨단 기술의 거대한 조류를 거슬러 『월든』의 소로우처럼 살기는 어렵습니다. 대안 없는 제재는 능사가 아닙니다. 구더기 무서워 장 못 담그는 일이 생겨서는 곤란하겠지요. 챗GPT의 장점과 긍정적인 활용 방법을 고민하고 자기 주도적인 건강한 디지털 사용의 계기로 만드는 것이 부모들의 역할입니다. 몹쓸 것으로 치부해 멀리만 하기에는 챗GPT가 내 아이에게 도움이 될 수 있는 부분이 많습니다.

챗GPT는 SNS와 다릅니다. 무엇보다 불필요한 정보를 무차별적으로 띄워 올리지 않습니다. 내가 질문을 건네기 전까지는 나도 모르게 쏟아져 들어오는 자극들이 없습니다. 이미지 생성을 함께 요청할 수도 있지만 그것은 사용자가 프롬프트에 입력했을 때 한합니다. 윤리적, 도덕적인 면에서 논란이 될 만한 내용에 대해서는 응답을 제공하지 않고 양해를 구하는 표현이 나타납니다. 문자를 중심으로 구성되는 텍스트는 훨씬 자극이 적은 소통 환경을 제공하며, 응답량을 글자 수 기준으로 조절하는 일도 가능합니다.

저도 디지털 기기 사용과 SNS에 대한 뾰족한 대안은 없습니다. 다만 아이와 끊임없이 대화하고 최대한 줄여가는 쪽으로 방향을 설정하고 있습니다. 성장기에 필요한 잠을 지키기 위해서, 전두엽 재배열 시기에 잘못되고 아픈 뇌가 되지 않기를 바라며 기꺼이 싸우고 있습니다. 제 경우 오히려 아들보다 딸아이가 디지털 기기 사용 조절에 있어 큰 어려움을 겪었습니다. 이 문제에 있어서는 누구도 예외일 수 없습니다.

디지털 세계는 우리 아이들을 어떻게 병들게 하며, 우리는 이 문제를 어떻게 해결할 것인가에 대한 논의가 이어지고 있습니다. 만병통치 육아 도우미였던 스마트폰과 스마트 기기들이 내 아이 뇌를 망치고 각종 정신 질환을 유발하게 하는 원인이라니 기가 막힐 따름입니다. 스마트 기기에 둘러싸여 자란 아이들이 이제는 공부를 위해 인터넷 강의를 듣고 인공지능을 활용한다고 합니다. 친구들은 모두 있는데 나만 스마트폰과 SNS 계정이 없으면 소통할 수 없다고 합니다.

미국 13개 주 아동 SNS 제한 법률이 통과되었다고 합니다. 프랑스에서는 13세 미만인 아동들의 스마트폰 사용 금지를 검토하고 있습니다. 호주에서는 16세 미만은 SNS 가입이 금지되는 법안을 마련 중입니다. 우리나라에서도 뒤늦게 스마트폰과 SNS 관련 법안을 마련하려는 움직임이 일어나고 있습니다.

세계적인 사회심리학자 조너선 하이트는 『불안 세대』[24]에서 스마트폰과 SNS의 폐해를 지적하며 어른들의 잘못으로 망가지고 있는 아이들을 구해야 한다고 주장합니다. 그의 전작 『나쁜 교육』[25]에서도 현재 부모 세대들의 잘못된 선택 두 가지가 최악의 결과를 만들고 있다고 지적합니다. 바로 현실 세계에서의 지나친 안전주의(세이프티즘)와 가상 세계에서의 소극적 관여가 그것입니다. 특히 1980~1990년대에 성인기를 보낸 부모 세대의 사고방식이 오늘날과 같은 스마트폰 활용 방식을 지닌 10대를 만들어 내는 데 일조하고 있다고 지적합니다. 사실 이 부분을 읽으면서는 제 속이 훤히 들여다보이는 듯한 느낌이 들었습니다.

제가 어릴 때 어른들이 그러셨어요. 텔레비전을 너무 많이 보면 바보가 된다고요. 하지만 콘텐츠와 미디어가 최고의 부가가치를 만드는 세상이 되었습니다. 공존해야 할 미래 기술이라면 나쁜 것은 줄여가고 좋은 것을 살

---

24 『불안 세대』, 조너선 하이트, 웅진지식하우스, 2024

25 『나쁜 교육』, 조너선 하이트 외, 프시케의 숲, 2019 / 조너선 하이트의 전작으로 덜 너그러운 세대와 편협한 사회는 어떻게 만들어지는가에 대해 다루고 있다. 이 책에 등장하는 세이프티즘은 안전을 절대적 가치로 여기는 사고방식을 뜻하며, 신체적 안전뿐만 아니라 심리적 안전도 포함된다. 하이트는 어른들의 지나친 안전주의가 아이들을 도전적이고 불편한 일을 겪고자 하는 마음을 상실하게 했다고 지적한다. 또한 이렇게 성장한 젊은이들은 성장 후에도 같은 경향성을 보이며 비판적 사고능력이 낮아지고 정신적 회복탄력성(resilience)을 약화할 수 있다고 우려한다.

려가며 함께 연습해야 합니다. 현실 세계에서의 과잉보호와 온라인 세상에서의 과소 보호 비율을 조정하며 더 나은 방법을 찾아가면 어떨까요? 아이의 미래는 엄마와 함께하는 오늘부터이니까요.

인공지능에만 의지하는 아이가 되면 어쩌나요

2023년 아랍에미리트 두바이에서 열린 세계정부정상회의에서 일론 머스크는 "AI가 문명의 미래에 가장 큰 위험 중 하나"라고 말했습니다. 그는 2014년 자녀들의 교육을 위해 '애드 아스트라'라는 사립학교를 설립했는데, 이 학교의 모토는 'AI에 지배당하지 않는 아이를 키우는 것'입니다. 인공지능이 사람을 넘어서는 특이점이 온다면 사람은 과연 어떤 일을 해야 하는지, 인공지능이 폭주하거나 잘못 작동하는 일을 막기 위해 어떤 부분을 준비해야 하는지 저절로 생각해 보게 됩니다.

우리 아이들 교육과 관련된 부분으로 시선을 돌려볼까요. 교육계에서는 교육 현장과 인공지능의 만남을 앞두고 표절, 비판적 관점의 상실과 주체적 학습성의 실종 등을 걱정하는 목소리가 컸습니다. 그러나 디지털 교과서 도입 논란에서 알 수 있듯 이미 인공지능은 우리 일상에 깊숙하게 다가와 있습니다. 결국 어떻게 잘 배우고 준비하느냐가 중요합니다.

사람들은 자동차를 이용하면서부터 훨씬 덜 걷습니다. 사람이 만든 도구는 사람을 변화시킵니다. 마찬가지로 사람이 만든 챗GPT는 우리가 어떻게 소통하고 공존하느냐에 따라 우리를 변화시킬 것입니다. 아이들에게 더 나은 인공지능 리터러시를 제공하고 익히게 하려면 어른들이 준비해야 합니다. 인간적이고 윤리적으로 사용하는 방법, 인공지능에 의존하고 결과물을 비판적으로 받아들일 수 있는 역량을 아이와 함께 키워나가야 합니다.

아이와 챗GPT 글쓰기를 시도하며 『인공지능은 선생님을 대신할까요』[26]와 같은 책들을 읽어 보시면 좋겠습니다. 인공지능 사용을 둘러싼 토론 주제별로 찬성과 반대 의견이 소개되고 각 주제에 대해 여러 방면에서 생각할 수 있는 책입니다. '입시에 도움이 될 국어 혹은 영어로 된 글'의 출력에만 집중하면 자칫 득보다 실이 커질 수 있습니다. 다양한 주제로 아이와 이야기를 나누면서 생각을 나누는 계기로 만들어야 합니다. 우리가 키워줘야할 힘은 아이가 미래를 살아갈 역량이지 단순 출력된 글을 달달 외우고 옮겨 쓰는 일이 아니기 때문입니다.

아이들이 챗GPT로 영어 글쓰기를 하려면 우선 우리말로 글쓰기 혹은 말하기의 과정을 거쳐야 합니다. 이미 1차적으로 글쓰기 사고 과정을 거치기 때문에 챗GPT가 보여 주는 것을 무조건 생각 없이 받아쓰는 부분에 대한 걱정은 덜 수 있습니다. 아이가 제대로 질문을 입력하지 않으면 인공지능은 계속 대기 상태로 있을 테니까요. 인공지능을 올바르게 쓰기 위한 가장 좋은 방법은 엄마가 아이와 함께 대화하며 사용하는 경험을 쌓는 것입니다. 인공지능의 한계를 이야기해 주고 인공지능을 통제하기 위해서는 그보다 뛰어난 사람의 역할이 필요하다는 점을 알려 줘야 합니다.

---

26 『인공지능은 선생님을 대신할까요?』, 이영호 김하민, 서해문집, 2023

사람과의 소통을 두려워하지 않도록

　사실 이 고민은 인공지능 의존성뿐만 아니라 '사람이 사람과의 소통'을 피하고 두려워하는 문제와도 연결되어 있습니다. 『시대예보: 핵개인의 시대』에서 송길영 작가는 「코파일럿은 퇴근하지 않는다」라는 장을 별도로 다뤘습니다. 코파일럿은 인공지능 기반의 도구로, 코드를 자동으로 제안하고 완성해 주는 사무처리자 혹은 프로그래머의 보조 역할을 합니다. 업무 효율을 획기적으로 높여줬다고 평가받고 있지요. 그 과정에서 인공지능은 사람처럼 지치거나 불만을 표하지 않고, 감정적 배려를 요청하지 않습니다. 그렇기에 '기계가 좋아서가 아니라 사람이 불편해서' 인공지능을 선호하는 시대가 이미 도래했습니다.

　『인공지능은 나의 읽기-쓰기를 어떻게 바꿀까』에서 김성우 교수는 인공지능을 대하는 우리의 관점을 바꿔야 한다고 제안합니다. 인공지능을 단순히 생산성과 효율을 높여주는 기계적 도구로만 대하지 말고 인간과 인공지능이 어떤 식으로 관계를 맺고 소통하며 공존해야 하는지를 고민해야 한다는 것입니다. 이미 사람들은 "그건 챗GPT에 입력만 하면 나와. 다른 사람에게 물어볼 필요 없어."라든지 "맘에 드는 말 할 때까지 계속 시켜."라는 식의 표현을 많이 사용합니다. 챗GPT는 사람이 아닙니다. 그러나 그 안에 담긴 정보는 사람들에게서 나왔습니다. 그렇기에 인공지능을 사용하는 사람이 동시에 정보 제공자라는 점을 기억하며 사용하도록 아이들에게 가르쳐야 합니다. 만일 어떤 아이가 공감대를 형성하는 일을 번거롭게 여기고 그저 일만 처리하면 된다는 사고 방식을 갖게 된다면? 그 아이는 사람들

사이의 협업과 소통을 점점 어려워하는 성인으로 자라게 될 겁니다.

우리나라뿐만 아니라 미국에서도 20, 30대 가운데 '콜 포비아(call phobia)'에 시달려 직접 전화하기를 꺼리고 이메일이나 문자로 대화하기를 선호하는 이들의 비율이 늘어나고 있다고 합니다.[27] 기업에서는 중요한 내용의 전달이나 확인은 반드시 전화로 하라는 별도 교육을 실시하고 있습니다. 별도의 교육 비용을 지불하면서까지 말이지요. 우리가 알다시피 문자 언어는 일방적인 전달을 충분한 소통의 노력이라는 오해를 불러일으킬 수 있고, 쌍방향 소통을 어렵게 합니다. 특히 협력이 필요한 업무에서 책임회피, 책임전가로 이어질 수 있습니다. 이런 경향성은 점점 강해지고 있고 코로나 격리 시기를 거치며 극대화되었습니다.

우리 아이들은 그런 경향이 더 강한 사회에서 살게 될 것입니다. 만일 사람들 사이의 소통이 사라지고 인공지능에만 기대어 각자 살아간다면 그 사회는 건강할 수 없습니다. 건강한 거리는 지키되 소통하고 함께 살아가는 가치와 즐거움이 훼손되지 않도록 인공지능을 제대로 쓸 수 있어야 합니다. 저는 아이에게 인공지능이 사람들이 더 잘, 더 함께 살기 위한 소통 도구로서 가치 있다는 점을 알려 주고 싶었습니다. 사람으로서 더 사람답게 살기 위해 균형 있는 인공지능 디지털 리터러시를 키우는 과정은 부모가 아이와 눈 맞추고 대화하는 과정에서 제대로 뿌리내릴 수 있습니다.

---

27   MZ 세대는 통화가 두렵다, 콜 포비아 극복하려면, 헬스조선, 2023. 10. 31
      https://m.health.chosun.com/svc/news_view.html?contid=2023103102221

<먼저 문자 보내지 않고 감히 전화하지 말아요>, 캐서린 빈들리, 월스트리트저널, 2024.6.2.
(www.wsj.com/lifestyle/phone-etiquette-text-before-calling-6015145b)[28]

---

28 월스트리트저널에서는 2010년 Don't call me_I'll text you(나한테 전화하지 마, 내가 문자 보낼게)라는 기사를 통해 콜 포비아를 다뤘습니다. 이미 이 경향성을 오래 전에 나타난 것이지요. 본문에 인용한 기사는 2024년 캐서린 빈들 리가 기고한 글입니다. 월스트리트저널 홈페이지에 접속하여 기사를 검색한 후 번역기를 활용해 두 화면을 캡처하고 함께 올렸습니다.

4 ─────────────────────── ✦
피드백은
어떤 방식이 좋을까요?

평가 대신 응원, 엄마가 줄 수 있는 최고의 피드백

정말 중요합니다. 아이가 글쓰기를 꾸준히 이어 가느냐, 아니면 절필하느냐가 이 질문에 달려 있습니다. 피드백, 꼭 필요합니다. 단, 조건이 있습니다. 먼저 질문을 하나 드릴게요. 그냥 넘어가지 마시고 5초라도 멈춰서 생각하고 답해 주셔야 합니다. 여러분께 '피드백'은 무엇이고 어떤 내용이 담겨야 한다고 생각하시나요?

'피드백'을 표준국어대사전에서 찾아보면 다음과 같이 정의됩니다.

피드백(feedback)

1. 입력과 출력을 갖춘 시스템에서 출력에 의하여 입력을 변화시키는 일. 증폭기나 자동 제어 따위의 전기 회로에 많이 사용한다.

2. 학습자의 학습 행동에 대하여 교사가 적절한 반응을 보이는 일.
3. 진행된 행동이나 반응의 결과를 본인에게 알려 주는 일.

지금 우리는 아이들의 영어 글쓰기에 관한 이야기를 나누고 있으니 2번이 적절한 뜻입니다. '교사' 대신 '엄마'가 들어갈 거고요. 그렇다면 '적절한 반응'이란 무엇일까요?

엄마가 보여 주는 피드백에는 정서적 측면과 기술적 측면이 있습니다. 엄마의 피드백은 정서적 피드백의 비중이 클 때 그 진가가 발휘됩니다. 엄마가 대한민국 세 손가락 안에 꼽히는 영어 전문가여도 엄마는 엄마입니다. 아이들은 이미 밖에서 비교당하고 상처받고 긁힙니다. 엄마에게까지 못나고 모자라는 존재로 평가받고 싶은 아이는 없습니다. 엄마의 기대를 채우지 못해 속상해하는 엄마를 보고 아이는 마음이 너덜너덜해집니다.

아이들이 영어로 무엇인가를 썼다면 무조건 칭찬해 주세요. 내용이나 형식에 대한 어떤 평가보다도 애썼다고 토닥이고 안아 주고 엄지척 해 줘야 합니다. 영어든 우리말이든 일단 아이가 뭔가를 썼다면 무조건 칭찬해야 합니다. 엄마라면 누구나 아이의 글쓰기에서 삐뚤이 글자가 먼저 눈에 들어올 겁니다. 세상에, 고학년인데 철자가 엉망입니다. 맞춤법이 안 맞을 때도 있습니다. 시를 쓴 건 아닐 텐데 세 줄에 불과한 첫 글쓰기를 보면 뚜껑이 열릴 수도 있습니다. 그래도 그때 화를 내면 아이는 다시는 연필을 들지 않을 겁니다. 반대로 엄마의 응원과 지지를 받은 아이는 귀찮고 번거롭고 어렵지만 다시 한번 쓸 용기를 낼 겁니다.

저는 챗GPT의 한영 번역이 신뢰할 만하다는 연구 결과를 확인하고 아이의 영어 공부를 위해 사용했습니다. 영어 전공자도 아니고 설사 전공했다 하더라고 EFL로서 영어를 배운 사람의 감각은 원어민과 다를 수밖에 없습니다. 학교 교과서에서 '~하는 게 낫다'는 뜻으로 배우는 "had better"라는 표현이 있습니다. 저는 그 뒤에 동사원형이 와야 한다는 점에 초점을 두고 배웠고, 시험 문제에서 그 원칙만 지키면 점수받는 데 아무 지장이 없었습니다. 그런 제가 무슨 수로 had better가 '명령조에 가까운 강력한 권유' 표현이기에 함부로 쓰면 곤란해진다는 사실을 알 수 있을까요. 그러니 아이의 노력과 과정을 있는 그대로 칭찬하는 일에 집중해야 합니다. 인공지능과 제대로 소통하며 멀티 리터러시를 키우도록, 긍정적인 공부 정서를 갖도록 응원하는 일이 엄마 피드백의 핵심입니다.

그래도 학습적인 측면을 더 살펴봐주고 싶으시다고요? 한국인 학습자들이 공통적으로 나타내는 영어 학습에서의 오류를 연구한 논문들이 있습니다. 대표적인 것이 ① 관사, 한정사에 관한 오류 ② 명사 끝부분에서 복수형과 소유격에 관한 오류 ③ 동사의 시제와 형태, 주어 동사 일치에 관한 형태적 오류 ④ 한국어로 번역하면 같으나 영어에서는 맥락이 다른 어휘 선택의 오류 ⑤ 3인칭 대명사 사용의 오류[29] 등입니다. ①에서 나타나는 관사(대표적으로 a, the) 등은 우리말(한국어)에서는 찾아볼 수 없는 표현입니다. 따

---

[29] 「외국어고등학교 학생들의 영작문 오류분석」, 송현영·박은성, 한국영어학회, 영어학, 2012
「예비 초등 영어교사들의 영작문에 나타난 오류 분석」, 장지혜·나경희, 영어영문학연구, 2012
「번역식 영작문과 직접식 영작문의 비교 연구」, 황명환·이희경, 한국영어교육학회, 2012
「영어 학습자들의 영작문에 나타난 문법 오류 분석 연구」, 2014, 한국영어학회, 영어학, 2014
「대학 신입생의 영작문에서 나타난 오류 분석 연구」, 이혜진, 코기토, 2017

라서 고급 단계 영어 학습자라 하더라고 관사를 오류 없이 사용하는 일이 매우 어려운 일이라고 연구 결과는 말해줍니다.[30]

엄마가 맞고 틀림에 중점을 두고 피드백을 주면 아이는 영어뿐만 아니라 인공지능을 활용한 학습 자체에 대해 부정적인 정서를 갖게 될 가능성이 큽니다. 우리나라 학습자들의 쓰기 불안이 영어쓰기 수행에 미치는 영향을 분석한 연구[31]를 살펴볼까요? 이 연구에서는 영어 쓰기 능력을 키우기 위해서는 인지적 측면만 고려할 것이 아니라 학습자의 정서적 측면도 중요하다고 강조합니다. 외국어 학습에 있어서 인지적 요소만을 고려한다면 인간 행동에 있어서 가장 근본적인 측면을 고려하지 않는 우를 범하게 됩니다.

〈인사이드 아웃 2〉에 나온 불안(anxiety)이 기억하시나요? 불안은 '자율계의 자극과 연관된 긴장, 우려, 초조, 그리고 걱정에 대한 주관적인 느낌'입니다. 근심, 좌절, 자아의심, 우려, 걱정과 관련된 정서라는 것이지요. 특히 제2 언어 습득은 자아 존중, 자아 효능감, 억제, 모험 시도 등의 과정을 거쳐야 합니다. 불안은 이 과정들과 복잡하게 얽혀 중요한 역할을 담당하게 됩니다.

위의 연구는 학습자들을 대상으로 하여 쓰기 불안 점검표를 작성하게 하고 그 결과를 분석하는 방식으로 진행되었습니다. 점검표에 담긴 쓰기 불안 요인들은 크게 네 가지로 나뉩니다. ① 쓰기 능력에 대한 부정적 인식 (Negative Perception about writing Ability) ② 쓰기에 대한 즐거움(Enjoyment of Writing)

---

30 「영작문 능력 향상을 위한 작문에 반영되는 국어와 영어의 특성에 대한 이해의 필요성」, 전문영, 코기토 96, 2022

31 「우리나라 EFL 학습자들의 쓰기 불안이 영어쓰기 수행에 미치는 영향 분석」, 장지혜·나경희, 2013

③ 평가에 대한 두려움(Fear of Evaluation) ④ 쓰기를 다른 사람에게 보여 주는 것(Showing One's Writing to Others)입니다.

연구 결과 각 요소에서 가장 눈에 띄는 점은 '평가에 대한 두려움'으로 나타났습니다. 영어 글쓰기를 한 글쓴이가 독자를 고려하기보다 글에 대한 평가를 두려워하고 있고, 그 불안 요인들이 글쓰기에 부정적인 영향을 끼쳐 영어 쓰기에 대한 회피로 이어지는 것입니다. 이 연구는 대학생들을 대상으로 이루어졌습니다. 불안은 나이가 어린 초등학교 고학년 아이들에게 더 큰 영향을 미칩니다.

아이의 글쓰기 실력이 성장할 수 있도록 주변에 계신 선생님, 학원 선생님에게 도움을 요청하는 것도 방법입니다. 어떤 경우라도 엄마가 아이의 글쓰기를 보고 비난이 담긴 피드백을 건네면 아이의 글쓰기는 멈추게 됩니다. 괜찮은 척 애쓰며 맞고 틀림을 강조하는 피드백을 전해도 곤란합니다. 아이들에게는 겉과 속이 다른 이중언어를 본능적으로 알아차리는 예민한 더듬이가 있거든요. 내 아이의 진정한 성장을 위한 엄마의 피드백은 응원과 지지여야 합니다.

변화의 시기, 사춘기와 글쓰기의 균형 찾기

챗GPT 글쓰기를 시작하기 적합한 나이는 초등 고학년 이상입니다. 이 시기는 사춘기입니다. 바야흐로 사춘기에 접어들면 인생의 축복이던 아이, 우주의 사랑이 농축된 것 같았던 아이는 세상에 없습니다.[32] 대체 내가 알

---

32 『사춘기라는 우주』, 황영미, 허밍버드, 2022

던 그 아이는 어디로 갔나 싶은 순간이 파도처럼 끊임없이 밀려옵니다. 전두엽 재배열의 격랑으로 배를 띄우는 아이는 구명조끼나 노 따위는 안중에 없습니다.

문제는 이때가 학습 본격화 시기와 겹친다는 점입니다. 초등 고학년 학습 내용은 중학교 과정의 바탕입니다. 중학교에 진학하면 1년에 4차례 있는 시험, 수시로 치러지는 수행 평가를 소화해야 합니다. 자기 성찰과 진로 탐색을 통해 진로의 큰 가닥을 잡아야 고교학점제에 대비할 수 있습니다. 문·이과 구별이 없는 시험을 치러야 하고 통합사회와 통합과학으로 수능을 보기 때문에 구멍 난 과목이 생기면 곤란합니다. 가뜩이나 수준이 높아지는 고등학교 과정을 소화하기도 벅찬데 자칫하면 구멍이 어디인지 찾아다니기 바쁠 테니까요.

엄마들은 내 아이에게 도움이 될 촘촘한 학원 일정과 공부 계획을 세워 둡니다. 발품을 팔고 검색하고 설명회에 가서 비교·대조하여 좋은 커리큘럼을 엄선합니다. 그런데 이를 어쩌나요, 아이가 달라졌습니다. 내가 알던 그 아이가 아닙니다. 고분고분 내 말을 듣고 엄마가 속상해하면 같이 눈물 흘리며 잘못했다던 그 아이는 흔적조차 없습니다. 변신도 이런 변신이 없습니다. 배신도 그런 배신이 없습니다.

저희 아이들도 가끔 이해할 수 없는 행동을 할 때가 있습니다. 시간이 지나고 서로의 감정이 가라앉은 후 왜 그랬는지 물어보면 대부분 '혼날까 봐, 들어주지 않을 것 같아서'라고 대답합니다. "그럴 것 같으면 하지 말았어야지."라고 대답하려다가 기시감이 들어 멈췄습니다. 제가 어릴 때 부모님, 선생님과 주고받던 대화와 똑같았습니다. 제가 아이였을 때 그런 대답을 들으면 너무나 싫었던 기억도 함께 퐁 떠올랐습니다.

그런 일을 몇 번 겪고 나서 가만히 돌이켜봤습니다. 엄마에게 혼날 것 같은 일은 왜 하지 말아야 한다고 가르치는가 말입니다. 제가 편하고 싶어서 더라고요. 아이를 걱정하는 마음도 있지만, 그 걱정은 아이가 하고 싶어 하는 일이나 마음을 염두에 두기보다 그 일로 인해 다른 사람들과 생길 여러 가지 일들에 대한 걱정이었던 거예요. 저는 아이와 갈등을 염려해 가르치고 해야 할 말을 피하지 않습니다. 다만 제가 표현하는 방식, 소통의 모습을 바꾸고자 노력합니다.

『초등 사춘기 엄마를 이기는 아이가 세상을 이긴다』에서 김선호 작가님은 사춘기 아이들의 특성과 엄마의 대립 구조를 선명하게 보여 줍니다. 사춘기 아이들은 자기 안에 꿈틀거리는 정체 모를 역동성이 "그냥 뚫고 나가!"라고 외치는 소리를 듣습니다. 논리성 없이 무조건 자기가 옳다고 우기고 이때까지 배워온 세상의 틀과 규칙, 체계적이며 예상할 수 있는 변화는 취향이 안 맞는 것이지요. 엄마는 그런 아이를 그냥 둘 수 없습니다. 논리와 이성적인 설명 그리고 희미해져 가는 권위를 덧붙여 아이들을 더 꽉 붙들어 매려 합니다.

김선호 작가는 아이에게 주도권을 주라고 말합니다. 서울대 소아청소년정신과 김붕년 교수님도 아이를 믿고 전적으로 존중하라고 강조합니다. 엄마도 이겨보지 못한 아이가 세상에 나가서 누구를 이길까요? 가장 안전한 도전과 표출은 엄마와 함께하는 시간에서 가능합니다. 속에서 천불이 나고 머리가 핑 돌 정도로 혈압이 오르더라도 나와 다른 인격체로 거리를 두고 바라봐야 합니다. 그래야만 아이들이 겪는 혼돈 속 카오스의 시간이 우주의 질서를 갖춘 코스모스로 거듭날 수 있습니다.

우리 아이들에게 자기 뜻대로 해 보도록 조금만 더 믿고 맡겨 보면 어떨까요? 물론 조건이 있습니다. 사회 생활을 해 나가는 면에서는 남을 다치게 하지 않아야 하고, 자기 자신을 다치게 해서도 안 됩니다. 공부와 관련해서는 스스로의 역량을 키우는 일이니 반드시 이어나가야 합니다. 그 결정과 선택의 과정에서 아이와 충분히 대화하고 선택할 수 있도록 해 주세요. 챗GPT 글쓰기도 마찬가지입니다. 아이의 관심사, 아이가 정한 방향에 따라 시작하도록 도와주세요. 세상에 쓰기를 좋아하는 아이는 드뭅니다. 저도 '쓰기를 좋아하는 아이의 엄마 되기'라는 희망을 품되 현실을 직시하려고 노력합니다. 아이가 쓰기를 싫어한다면 세 가지 방향에서 살펴보시면 좋겠어요. 쓰기라는 행위를 싫어하는 것인지, 공부 자체가 다 싫은 것인지, 엄마가 권하는 것에 대한 거부감인지 생각해 봐야 합니다. 만일 엄마와의 관계에서 문제가 생긴 것이라면 글쓰기는 문제가 아닙니다. 관계의 회복, 신뢰의 회복이 먼저입니다.

앞으로도 우리는 엄마이기에 속이 타고, 입이 마를 거예요. 아이들은 우리 속을 모릅니다. 엄마들만 아는 마음 나누며 기다리고 버티며 나아가다 보면 아이들이 자신의 색채로 가득한 세계로 초대해 줄 날이 올 거예요. 연락주세요, 같이 차 한잔하며 이야기 나눠요.

5

시간을 함께 설계하는 엄마
vs 정해진 시간을 통보하는 엄마

시간은 누구에게나 평등하게 부여되는 자원입니다. 엄마는 아이가 시간을 알뜰살뜰 아끼며 공부하기를 간절히 바랍니다. 글쓰기는 가장 고차원적인 언어 활동이고 공부실력을 확실히 끌어올릴 수 있는 방법이라는데, 얼마나 시간을 들이면 적절할까요? 먼저 몇 가지 사항을 살펴봐야 합니다.

① 아이가 학원이나 학교 공부를 위해 쓰는 시간은 하루 중 얼마나 되나요?

② 아이가 평소에 아무것도 하지 않고 편안히 쉬는 시간은 언제이고 얼마나 되나요?

③ 아이가 평소에 글을 한 줄이라도 쓰고 있나요?

④ 아이가 평소에 관심 있고 좋아하는 분야는 무엇인가요?

⑤ 어머니는 평소에 어떤 글쓰기를 하시나요? 최근 어머니가 쓴 글은 무엇이고 그 양은 얼마나 되나요?

절대 챗GPT가 '채찍 PT'가 되면 안 됩니다. 아무리 좋은 것이어도 내 아이에게 맞지 않으면 소용없습니다. 아이들 기질도 다르고 학원에 다니는 상황도 다를 겁니다. 지역에 따라 먼 거리에서 통학하며 시간을 보내는 아이들도 많습니다. 그렇기에 딱 잘라 시간을 말씀드리는 것은 프로크루스테스의 침대에 내 아이 글쓰기를 밀어 넣는 일입니다. 자기 침대에 손님들 키가 맞지 않는다고 억지로 신체를 늘리거나 잘라 냈다는 무서운 일화처럼 엄마의 기준만으로 아이 글쓰기 시간을 일방적으로 강요해서는 안 됩니다. 물론 아이들은 아직 어려서 시간 관리가 어려울 수 있으니 엄마의 도움이 필요합니다. 우선 내 아이의 하루와 일주일 단위로 생활을 파악하고 아이에게 무리가 되지 않도록 하는 일이 먼저입니다.

어떤 시간에 얼마나 시간을 할애해서 챗GPT 글쓰기를 할 것인지 꼭 아이와 이야기하고 결정하면 좋겠습니다. 예전에 대치동에서 근무할 때 엄마와 아이의 생각 차이를 발견했습니다. 엄마들은 미술, 피아노, 수영, 축구 학원 등에 가는 일을 '쉬고 놀러 가는 시간'으로 여기고 있었습니다. 반면 아이들은 '비교적 할 만하고 재미있는 공부를 하러 가는 시간'으로 받아들이고 있었어요.

아이들은 글쓰기 하는 시간을 조금이라도 줄이고 싶어할 겁니다. 엄마는 조금이라도 늘리기를 바랄 겁니다. 바람에 흔들리지 않으면 나무는 자라지 못합니다. 엄마와의 밀당 속에서 아이는 생각을 표현하고 타협하며 조절하는 법을 배울 수 있습니다. 항상 아이와의 신뢰 있는 관계가 먼저입니다. 비난하거나 화내는 대신 충분히 대화해 주세요. 사람은 감정의 동물입니다. 좋아하지 않으면 이어 갈 수 없습니다. 어떤 일을 좋아하게 만들고, 그 좋아진 일을 오래 하기 위해서는 무리하지 않는 선에서 해 나가야 합니다.

가끔은 생각합니다. 우리 아이들에게 똑같이 적용할 수 있는 안내서가 있다면 육아가 한결 편해지지 않을까 하고요. 출산 후 육아 서적 내용과 전혀 다르게 펼쳐지는 현실 앞에서 느낀 그 당혹감이 아직도 기억납니다. 놀라운 건 온라인 카페에 엄마들의 똑같은 호소와 절규들이 넘쳐나고 있었다는 점입니다. '나만 없어, 책 속에 나오는 꼭 맞춰 먹고 딱 맞춰 잠드는 그런 아이'라고나 할까요. 보편타당한 평균의 육아, 그런 건 처음부터 없었는지도 모릅니다. 엄마들도, 아이들도 한 명 한 명이 온 우주에 단 하나뿐인 독창적인 존재들이기 때문입니다.

챗GPT 글쓰기에서 얻을 수 있는 장점들은 앞서 말씀을 드렸습니다. 그 중 아이가 자기 관심사에 따라 주제와 화제를 선택할 수 있다는 점, 다른 누구도 아닌 나의 생활에서 경험한 내용을 쓸 수 있다는 점을 말씀드렸던 것 기억하시죠? 이러한 자기 주도적 선택의 과정은 시간이 '충분히' 필요합니다. 최재천 교수님은 시간을 정해 주고 글쓰기도, 백일장도 시험 보듯 하는 우리 교육 현장이 '완전 과거 시험'과 같다며 안타까워하셨습니다.

영화 〈말모이〉는 일제 강점기였던 1940년대 사라져 가는 우리말을 지키기 위한 노력을 그린 작품입니다. 전국 팔도의 사라져가는 말들을 하나하나 모으고 그 가운데 표준어를 정하여 우리말 사전을 만들려는 노력은 눈물겹습니다. 어렵사리 모은 원고를 없애려는 일제의 손아귀에서 지켜낸 2만 장의 원고는 해방 후 발견되어 결국 사전으로 탄생하게 됩니다.

아이가 오늘 쓸 단 한 줄의 글을 위해서도 말모이는 필요합니다. 아이 스스로 시간의 울타리를 세우고 그 안에서 자신이 선택한 주제라는 그물을 들고 생각들을 건져 올리도록 기다려주세요. 쉽지 않은 과정입니다. 그렇게 건져 올린 생각이나 마음이 내가 원하는 것인지 아닌지 결정해야 하지요. 아이는 고민할 겁니다. 그 후 선택한 생각과 마음들에 알맞은 말의 옷을 지어 입히는 일도 노력이 필요합니다. 자기 마음과 생각에 딱 들어맞는 표현을 찾으려면 여유와 평온함이 필요합니다. 그렇게 아이가 스스로 문장을 얻을 때 자신을 알게 되고 세상과 소통하는 힘을 얻게 됩니다.

엄마와 편안하게 대화하는 아이는 엄마와 보내는 시간을 소중히 여깁니다. 아이는 엄마에게 자기가 쓰고 싶은 내용에 대해 이야기를 건넬 수 있습니다. 뭘 써야할지 생각하는 자체가 어려우니 같이 생각해 보자고 할 수도 있어요. 힘들다며 투덜거리거나 소파에 벌렁 드러누울 수도 있지요. 왜 못하느냐고, 왜 모르겠느냐고, 왜 빨리 안 하느냐고 다그치고 싶은 마음은 꿀꺽 삼키세요. 그리고 '생각이 안 나서 답답하겠구나', '어떤 방법이 좋을지 고민하는 자체가 대견하다'고, '생각대로 글이 잘 써지지 않아도 천천히 해 보자'고 이야기 해 주세요. 그게 엄마도 살고 아이도 살리는 길입니다. 엄마가 '말'로 만든 영혼의 길을 따라 아이는 자신의 삶을 걸어갈 테니까요.

엄마의 조급증은 아이 글쓰기에 독이다

시계는 계속 달려가는데, 아이는 움직일 생각이 없어 보입니다. 공부하기로 한 시간에 알람은 맞춰놨지만 엄마 귀에만 들리는 건가 싶습니다. 가만히 보니 귀에 꽂힌 이어폰이 보입니다. 말해 봤자 노이즈 캔슬링 때문에 못 들었다고 할 겁니다. 오늘도 득음을 위한 길을 걸어야 하나?

올라오는 화를 꾹꾹 누르며 교양 있게 아이 이름을 부르며 다가가 어깨를 쓰다듬으며 시계를 가리킵니다. 아이가 세상 다 산 표정으로 혹은 무표정으로 흘끔 시계를 바라봅니다. 아무 말 없이 움직이더니 의자에 앉습니다. 나무늘보가 우리집에 온 것 같습니다. 일시정지 상태입니다. 엄마는 분명히 가르쳤습니다. 플래너를 꺼내고 할 일을 확인한 후 필기구, 노트, 책을 꺼내어 타이머에 맞춰 집중해서 하나씩 해 나가야 합니다. 한 번, 열 번, 백 번, 천 번은 더 이야기했습니다. 도대체 몇 번을 가르쳐야 할까요? 가서 "얼른 시작해, 시간 없어, 할 일 많아, 시험이 금방이야, 다른 애들은 지금 더 많이 하고 있어, 앞으로 너 이거 못하면 얼마나 어려울지 알기나 해?"라고 말해야 하나 고민이 됩니다. 내가 지금 이야기해서 아이의 주도성이 꺾이면 어쩌지? 관계가 나빠지면 어쩌지? 고민의 소용돌이가 점점 커집니다. 그때 누군가 "엄마, 엄마!"하고 부릅니다. 아, 둘째(혹은 셋째)의 숙제도 봐줘야 합니다. 나무늘보와 껌딱지 아기원숭이 사이에서 엄마는 혼란스럽습니다.

위에서 읽으신 상황은 수많은 집에서 일어나는 일이고 들려오는 일이며 앞으로 닥칠 일이기도 합니다. 만일 저 시간이 객관식 문제풀이가 아니라 '글쓰기'를 해야 하는 시간이었다면 어떨까요? 그것도 '영어 글쓰기'를 하는 시간이라면요. 더 답답하고 긴장감이 높아질 지도 모르겠습니다.

내 상황이 답답할 때 우리는 다른 사람의 삶이나 책에서 해결책을 찾을 수 있습니다. 『유튜브는 책을 집어삼킬 것인가』[33]에서 김성우 교수님은 흥미로운 쓰기 수업 사례를 소개합니다. 학생들에게 영어 논문을 지도하면서 요리법을 가지고 먼저 쓰기 수업을 한 겁니다. 학생들은 요리법의 장르적 특징과 형식을 익히고 표현을 공부합니다. 그 후 자기 인생의 주제를 가지고 '인생 요리법 Life Recipe'를 쓰도록 했습니다. 학생들은 '오랜 연인과 헤어지는 법', '만원 지하철에서 앉는 법' 등의 인생 요리법을 써서 발표했고요. 학생들은 이 과제를 재미있어했다고 합니다. 김성우 교수님은 학생들이 글쓰기의 형식을 배우고 나서 자기 삶에서 화제를 찾아 쓸 수 있었기 때문이라고 분석했습니다.

아이들도 마찬가지입니다. 영어를 그냥 엄마나 학교에서 가르치니까 배워야 하는 다른 나라 말, 시험 봐야 하니까 억지로 외워야 하는 외국말로 생각하면 영어가 싫어집니다. 내 생각을 내가 원하는 대로 표현할 수 있을 때는 달라집니다. 스스로가 상당히 멋져 보이거든요. 김성우 교수님은 『단단한 영어공부』[34]에서도 강조합니다. 사람은 자기 삶을 자기가 원하는 대로 표현할 수 있는 힘을 바라기 때문에 남의 이야기, 나랑 상관없는 글에는 관심이 없어진다는 겁니다.

아이가 단 한 문장이라도 스스로 발견하여 쓰도록 기다리고 응원해 주세요. 그러면 아이는 내일의 글쓰기를 이어 갈 수 있습니다. 엄마가 아이의 글쓰기를 도울 때 힘이 되는 글쓰기 관련 책들을 알려 드리겠습니다. 서점에 가면 정말 많은 서적이 나와 있습니다. 아이의 성향이나 가정별 상황에

---

33 『유튜브는 책을 집어삼킬 것인가』, 김성우, 엄기호, 따비, 2019
34 『단단한 영어공부』, 김성우, 유유, 2019

맞춰 선택하시길 바랍니다.

〈여기서 잠깐〉 엄마가 읽어 보면 좋을 글쓰기 책들

『우리는 글쓰기를 너무 심각하게 생각하지』, 정지우, 문예출판사, 2021

『청춘 인문학』을 시작으로 다양한 작품 세계를 구축하고 있는 정지우 작가의 에세이집입니다. 정지우 작가는 나중에 변호사 자격을 취득하여 법조인으로 사회적 페르소나를 더하기도 했습니다. 일상에서 시작하는 글쓰기의 가치를 전하는 작가의 시선이 오롯이 담겨 있습니다. 글쓰기 기술과 방법보다 쓰는 일 자체의 소중함을 전하기에 조급한 엄마 마음에 위안이 될수 있습니다.

『나는 말하듯이 쓴다』, 강원국, 위즈덤하우스, 2022

강원국 선생님의 글쓰기 유니버스 가운데 한 권입니다. 강원국 선생님책은 입말로도 손색이 없어서 아이들과 소리 내 함께 읽기 좋습니다. 편안한 마음으로 읽어 보세요. 이오덕 선생님께서도 말과 분리된 글은 생명력이 사라진 글이라 하셨습니다. 아이들이 잘 말하고 쓰기 위해 어떤 과정이필요할지 생각하기 좋습니다.

『어린이를 위한 초등 매일 글쓰기의 힘』 시리즈, 이은경, 상상아카데미

이은경 선생님의 초등학생들을 위한 글쓰기 시리즈입니다. 세줄 쓰기, 자유 쓰기, 전래동화 바꿔 쓰기, 저학년·고학년 논술 등 초등 과정에서 쓰게 되는 다양한 글을 종류별로 만나볼 수 있습니다. 책이 두껍지 않아 한 권씩 마치면 뿌듯함을 느낄 수 있습니다. 유튜브에서 관련 영상이 알차게 준비되어 있어 엄마와 아이가 어떤 이야기를 나누기에 어색할 때 활용하기 좋습니다.

『초등 패턴 글쓰기』, 남낙현, 청림 라이프, 2020

패턴은 일정한 형태나 양식, 유형을 뜻하는 단어입니다. 하루 10분, 5일 만에 아이의 글머리가 완성된다는 매혹적인 문구가 눈에 띕니다. 패턴이란 자칫 고정관념이나 규격화의 이미지와 연결될 수 있습니다. 그러나 이 책의 패턴은 아이가 일상생활 속에서 편안하고 쉽게 사용할 수 있는 글쓰기의 다섯 기둥입니다. 세 아이의 아빠인 작가가 글쓰기 지도 현장에서 만난 아이들의 고민을 바탕으로 저술하여 실질적입니다.

『초등 첫 문장 쓰기의 기적』, 송숙희, 유노라이프, 2021

'하루 10분 교과서 따라 쓰기로 쉽게 배우는'이라는 부제를 달고 있습니다. 쓰기의 방식은 다양합니다. 주제, 화제를 모두 스스로 고르는 자유 쓰기로 나아가기 전 주어진 주제에 맞춰 쓰거나 예문을 필사하는 방식을 쓰기도 필요합니다. 최근 초등 교과서들은 거의 모든 과목이 글쓰기로 되어 있어서 교과서 내용을 바탕으로 한 문장 쓰기를 시작하는 것도 좋은 선택이 될 수 있습니다.

『초등, 글쓰기보다 중요한 것은 없습니다』,
이상학(해피이선생), 김영사, 2021

현직 교사인 이상학 선생님의 저서입니다. 유튜브 채널에서 초등학교 과정에 대한 다양한 이야기를 들을 수 있습니다. 초등 교과과정에서 과목별 글쓰기가 어떻게 전개되고 있는지, 글쓰기 종류별 학생들의 실례와 함께 실려 있습니다. 공부의 기초체력과 글쓰기가 밀접한 관계가 있다고 강조하며 초등 과정에서 글쓰기를 꼭 연습해야 한다고 강조합니다. '초등 글쓰기, 마음 놓고 있다가는 후회합니다.'라는 무시무시한 말이 표지에 쓰여 있습니다.

『말하기 독서법』, 김소영, 다산에듀, 2019

아직 아이가 많이 어리거나 쓰기를 극도로 싫어하는 자녀를 둔 경우 도움이 됩니다. 『어린이의 세계』를 쓴 김소영 작가님이 실제 아이들을 지도한 경험을 바탕으로 쓴 책입니다. '쓰는 건 3분도 힘들어하던 아이가 30분 이상 읽고 말하다니, 깜짝 놀랐어요!'라는 부제가 반갑습니다. 말과 글은 떼려야 뗄 수 없는 관계입니다. '읽고 쓴다'에서 '쓰기'의 형태가 '말글'이라고 가정하면 색다르게 글을 쓸 수 있습니다. 제가 대치동에서 아이들을 가르쳤던 경험을 생각해 보면 쓰기를 강요당한 아이들은 '쓰기 상처'를 안고 살아갑니다. 눈에 보이는 쓰기를 강요하기보다 아이의 '말글'을 경청하는 지혜가 필요합니다.

이 책에서 저는 챗GPT와 영어 글쓰기는 초등 고학년에 실시하면 좋겠다고 말씀드렸습니다. 영어 글쓰기는 고학년 아이들에게 훌쩍 커 버린 사고 능력과 자신의 영어 실력간 차이를 확인하며 답답함을 느낄 수도 있는 시간입니다. 『열하일기』(6학년 2학기 교과서에 나옵니다.)를 읽고 박지원의 실학사상과 시대적 배경을 배우는 시기에 내가 쓰는 영어 글쓰기에는 저학년 수준의 단순한 문장을 주로 쓸 가능성이 크기 때문입니다. 말하기 독서법은 책을 읽고 난 다음 독후 과정을 주로 다루고 있으나 이 방법을 영어 글쓰기에도 충분히 적용할 수 있습니다.

처음에는 말로 글을 쓰는 것도 좋은 방법입니다. 실제로 저희 아이도 이런 방식으로 글을 썼습니다. 챗GPT는 음성 입력이 가능합니다. 다른 음성

녹음 앱을 활용하셔도 좋습니다. 최근에는 대화 내용을 문자로 입력하고 개요까지 정리해 주는 앱들이 많습니다. "말만 하면 다 정리해 줘."라며 속 빈 강정같은 경험이 아닌 글쓰기 시작 부담을 덜어 주는 도구로 경험하도록 해 주세요. 일기이든, 독후감이든, 자유 쓰기이든 아이가 하고 싶은 말을 음성 언어로 발화하여 입력하고 번역되는 과정을 지켜보는 것도 글쓰기에 대한 부담을 덜고 흥미를 지켜 주는 방법이 될 수 있습니다.

『창의력을 키우는 초등 글쓰기 좋은 질문 642』, 826 Valencia, 넥서스주니어, 2023

826 Valencia라는 창작 집단에서 만든 책입니다. '642 Things to write about Young Writer's Edition'이라는 부제에서 알 수 있는 어린이를 위한 642가지 기발한 글감들을 모아둔 책입니다. 이 책을 보면 상상과 현실을 오가며 다양한 이야기를 나눌 수 있습니다. 저희 아이는 이 중 주제를 선정해서 학교 친구들과 1주에 하나씩 이야기 나눔 시간에 활용하기도 했습니다. 내 아이가 어느 주제를 흥미롭게 여기는지 알아가기에도 좋습니다.

『하루 1질문 초등 글쓰기의 기적』, 윤희솔, RHK, 2021

인공지능 시대를 살아가기 위해 꼭 갖춰야 할 역량은 창의성입니다. 인공지능이 스스로 하기 어려운 분야이기 때문입니다. 창의성은 풍부한 지식을 바탕으로 당연하게 여겨지던 것에 대해 의심하고 다른 시각으로 바라볼 때 나타납니다. 챗GPT 글쓰기를 하려면 프롬프트를 구성해야 하는데 그때에도 질문하는 힘은 필수입니다. 교실 현장에서 아이들과 질문하며 수업한 생생한 내용을 담고 있습니다.

〈여기도 잠깐〉 초등 영어 일기 쓰기에 관한 책들

초등 영어 글쓰기에 관한 책들도 함께 소개합니다. 많은 책들이 일기에서 글쓰기를 시작하도록 구성되어 있습니다. 이는 국어 쓰기에서도 마찬가지입니다. 단계별로 구성된 전문적인 쓰기 교재보다는 시작하기에 편안한 책들을 소개하겠습니다. 시중에 정말 다양한 교재가 나와 있으니 아이의 성향과 가정별 상황에 맞춰 고르는 즐거움을 느낄 수 있습니다.

1) 『초등 영어일기 패턴 100+따라 쓰기 50』, 백선엽, LanCom, 2021
2) 『초등 영어일기 표현사전』, 하명옥, 넥서스 Friends, 2014
3) 『바빠 초등 영어 일기 쓰기』, 성기홍, 이지스에듀, 2024
4) 『동사로 당당해지는 초등 영어일기 쓰기』, 정효준, 사람인, 2024
5) 『어린이를 위한 초등 매일 글쓰기의 힘: 영어 한 줄 쓰기』, 이은경, 상상아카데미, 2023
6) 『초등 완성 영어 글쓰기 로드맵』, 장소미, 빅피쉬, 2022

초등 영어일기 쓰기를 전면으로 내세운 책들은 주로 문형 및 어휘 습득에 중점을 두고 있습니다. 챗GPT와 영어 글쓰기는 주제와 화제가 자유롭다는 장점이 있고 시중에 나와 있는 교재들은 잘 짜인 단계별 학습이 가능하다는 장점이 있습니다.

저는 다양한 책들을 구비하여 집에 두고 아이와 같이 읽어 보는 것으로 시작했습니다. 차근차근 보지 않고 아이가 보고 싶은 대로 편하게 봤습니다. 쓰기를 워낙 싫어하는 아이였기에 처음부터 쓰기를 병행하기보다 쓰고 싶은 주제를 찾고, 흥미를 느끼는 분야가 나타날 때까지 함께 말하며 살펴봤습니다. 부모 마음이 급하다고 아이가 알아서 따라오지는 않습니다. 충분히 시간을 들여 꾸준히 대화하며 아이에게 맞는 방법과 책을 찾아주세요. 내 아이를 위한 맞춤형 글쓰기를 위한 열린 마음의 코치가 되어 주세요.

6
사교육 없이도 영어 글쓰기를 할 수 있을까요?

    학원 상담 후 선행 진도가 안 맞아 보낼 학원이 없다고 좌절하지 마세요. 상담실장이 늦었다고 말하면 얻다 대고 내 아이 미래를 함부로 말하느냐고 화내세요. 우주에 단 하나뿐인 내 아이의 가능성을 자기가 뭐라고 함부로 언급합니까. 엄마의 불안으로 설명도, 대화도 없이 내 아이를 학원으로 내몰지 마세요. 엄마가 불안을 가방에 한 가득 담아간 아이는 마음 놓고 공부에 집중할 수 없습니다.

    사교육 경험이 없어도, 영어 노출이 적어도 챗GPT 글쓰기를 하는데 아무 문제없습니다. 저희 아이는 사교육 경험이 전혀 없습니다. 자기에게 맞춘 쉬운 레벨부터 시작하면 됩니다. 대답하는 양을 글자 수 기준으로 조절할 수 있습니다. 음성으로 들을 수도 있고 말로 입력할 수도 있으니 읽고 쓰고 듣고 말하기에 유용합니다.

    인공지능 활용 글쓰기가 어려운 경우는 오히려 엄마와 아이가 충분히 대화한 경험이 없을 때입니다. 서로의 생각을 표현하고 경청한 경험이 적으면 조급히 눈에 보이는 결과만 찾게 됩니다. 기다리는 대신 다그치게 됩니다. 뭘 물어야 할지 엄마도 모르면서 왜 모르냐고 아이를 채근하게 됩니다.

챗GPT를 처음 활용할 때 프롬프트를 입력하는 일은 그 자체가 글쓰기입니다. 당연히 곁에서 설명하고 묻고 지지하고 시연해 줘야 합니다. 그 역할을 제일 잘할 수 있는 사람은 엄마입니다.

책에 실린 글들은 후추가 썼습니다. 후추는 축구를 좋아하고 친구들과 놀러 나가면 어두컴컴해서야 들어오는 보통의 6학년 남자아이입니다. 지금까지 영어 학원에 다니거나 영어 학습지 등을 해 본 적이 없습니다. 그저 3학년 이후 학교의 정규 영어 과정을 따라갔습니다. 공교육에서 제공하는 여러 가지 경험들이 아이 영어 출발과 성장의 바탕이었습니다. 축구를 좋아해서 EPL을 직관하고 싶어했고 그래서 영어 공부를 제대로 하고 싶어했습니다.

어학 공부에서 제일 중요한 건 흥미와 관심입니다. 좋아하는 일을 지속하기 위해서는 노력이 필요합니다. 노력의 지속, 루틴의 반복은 쉽지 않습니다. 그 일을 하는 분명한 이유가 있어야 그나마 할 만 합니다. 외국어인 영어를 배우는 일은 어떨까요. 아이들은 언제 쓸지도 모르는 남의 나라말을 왜 배워야 하는지도 충분히 알고 있을까요? 과연 배워야겠다고 느끼고 있을까요? 내 안에서 싹튼 필요성도 느끼지 못하고 배워야 할 이유가 없는데 재미도 없다면 얼마나 지속할 수 있을까요?

요즘 아이는 ESPN이나 현지 축구 해설을 종종 찾아봅니다. 제가 유료 채널을 구독할까 싶어 아이의 의사를 물어봤습니다. 아이는 유럽 경기는 시차 때문에 우리나라 시간 기준 새벽 경기가 많은데 유료 채널을 구독하면 보고 싶어서 잠을 안 잘 것 같다고 했어요. 일단 자기가 필요한 부분만 찾아서 보고 나중에 필요하면 요청하겠다고 했습니다. 아이들에게 묻고 이야기 나눠 주세요. 아이들은 엄마들의 생각보다 더 많이 생각하고 노력하고 있습니다.

부끄러운 이야기를 하나 할게요. 저희 아이도 "이렇게 말하면 엄마가 혼낼까 봐.", "이것 말하면 엄마가 화낼 것 같은데."라며 말을 꺼낼 때가 많습니다. 평소의 제가 그런 엄마이기 때문일 겁니다. 그래도 그렇게 이야기를 꺼내 주는 아이가 고맙습니다. 그때마다 한 번씩 신뢰를 쌓고 상처를 회복해가면 충분히 괜찮은 관계를 만들 수 있다고 믿습니다.

인공지능 시대를 맞아 인간은 앞으로 두 종류의 인간으로 나뉠 거라 합니다. 변화할 수 있는 인간과 변화하지 못하는 인간으로요. 100세 시대를 맞아 엄마들도 인공지능과 살아갈 시간이 깁니다. 이번을 계기로 내 아이와 새로운 세상의 문물을 탐구하고 같이 실험하는 시간으로 만들어 보면 좋겠습니다.

7

프롬프트 활용법,
더 잘 쓰려면? ✦

- 챗GPT에게 입력만 하면 '무엇이든 효율적으로 가능하다'라는 말은 100% 사실일까요?
- 우리가 하는 일들은 정말 '빨리 해치워야 하는 번거로운 것'일 뿐인가요?
- 내 머리로 생각하고 고민하는 일은 이제 고리타분한가요?
- 그렇게 확보한 시간에 우리가 하고 싶은 더 가치있는 일은 과연 무엇인가요?

챗GPT를 활용한 글쓰기를 하고자 마음먹은 엄마들은 프롬프트 구성에 큰 관심을 갖게 됩니다. 그리고 어떤 책을 보면 좋을지 궁금해합니다. 모든 책은 저자와 출판 관계자가 협업하며 정성을 다해 만든 결과물입니다. 그렇기에 어떤 면에서라도 도움이 될 부분을 발견할 수 있을 거고요. 다만 이 책을 읽으시는 대다수 독자들은 자녀를 둔 엄마일 겁니다. 엄마들은 아이들 글쓰기를 위해 챗GPT와 소통하는 방법을 알고 싶은 거지요. 저는 챗

GPT 관련 책자들을 조사하여 목록을 만들어서 읽으며 아이와 함께할 방법들을 공부했습니다. 먼저 살펴본 엄마로서 몇 가지 말씀 드려 볼게요.

시중의 '챗GPT로 글쓰기'에 관한 책은 대부분 성인을 위한 실용서입니다. 그러다 보니 글쓰기의 영역이 각종 마케팅, 시장 조사, 사무 프로그램을 원활하게 다루는 프롬프트 엔지니어링 부분에 집중되어 있습니다. '글쓰기'라 부르는 주제 영역은 같지만 아이들에게는 적합하지 않습니다. 효율성이 너무 크게 강조되기 때문입니다. 업무 영역이 아닌 글쓰기 주제를 다뤘다고 해도 '블로그 순식간에 쓰기', '고민할 필요 없는', '1분에 1,500자 쓰기' 등의 수식어가 아슬아슬해 보입니다. 갈수록 고도화되는 인공지능을 접할 아이들이 결과물 출력기로서 인공지능을 경험하면 그릇된 인식을 갖게 될 수 있습니다.

아이들은 성장하는 존재들입니다. 시행착오와 건강한 실패를 통해 아이들의 글쓰기 근육은 튼튼하게 성장할 수 있습니다. 효율성과 결과 중심의 접근은 아이들에게 충분히 생각할 시간을 주지 못합니다. 배울 것 많고 해야 할 것이 넘치는 시대에 또 하나의 빨리빨리를 아이들에게 더하는 일은 조심스럽습니다. 글쓰기는 나의 내면, 지식, 세상의 다른 사람들과의 소통을 거치는 종합적 사고가 필요하기에 더욱 신중해야 합니다.

효율성은 중요합니다. 같은 시간 안에 많은 일을 해낼 수 있다면 우리는 여유 시간에 또 다른 삶의 가능성을 열게 되니까요. 그러나 효율성은 양면성을 가지고 있습니다. 파워포인트는 선명한 이미지와 사고 구조를 간단명료하게 전달하는 면에서 장점이 있으나, 아이디어와 아이디어 사이에 존재하는 수많은 가능성은 모두 묻혀버립니다. 마치 고속열차를 타고 이동하면 이동 과정은 모두 휘발되고 출발지와 도착지만 남는 것과 닮았습니다. 학교 공부에서 아이가 개념을 충분히 익히고 확인하지 않은 채, 시험 준비서에만 몰두하면 그 결과는 어떻게 될까요? 학교에서 배운 도덕과 윤리가 문자로만 남아 있고 가치관으로 자리 잡지 못하면 시험 잘 보고 성적만 좋은 괴물이 될 수 있습니다. 아이가 충분히 생각하고 소통하며 배우는 과정을 번거롭고 불편하게 여긴다면, 그것이 가치관 형성에 어떤 영향을 줄지 고민해야 합니다.

하버드 대학교의 글쓰기 교육을 이끌어 온 낸시 소머스 교수는 "시험만 잘 보는 학생은 '정해진 답'을 찾는 데 급급하지만 글을 잘 써야 '새로운 문제'를 찾아낼 수 있다."고 말했습니다.[35] 여기서 '시험만 잘 보는 상황'을 '분량만 채워 넣는 글쓰기'로 바꾸어도 전혀 어색하지 않지요. 우리가 챗GPT 글쓰기를 하는 목적은 창의적 사고의 힘 기르기입니다. 닥친 일에 급급하게 분량만 채우면 그만인 자기 생각은 안중에도 없는 그런 사람으로 성장하기를 바라는 것이 아닙니다.

생각의 영역을 확장하는 방법

비고츠키는 인지심리학의 대가로 일컬어집니다. 워낙 다양한 분야를 섭렵한 명석한 학자로서 새로운 영역을 개척하고 현대 사회에도 큰 영향을

---

35 https://www.chosun.com/site/data/html_dir/2017/06/05/2017060500092.html

미친 인물입니다. 비고츠키는 학습이 일어나는 방식을 아이가 혼자 할 수 있는 영역과 교사나 부모, 혹은 기술의 도움을 받아 할 수 있는 일을 구분하는 근접발달 영역(ZPD, Zone of Proximal Development)으로 나누어 설명했습니다.[36] 아이들이 글을 쓸 때, 엄마는 아이가 스스로 생각하고 글을 확장할 수 있는 발판을 마련해 줄 수 있습니다.[37] 예를 들어, 아이가 이미 작성한 글을 바탕으로 여러 질문을 건네며 생각하는 기회를 제공할 수 있습니다.

"오늘 일어났던 일이 여러 사람이 있을 때 일어난다면 어떻게 해결할 수 있을까?"

"다른 나라에서 이런 상황을 만나게 되었다면 어떻게 해결해 볼 수 있을까?"

등의 다른 관점과 상황을 가정하는 질문 등을 통해, 아이들은 단순한 문장 작성에서 벗어나 다른 상황의 가정, 새로운 상황의 이해, 문제 해결 능력 등을 키울 수 있습니다. 아이가 낯설어하는 부분에 대해 엄마는 챗GPT에 더 잘 입력하고 소통할 수 있게 지원함으로써 아이의 근접 발달 영역을 넓혀줄 수 있습니다.

구체적이고 정확하게 프롬프트를 입력하는 능력은 중요합니다. 다만 초등학교 고학년 아이의 영어 글쓰기를 주제로 한정지어 생각하면, 프롬프트 완성도에 너무 큰 비중을 두지 않아도 됩니다. 아이가 글쓰기의 즐거움을 잃지 않고 영어로도 자기다운 글쓰기 시도를 이어 가는 일이 중요하니까요.

엄마가 아이와 할 수 있는 몇 가지 구체적인 예시를 들어보겠습니다.

---

36 『비고츠키와 인지 발달의 비밀』, 알렉산더 로마노비치 루리야, 살림터, 2013

37 『비고츠키 아동학과 글쓰기 교육』, 한희정, 살림터, 2022

1. 아이와 함께 챗GPT 프롬프트를 작성하기

아이가 글을 쓰기 전에 아이디어를 구체적으로 표현하는 데 어려움을 겪을 수 있습니다. 말하기도 쉽지 않습니다. 절대 서두르지 마시고, 천천히 함께 해 주세요. 이때, 아이가 원하는 글감에서 출발해야 합니다. 마음이 급하다고 "아무거나 써 봐." 등의 표현을 하면 정말 아이는 편하게 쓰기보다 대충 쓸 수 있습니다. 아이가 말한 내용이 너무 일상적이고 사소해 보여도 존중해 주세요. 엄마가 '어느 것이 더 낫다.' 등의 판단을 하면 아이의 글쓰기는 거기서 멈춥니다.

2. 챗GPT가 제안한 문장을 비판적으로 검토하게 돕기

챗GPT가 생성한 문장은 때로 어색하거나 아이의 의도를 충분히 반영하지 못할 수 있습니다. 이때 엄마는 아이에게 "이 문장이 네가 말하고자 한 것과 잘 맞아? 더 좋은 표현이 있을까?" 같은 질문을 던져 아이가 챗GPT의 결과물을 비판적으로 검토하고 수정하는 기회를 제공할 수 있습니다. 이때에도 아이가 충분히 읽고 생각할 시간을 주세요. 아이가 별다르게 고치고 싶은 부분이 없다고 하면 수용해 줘야 합니다. "왜 그렇게 대충 생각 없이 살펴보고 없다고 하니?"라고 하면 그 날이 함께 하는 마지막 시간이 될 수 있습니다.

3. 다른 시각에서 글을 확장하게 유도하기

아이가 챗GPT로 영어 일기를 쓰고 나면, 엄마는 그 주제에 대해 다른 시각을 제시할 수 있습니다. 예를 들어, 아이가 친구와의 갈등을 다룬 글을 썼다면, "만약 이 문제를 다른 사람 입장에서 본다면?"과 같은 추가적인 질문을 던져 다양한 관점에서 생각해 볼 수 있도록 돕습니다. 이렇게 하면 아이가 사고의 폭을 넓히고 글을 더 깊이 있게 발전시킬 수 있습니다. 이때 어른들은 자신도 모르는 새 아이를 비난하는 실수를 저지르기 쉽습니다. 아이의 감정을 있는 그대로 받아들이고 공감해야 이야기를 잘 나눌 수 있다는 점, 꼭 기억해 주세요.

4. 엄마와 아이 간의 협력적 글쓰기

엄마가 아이와 함께 챗GPT로 글을 쓴다면 소통과 협력은 기본입니다. 그러니 협업을 거창하게 생각하지 말고 즐겁게 대화하며 진행해 보세요. 예를 들어, 먼저 아이가 챗GPT로 간단한 글을 작성한 후, 엄마가 글에 추가적인 질문을 던지거나 문장을 수정하는 과정에 참여하여 글을 더 풍부하게 만들어 갑니다. 이 과정을 통해 아이는 엄마와 함께 창작하는 즐거움을 느끼고, 글쓰기 자신감을 키울 수 있습니다. 비난이 담긴 평가는 금물입니다. 또 하나, 아이가 엄마가 쓴 부분에 피드백을 하면 열린 마음으로 받아들이세요. 아이가 하는 지적에 예민하게 반응하는 분은 함께 하지 않는 편이 더 낫습니다.

5. 챗GPT를 사용해 모르는 어휘나 문법을 확인하게 돕기

아이가 글을 쓰면서 모르는 단어나 문법이 있을 때, 엄마는 챗GPT를 사용해 이를 쉽게 해결할 수 있도록 알려 줄 수 있습니다. 예를 들어, 아이가 'thrilled'와 'thrilling'의 차이를 잘 모른다면 챗GPT에게 이 차이를 묻고, 답변을 통해 더 깊이 이해할 수 있도록 돕는 것입니다. 이때 엄마가 먼저 예시 문장을 들어주거나 아이가 직접 확인한 내용을 다시 활용해 보게 하면 학습 효과가 더욱 커질 수 있습니다. 아이가 영어 학습을 얼마나 했는지, 문법 용어를 알고 있는지에 따라 달라질 수 있으니 그 점을 참고해 주세요.

6. 챗GPT로 영어 글쓰기 게임 만들기

아이가 영어 글쓰기에 재미를 느낄 수 있도록, 챗GPT를 활용해 간단한 게임을 만들 수도 있습니다. 예를 들어, "네가 한 문장만 먼저 적어 보자. 그리고 챗GPT에게 다음 문장을 써 보자고 하는 거야. 그렇게 돌아가면서 써 보면 재미있겠지? 엄마도 같이 해도 될까?"와 같이 진행할 수 있습니다. 이 과정에서 엄마는 게임의 규칙을 정하거나 주제를 제안하는 역할을 맡을 수 있습니다. 이때 아이가 제안하는 규칙이나 주제가 있다면 최우선적으로 반영해야 합니다. 게임 규칙을 만드는 일은 게임 참가자를 모두 고려해야 하기에 다방면의 사고를 발달시킬 수 있는 기회입니다.

8

책을 얼마나 읽어야
잘 쓸 수 있을까요?

읽기는 들숨, 쓰기는 날숨입니다. 살기 위해서 우리는 호흡합니다. 들이 쉬고 내쉬어야 합니다. 어느 숨 하나라도 멈추면 더 이상 살 수 없습니다. 글쓰기의 심장도 마찬가지입니다. 계속 뛰려면 들숨과 날숨이 이어져야 합니다. 읽지 않으면 쓰기 어렵습니다.

"괜찮은 글 한 페이지를 쓰려면 100페이지의 독서량이 필요하다."

일본 저술가 다치바나 다카시의 독서론입니다. 대한민국 대표 철학교사 안광복 선생님은 『A4 한 장을 쓰는 힘』[38]에서 잘 쓰기 위해서는 충분히 읽어야 한다고 강조하며 이 말을 인용했습니다. 안광복 선생님은 쓰기의 어려움을 '정신적 변비'에 비유합니다. 아예 먹은 게 없다면 변비가 생길 이유가 없다는 것이지요. 그러니 '내 생각'이라는 것이 생길 만큼 충분히 독서하는 일이 중요합니다.

독서의 중요성은 익히 아는지라 마음이 무거워집니다. 그러면 어떻게 해야 할까요? 독서량이 부족하고 습관이 잡히지 않았으니 우선 그 일부터 일

---

38 『A4 한 장을 쓰는 힘』, 안광복, 어크로스, 2024

정 레벨까지 만들어놓고 글쓰기에 도전해야 할까요? 곁에 계시면 따뜻한 커피 한 잔 하면서 서로 마음 다독이고 싶은 순간입니다. 아이가 어릴 때부터 독서 습관을 잡아 주기 위해 얼마나 애쓰셨을지 엄마라면 누구나 알 수 있을 거예요.

함께 생각해 봅시다. 읽기와 듣기, 쓰기와 말하기를 정확히 선을 긋고 나눌 수 있을까요? 일반적으로 읽기와 쓰기가 하나의 카테고리, 듣기와 말하기가 또 다른 카테고리로 묶이는 경우가 많은데 그럼 읽기와 듣기, 쓰기와 말하기는 상관이 없을까요? 그렇지 않습니다. 그렇지만 현실에서는 자꾸 카테고리를 나누어 별개의 과정으로 아이에게 들이밀게 됩니다. 읽기와 쓰기는 이어지는 호흡과 같습니다. 운동을 계속 하면 폐활량이 늘어나듯 독서도 쓰기도 마찬가지입니다. 꼭 방대한 양의 책을 읽지 않아도 괜찮습니다. 한 권을 전부 다 읽지 않아도 괜찮습니다. 아이가 스스로 관심을 가지고 책장을 열어 보기만 해도 절반은 성공입니다. 읽기 습관이 부족하다면, 우선 아이가 흥미를 느낄 수 있는 짧은 글부터 시작하면 좋습니다. 하루에 단 몇 줄이라도 꾸준히 읽다 보면 조금씩 읽는 시간이 늘어나는 걸 경험하게 됩니다. 아이가 축구를 좋아한다면 스포츠 기사, 챔피언스 리그 관련 글 등도 좋은 소재입니다. 아이가 아이돌에 관심이 있다면 아이돌 문화를 주제로 한 기사나 칼럼 등도 읽을 수 있습니다. 제목에는 글의 핵심이 담기기 마련입니다. 제목을 훑어보고 내용을 퀴즈처럼 추측하고 맞추는 것으로 시작할 수 있습니다.

그런 다음 그날 읽은 것에 대해 딱 한 줄만 적어 보는 겁니다. 처음에는 글의 길이나 완성도에 너무 신경 쓰지 않아도 됩니다. 꼭 생각이나 느낀 점이 아니어도 됩니다. 인상 깊었던 부분을 그대로 쓰는 일도 중요합니다. 자유롭게 쓰도록 해 주세요. 이렇게 간단한 메모나 짧은 문장 쓰기를 습관으로 삼으면, 자연스럽게 읽기와 쓰기 사이의 선순환이 형성됩니다. 점묘화는 무수히 많은 점들이 어우러져 작품이 됩니다. 모자이크는 작은 조각들이 모여 하나의 완성품을 만들게 됩니다. 아이의 글쓰기도 똑같습니다. 오늘 내 아이의 작은 성공 경험으로부터 시작해야 합니다. 엄마의 따뜻한 응원과 믿음이 곁에 있다면, 읽고 쓰는 과정에서 생각조각을 모아 점점 더 길고 풍성한 글을 쓸 수 있게 됩니다.

〈여기서 잠깐〉

독서를 '책'을 읽는 행위로만 제한할 필요는 없습니다. 우리 주변에는 책 외에도 다양한 읽기 재료가 존재합니다. 2022 개정 교육과정에서도 다중문해력(멀티 리터러시)을 강조하며, 아이들이 다양한 매체를 통해 정보를 이해하고 해석하는 능력을 기르는 것을 목표로 하고 있습니다. 이는 아이들이 책뿐만 아니라 시각적, 청각적, 그리고 디지털 매체를 통해서도 독서의 즐거움을 느끼며, 사고의 폭을 넓힐 수 있다는 점에서 중요합니다. 만일 아이가 자신이 쓴 글을 챗GPT를 통해 한영 번역하고 그 내용을 묶어 본다면 그 자체로 하나의 독해자료가 될 수 있습니다.

그 밖의 일상 속 예를 들어볼까요?

1. 잡지나 신문 기사

아이가 관심 있는 주제나 취미와 관련된 잡지나 신문을 선택해 가볍게 읽을 수 있습니다. 최신 과학 기술, 동물, 스포츠 관련 기사를 읽으며 호기심을 자극해 보세요. 도서관에 가면 다양한 잡지가 매월 준비되어 있습니다. 엄마도 읽을 수 있는 잡지들이 많으니 함께 보면 어떨까요?

2. 온라인 블로그와 웹툰

요즘 아이들이 즐겨보는 웹툰이나 블로그 글도 훌륭한 읽기 자료가 됩니다. 이야기의 흐름을 따라가며 이해력을 키우고, 캐릭터의 대화 속에서 다양한 표현을 익힐 수 있습니다. 아이들은 제목의 로그라인화 시대에 살고 있습니다. 제목만 보면 내용을 이미 다 알 수 있다는 뜻입니다. 웹툰 소비량도 상상을 초월한답니다. 엄마 앞에서 보지 않는다고 내 아이가 웹툰과 멀리 살고 있으리라 생각하면 엄마의 착각일 가능성이 큽니다. 그러니 웹툰도 건전하고 좋은 내용을 담은 것을 보도록 관심을 가지고 살펴 주세요.

3. 도서관에 있는 팸플릿이나 안내문

도서관이나 박물관에서 볼 수 있는 안내문, 팸플릿도 짧은 글을 이해하고 요약하는 연습에 도움이 됩니다. 이런 자료들은 행사의 내용, 정확한 일시, 행사의 취지, 프로그램 등 많은 정보를 한 페이지에 담고 있기 때문에 개요의 성격을 지닙니다. 또 하나 정보를 가독성이 높고 아름답게 배치하는 감각도 익힐 수 있으니 관심을 가져보면 좋습니다.

4. 요리책이나 설명서

아이가 좋아하는 요리법을 따라 읽고 요리해 보게 하거나, 조립 키트의 설명서를 읽고 직접 만들어 보는 것도 읽기의 또 다른 형태입니다. 우리가 요리 방법을 물어볼 때 "적당히 넣어."라는 말을 들으면 난감해지잖아요. 요리법을 알려 주는 글은 시간 순서와 행동 순서를 객관적으로 설명하는 좋은 글이랍니다. 읽을거리에 대해 편견을 갖지 말고 어떤 읽을거리든 즐겁게 읽는 자세를 지닌 아이가 되도록 이끌어주세요.

이처럼 아이가 일상 속에서 접할 수 있는 다양한 자료들을 활용해 보세요. 자연스럽게 읽기에 흥미를 느끼고, 다중 문해력의 기초를 다져 나갈 수 있을 것입니다. 작은 시도들이 쌓여, 어느새 읽기의 즐거움을 깨닫고 '생각의 변비'와는 작별을 고하는 순간이 올 겁니다.

꾸준한 필사는 좋은 글쓰기 습관의 바탕이 됩니다. 김종원 선생님은 『내 아이를 위한 30일 인문학 글쓰기의 기적』[39]에서 '아이의 인생은 글쓰기로 결정된다'는 강력한 메시지를 던집니다. 글쓰기 자체를 피하는 상황에서 백지를 마주하면 엄마도, 아이도 정말 고통스러울 수 있습니다. 이때 마음밭을 풍요롭게 할 수 있는 필사를 함께 하면 추후 글쓰기에 큰 힘이 됩니다. 워크북 형식으로 되어 있는 책도 있으니 필사를 하고 엄마와 아이가 대화를 나눌 수 있는 시간을 먼저 만들어 보세요. 저희 아이도 쓰기를 너무나

---

39 『내 아이를 위한 30일 인문학 글쓰기의 기적』, 김종원, 상상아카데미, 2022

싫어해서 읽고 말하는 방식으로 꾸준히 노력한 시간이 길었답니다. 엄마와 아이가 눈을 마주하고 나누는 이야기는 서로의 마음에 차곡차곡 쌓여서 글쓰기의 원동력이 됩니다. 서두르다 지치지 마세요, 이미 여러분은 충분히 좋은 엄마인걸요.

2부

우리 아이는
글쓰기로 세상을 이어요

4장

알파 세대의 주먹도끼,
챗GPT

1

내 아이는 나와 다른 인류
: AI 사피엔스와 알파 세대

2016년, 이세돌과 알파고의 대국 결과는 엄청난 충격이었습니다. 그 충격으로부터 십여 년이 지나 챗GPT로 대표되는 생성형 인공지능은 자연어로 사용할 수 있을 정도로 발전하여 우리 곁에 다가왔습니다. 복잡한 코딩이나 프로그램의 부담이 줄어든 것이지요. 부모 세대에게도 익숙해진 이 도구는 우리 아이들에게는 공기와 같은 존재가 될 것입니다. 우리 아이들은 알파 세대[40]이며 전혀 다른 세상의 인류로서 포노 사피엔스를 지나 AI 사피엔스[41]의 시대를 만들어 갈 테니까요.

---

[40] 『알파의 시대』, 마크 맥크린들 외, 더퀘스트, 2023
'알파 세대'(Generation Alpha)라는 용어는 호주의 미래학자 마크 맥크린들(Mark McCrindle)이 2009년 처음 사용했습니다. 2010년부터 2025년 사이에 태어났거나 태어날 사람들을 가리킵니다. 알파 세대라는 용어는 일반적으로 그리스 알파벳의 첫 글자인 '알파'(α)를 사용해, 새로운 세대가 시작됨을 나타내기 위해 만들어졌습니다. 베이비 붐 세대, X세대, 밀레니얼 세대와 같은 세대 구분이 이전 세대들을 설명하는 데 사용되었던 것처럼 말이죠. 이 세대는 주로 디지털 환경에서 자랐으며, 스마트폰, 태블릿, 인공지능(AI), 가상현실(VR) 등 첨단 기술과 밀접한 관련이 있습니다. 알파 세대는 이전 세대와 비교해 더욱 빠르게 디지털 기기를 접하고 활용할 수 있는 능력을 가지고 있으며, 정보 접근이 용이하고, 소셜 미디어와 같은 플랫폼을 통해 다양한 문화와 지식을 습득하고 있습니다.
이 세대는 기후 변화, 글로벌 팬데믹 같은 전 지구적 이슈에도 영향을 받으며, 이로 인해 더 높은 환경 의식과 사회적 책임감을 가질 가능성이 큽니다. 알파 세대는 앞으로의 사회와 경제, 그리고 문화적 변화의 중요한 주체로 성장할 것으로 보입니다.

[41] 『포노 사피엔스』, 최재붕, 쌤앤파커스, 2019
『AI 사피엔스』, 최재붕, 쌤앤파커스, 2024
최재붕 교수는 대한민국의 미래학자이며 성균관대학교 기계공학부 교수로 4차 산업혁명과 디지털 전환,

하버드 시대의 종말, 명문대 시절의 종말이 멀지 않았다는 이야기가 들려옵니다. 아이들의 미래를 생각하면 교육 문제를 생각하지 않을 수 없습니다. 오늘날의 교육 시스템은 산업혁명과 그에 따른 사회 구성원을 키워내기 위해 만들어졌습니다. 정답이 없고 직업을 창조해야 하는 시대, 대중교육이 아닌 개인맞춤형의 시대, 소유와 경쟁이 아닌 참여와 소통으로 공존해야 하는 미래 사회에 맞지 않는 구조인 것이지요.[42]

세상의 변화는 빠르고 제도는 시대의 변화를 따라잡지 못하는 상황에서 부모들의 경험은 과거에 머물러 있습니다. 불안하고 막막합니다. 하지만 이럴 때일수록 본질에 집중해야 합니다. 바로 온 우주에 단 하나뿐인 아이의 고유성을 살려주고 그로부터 생각하고 표현하는 힘을 길러주는 일입니다. 그 일에 도움이 되는 도구가 있다면 당연히 활용해야 합니다.

생각하고 표현하는 일은 글쓰기로 열매를 맺습니다. 우리는 인공지능의 시대에 살기에 글쓰기에 인공지능을 사용할 수 있습니다.

이 책은 챗GPT를 활용하여 초등학교 6학년 아이가 엄마와 함께 글쓰기를 한 내용을 담고 있습니다. 신문물을 일상 생활에서 활용해 본 시간의 기록입니다. 저는 원어민도 아니고 영어 전공자도 아닙니다. 그럼에도 불구하고 챗GPT로 아이와 글을 쓴 시간은 어렵거나 힘들지 않았습니다. 챗

미래 세계와 교육에 대한 강연으로 잘 알려진 분입니다. 포노 사피엔스(Phono Sapiens)라는 개념을 통해 스마트폰을 몸의 일부처럼 사용하며 이를 통해 정보 접근, 소통, 소비 등 일상적인 모든 활동을 수행하는 세대가 살아갈 사회와 기술에 대한 탐구했습니다. 또한 AI 사피엔스에서는 포노 사피엔스에서 나아가 인공지능을 활용하여 새로운 문명의 표준을 만드는 세상의 변화를 이야기합니다. 아이들이 살아갈 미래 세계에 대한 단면을 엿볼 수 있는 흥미로운 책입니다.

42 『하버드 시대의 종말과 학습 혁명』, 오강선, 클라우드나인, 2020

GPT의 특징 덕분이었습니다.

OpenAI(챗GPT를 만든 회사)에서는 챗GPT(Chat Generative Pre-trained Transformer)를 대화형 인공지능 모델이라고 소개합니다. 텍스트 기반의 인간 대화를 이해하고 생성하는 데 특장점이 있다고 하지요. 챗GPT는 방대한 양의 텍스트 데이터를 기반으로 사전 훈련을 받고 자연어 처리 능력을 획기적으로 향상시킨 도구였기에 편안하게 사용할 수 있었습니다.

저는 챗GPT를 자주 이용하였기에 챗GPT의 변화를 피부로 느낍니다. 얼마 전에 있었던 일입니다. 영어 공부를 하다가 아이가 장난으로 '마라탕~'이라고 한 말이 프롬프트로 입력되었습니다. 챗GPT가 뭐라고 했을까요?

"어, 어, 제가 지금 조금 혼동스럽스무니다? 당신이 지금 여,여러 언어를 섞어 쓰고 있는 것 같으므니다."

온 가족이 함께 웃었습니다. 그리고 진심으로 놀랐습니다. 여러 언어를 배워서 사용하는 경우 모국어와 외국어가 섞여 발화되는 경우가 많잖아요. 챗GPT는 아이가 두 가지 외국어를 섞어서 사용하고 있다고 계산한 것이었습니다. 그런 맥락적 상황적 요소까지 반영해서 답을 한다는 사실이 놀라웠습니다. 정말 사람과 유사한 대화를 생성할 수 있을 정도로 복잡한 언어 패턴을 이해할 수 있게 되었다는 게 실감났습니다.

이제 우리 아이들은 챗GPT와 같은 도구를 공기처럼 받아들이며 성장하고 있습니다. AI는 더 이상 특정 세대만의 새로운 기술이 아니라, 우리 모두의 삶과 교육, 그리고 미래를 함께 만들어 가는 동반자가 되었습니다. 알파 세대는 이러한 기술과 함께 더 나은 세상을 상상하고 창조할 것입니다. 인공지능과 함께하는 아이들의 올바른 인공지능 리터러시는 가족과 함께 주고받는 이야기 속에서 인간의 감성과 균형 있게 성장할 수 있습니다.

2

괜찮은 공부 친구 챗GPT
: 연결성, 맞춤형, 한결같음

새로운 첨단도구를 사용해 아이의 영어 글쓰기를 즐겁게 도울 수 있다면 얼마나 좋을까요? 지금부터 제가 경험한 챗GPT와 영어 글쓰기에 대한 이야기를 들려드릴게요. 우선 챗GPT에 대해 가볍게 알아보고 가면 좋겠어요. 알아야 더 잘 소통할 수 있으니까요.

챗GPT는 스파이더맨
: 끝없이 이어 나가는 지식의 거미줄

챗GPT가 학습한 정확한 언어별 비중은 영어가 압도적이며 한국어는 1% 미만일 것으로 추정됩니다. 챗GPT는 다층 신경망 구조를 통해 입력된 방대한 양의 텍스트 데이터를 처리하고 학습하는 언어 모델입니다. GPT-3의 경우, 약 570GB에 해당하는 텍스트 데이터를 사용해 학습되었습니다. 이 데이터는 약 3,000억 개의 토큰(단어와 같은 텍스트 조각)으로 구성되어 있습니다. GPT-4는 훨씬 더 큰 데이터셋을 통해 훈련되어 성능이 향상되었다고 알려져 있습니다. 그 사이 일상적인 문제에 빠르게 답하는 mini, 보다 복잡한 문제를 해결하는 데 적합한 4o 같은 모델들이 출시되었고 곧 챗GPT-5가 등장한다고 합니다. 결국 챗GPT는 방대한 양의 텍스트 데이터에서 학습한 패턴을 바탕으로, 다양한 질문에 답하고 정보를 제공할 수 있는 능력을 가지게 된 것입니다.

두 가지는 분명합니다. 첫째, 영어 능력이 인공지능 사용에 직접적으로 영향을 미치게 된다는 점입니다. 둘째, 창의적 관점으로 융복합 능력을 갖춘 사람이 인공지능 활용 역량을 높일 수 있다는 사실입니다. 이제 데이터는 따라잡기 어려운 속도로 만들어지고 있습니다. 능동적으로 관심 있는 분야를 탐구하는 자세를 갖춘다면 인공지능을 통해 융복합적으로 깊이 있고 재미있는 활동을 이어 갈 수 있습니다. 그렇기에 독서와 영어 활용 능력은 앞으로 더욱 중요합니다. 인공지능 데이터에서 영어가 압도적 비중을 차지하기에 사용자가 영어를 사용해서 소통했을 때 챗GPT로부터 더 자연스럽고 정확한 응답을 제공받을 수 있다는 점은 이미 알려져 있습니다.

챗GPT는 디지털 카멜레온
: 나의 변화와 성장에 따른 맞춤형 학습 동반자

챗GPT는 맞춤형으로 사용할 수 있습니다. 초반에 나온 모델보다 최신 버전으로 갈수록 정밀하게 맞춤형으로 사용할 수 있습니다. 챗GPT는 사전 훈련(pre-training)과 미세 조정(fine-tuning) 과정을 거쳐 특정 작업에 최적화됩니다. 먼저 챗GPT는 사전 훈련 단계에서 인터넷에서 수집된 대량의 텍스트 데이터를 이용해 언어 패턴을 학습합니다. 다음으로 미세 조정 단계에서는 사용자의 요구에 맞춰 세부 조정을 하게 되지요. 마치 우리 아이들이 학교에서 교과서 중심의 수업을 하고 그 이후 각자에게 맞는 방식으로 자신만의 공부를 해 나가는 것처럼요.

챗GPT는 이러한 과정을 통해 사용자 맞춤형으로 문맥을 이해하고, 일관성 있는 대화 흐름을 유지하며 답변을 만들어 줍니다. 제가 챗GPT를 부르는 이름과 아이가 부르는 이름이 다릅니다. 각자 챗GPT에게 이름을 지어 주고 주제에 따른 채팅창을 열어 지속적으로 소통하는 일은 색다른 즐거움이 있습니다. 제가 어릴 때 다마고치가 선풍적 인기를 끌었던 기억이 떠오릅니다. 챗GPT는 우리 아이들 세대의 반려 똑똑이입니다.

챗GPT는 평온한 협력자
: 감정의 파도에 휩쓸리지 않는 한결같음

저는 좋은 엄마가 되기를 간절히 원합니다. 부처님의 온화한 미소와 피에타상의 성모님이 보여 주는 평온함을 조금이나마 본받고 싶습니다. 그러나 부족한 인간인 저는 인내와 화의 경계선을 위태롭게 오갑니다. 퇴근 후 주차장에서 눈을 감고 5분 정도 마음을 정돈하고 집에 들어갑니다.(그러다가 잠든 적도 있습니다.) 컨디션이 좋지 않거나 피곤한 상태에서 아이들을 만나면 애꿎은 감정 폭탄에 아이들이 다칠 수 있기 때문입니다.

하루가 끝나갈 무렵 아이들과 마주 앉아 다정하게 공부하기란 쉽지 않습니다. 과제나 약속한 일을 잘 해두었으면 좋을 텐데 그런 날은 많지 않습니다. 사실 공부를 하겠다고 같이 앉아서 노력하는 일만으로도 칭찬해 줘야 합니다. 그러나 마음과 행동이 따로 움직입니다. 게다가 내 아이와 거리두기는 왜 그리 어려울까요. 사소한 실수가 반복되면 콕 짚어서 지적을 합니다. 가장 속상한 사람은 아이일 텐데 말입니다.

아이와 눈을 마주 보고 소통하는 노력은 귀합니다. 절대 다른 누구에게 양보하거나 돈으로 대신 할 수 없습니다. 그 소중함을 알지만 부모로서 바쁜 일상 속에서 인내심이 다하는 순간, 가족 모두가 마음을 다치게 됩니다. 이럴 때 부분적으로 챗GPT를 활용하면 학습 과정의 부담을 줄일 수 있습니다. 챗GPT는 아이가 같은 질문을 여러 번 해도 감정적 반응을 보이지 않고, 일관된 태도로 대답합니다. 이때 챗GPT는 부모의 역할을 대체하는 것이 아니라, 아이가 긴장하지 않고 여유 있게 공부하는 도구로 활용될 수 있습니다. 아이가 스스로 묻고 답하며 궁리하는 시간으로 만들 수 있습니다. 잠깐의 낮잠이 오후를 활기차게 살리듯, 그런 틈새 시간이 함께 공부하고 글쓰는 시간을 망치지 않도록 도울 수 있습니다.

여기서 꼭 기억할 부분이 있습니다. 챗GPT의 감정적 동요 없는 일관된 응답에 너무 익숙해질 경우 부작용이 생길 수 있습니다. 내가 뭘 어떻게 묻든 나에게 맞춰 주는 답변에만 익숙해질 경우, 아이가 다양한 감정적 상황에서 사람과의 상호작용을 통해 얻게 되는 조절력과 공감 능력이 부족해질 수 있습니다. 또 하나, 내가 스스로 생각하는 과정 없이 관성적으로 질문을 반복할 경우, 상대방이 참다못해 화를 낼 수도 있다는 사실도 배워야 합니다. 실제로 코로나 이후 학교로 돌아온 아이들은 성장 과정에서 겪었어야 할 사회적 경험이 부족하여 교실에서 다른 친구들과 지내기 어려워한다는 보도가 많았습니다. 같은 사회에 살아도 모든 사람은 고유한 특징을 지닌

다른 존재이기에 감정적 반응은 다르게 나타납니다. 챗GPT를 보조적으로 활용하여 감정 소모와 상처를 줄이되, 반드시 부모가 아이와 시선을 나누고 이야기하며 주변 사람과 소통하고 공감할 수 있는 능력을 키우도록 균형을 맞춰야 합니다.

3

글쓰기의 쓸모는 평생 간다
: 인공지능과 소통하는 글쓰기

글쓰기의 쓸모는 죽을 때까지 갑니다. 학교 공부에서부터 사회 생활에 이르기까지 삶의 모든 순간 글쓰기가 필요합니다. 영어 글쓰기 경험이 있다면 당장 중고등학교에 진학해서 영어 서술형 평가에 유리합니다. 영어 글쓰기는 국어 글쓰기를 전제로 하기에 당연히 쓰기 실력에 영향을 미칩니다. 글 잘 쓰는 아이들은 대개 공부를 잘 합니다. 글쓰기가 거치는 사고 과정을 생각하면 당연한 일입니다. 입시와 관련된 다양한 공부 영역에서 학습 역량을 높일 수 있습니다. 사회에 나가서도 글쓰기 능력은 중요합니다. 전통적인 사회에서도 글쓰기는 중요했습니다. 답이 아니라 질문이 핵심이라는 인공지능의 시대[43]에도 프롬프트를 잘 만들기 위해서 글쓰기가 필수적입니다.

최재천 교수님은 대한민국 명문 서울대학교와 세계적인 명문 하버드 대학에서 공부한 학자이자 100권이 넘는 책을 펴낸 작가입니다. '알면 사랑한다.'라는 교수님의 명제는 잘 알려져 있습니다. 『최재천의 공부』에서 교수

---

43 『AI, 질문이 직업이 되는 세상』, 최서연, 정상훈, 미디어숲, 2024

님은 글쓰기가 키워내는 힘을 강조합니다. 앞으로 더욱 치열해질 미래 사회 경쟁에서 '논리와 감성을 동원해서 내 생각을 찾아가는 과정'으로서의 글쓰기가 얼마나 중요한지 알 수 있습니다.

읽기와 쓰기는 분리될 수 없기에 두 과정 모두 중요합니다. 그러나 읽기만 많이 하면 남의 말을 그대로 옮겨 적는 앵무새가 될 뿐입니다. 교수님 수업에서는 외부 강사 강의를 들을 때 그 날 자정까지 원고지 10매에 해당하는 글을 써야하는데 만일 수업을 못 들으면 강사의 저서를 읽고 제출해도 됩니다. 다만 저서의 내용을 그대로 옮겨 쓰는 건 자기 글이 아니니 자기 생각을 더해야만 합니다. 교수님의 수업은 시험이 없는 대신 한 학기 내내 읽고 쓰고 말하는 과정으로 강의가 구성됩니다.

『강원국의 진짜 공부』에서도 쓰기의 중요성이 강조됩니다. 강원국 작가님은 전 대통령이신 김대중, 노무현 두 분의 연설 비서관실 경력으로 널리 알려진 분입니다. 본인이 중고등학교 시절 얼마나 부모님 속 썩이는 학생이었는지, 공부에 대한 생각은 어땠는지, 공부에 관한 본인의 실패는 어떤 것이었는지 털어놓습니다. 그리고 빠르게 변화하는 이 시대에 청소년들의 공부는 어떠해야 하는지에 대한 진심 어린 생각을 건넵니다. 강연장에서 만난 학부모들의 공부 관련 질문에 강원국 선생님은 "제대로 된 공부는 말하기, 쓰기 중심의 공부"라고 답합니다. 읽고 듣는 건 말하고 쓰기 위한 수단이기에 읽기, 듣기만 하는 공부에서 벗어나야 한다고 강조합니다.

세계적인 기업 아마존에서는 아마존은 내부 회의에서 파워포인트를 사용하지 못합니다. 대신 6페이지 분량의 글(narrative memo)로 회의를 끌어갑니다. 먼저 발표자가 미리 6페이지 분량의 글을 피라미드 구조에 맞춰 작성합니다. 참석자들은 회의 전 30분 동안 각자 그 글을 읽고 생각을 정리합니다. 이후 정리한 내용을 바탕으로 토론을 진행합니다. 이 정책은 2000년대 초에 제프 베조스에 의해 도입되었으며, 현재까지 계속 시행되고 있습니다. 베조스는 파워포인트 슬라이드와 같은 방식이 복잡한 아이디어를 단순화시키고 깊이 있는 논의를 방해한다고 판단했습니다. 결과적으로 문제에 대한 수박 겉핥기식 이해에 그칠 이어질 수 있다는 것입니다. 반면 내러티브 메모는 더 명확하고 논리적인 사고를 촉진하고, 보다 깊이 있는 이해를 돕는다고 밝혔습니다.

저명한 학자나 저자, 유명 기업의 사례까지 가지 않고도 우리는 압니다. 글쓰기가 종합적 사고와 표현의 열매라는 사실을요. 그러나 글쓰기는 부담스럽습니다. 게다가 영어 글쓰기라면 더 막막해집니다. 그래도 저는 포기하지 않고 아이와 함께 읽고 쓰기를 이어 나가려 합니다. 우선 아이가 중고등학교 시절 영어 시간마다 덜 고통스럽기를 바라기 때문입니다. 영어가 좋아서 미치겠는 건 바라지도 않습니다. 일어날 가능성이 제로에 수렴하니까요. 다만 주요 과목이어서 수업 단위가 많은 영어 시간마다 이해하기 어렵고 하기 싫은데 영혼 없이 앉아 시간을 보낸다면 학교생활의 마디마디가 괴롭습니다. 이토록 중요하고 귀하지만 그토록 어렵고 부담되는 글쓰기, 챗GPT와 함께 하면 좀 더 만만하고 즐겁게 할 수 있습니다. 당장의 학교생활에서부터 아이의 평생 공부 바탕이 되도록 부모가 함께 시도해야 합니다.

4

2025년, 디지털 교과서와
하이터치 하이테크 교육이 시작된다

최근 학부모들 사이에서 뜨거운 감자인 이슈가 있습니다. 바로 '디지털 교과서(이하 ADIT)'입니다. 디지털 교과서가 도입된다는 새해가 얼마 남지 않았는데 디지털 교과서 도입 및 위상과 관련된 설문조사가 이루어지기도 하는 상황입니다. 그만큼 디지털 교과서와 관련된 내용은 디지털 기기 이용에 관한 고민, 인공지능 시대에 걸맞은 교육 서비스의 제공 등과 맞물려 예민하고 중요합니다. 과연 ADIT란 무엇이고 어떤 특징을 가지고 있을까요?

교육부는 ADIT가 '학생들의 자기주도 학습을 도우며 교사가 수업을 편리하게 수업을 진행할 수 있도록 도와주는 디지털 도구'라고 소개합니다. ADIT는 다음과 같은 장점들이 있다고 합니다. 첫째, AI가 튜터가 되어 아이들의 학습 상태를 진단하고 분석하며 즉각적인 피드백을 제공하는 맞춤형 학습을 제공하게 됩니다. 수준별 학습이 가능하며 상호 작용이 활발한 학습 이 가능합니다. 둘째, 사용자 편의를 고려한 이용환경 및 디자인으로 효율적으로 배울 수 있습니다. 셋째, 교사가 실시간으로 소통하며 모니터링 할 수 있으며 넷째, 학부모에게 학생 학습 데이터를 빠르게 제공하여 학습 실태를 파악하게 할 수 있습니다.

기존의 e-교과서와 디지털 교과서는 어떤 점에서 다른지 궁금해집니다. 교육부에서는 우선 디지털 교과서는 '종이책을 디지털 정보로 변환한 미디어'에 그치지 않는다는 점을 강조합니다. 가상현실 기술이 적용되고 학생이 맞춤형으로 문제를 제공받고 교사와 소통하고 평가하기에 더 적합한 방식이라는 것이지요. 코로나 시기에 온라인 교육은 필수였기에 교실의 무선인터넷 환경이 빠르게 만들어졌습니다. 또한 챗GPT로 대표되는 인공지능의 등장과 함께 교육가족 모두가 매일의 배움에 디지털 기술을 접목해야 하는 시대적 흐름 속에 놓이게 되었습니다.

ADIT를 기반으로 알파 세대들은 하이터치 하이테크 교육(High Touch High Tech Education))을 경험하게 됩니다. 하이터치 하이테크 교육은 인간의 감정적·사회적 사회작용과 기술적 요소를 결합하는 교육을 의미합니다. 아이들은 최첨단 기술을 활용하여 학습하는 동시에 선생님과의 상호작용을 통해 더 깊이 있게 공부하는 방식입니다. 하이터치(High Touch)는 감정적 상호작용으로 선생님과 아이들, 아이들과 아이들 사이의 정서적 연대를 중요하게 여깁니다. 인공지능의 빠르게 발전하는 시대에 인간의 특성에 주목하고 연대와 공감, 협력은 미래 인재의 중요한 덕목으로 여겨지고 있습니다. 하이테크(High Tech)는 첨단기술을 활용하여 다양한 방식으로 학습을 지원합니다. 디지털 교과서, 온라인 학습 플랫폼, 교육용 프로그램과 소프트웨어 등이 대표적입니다. 선생님들이 아이들의 감성과 기술의 균형을 유지하며 아이들에게 풍부한 학습 경험을 제공해야 하는 막중한 책무를 맡게 되었습니다.

2025년 초등학교 3,4학년에게는 전통적인 서책형 교과서와 함께 수학, 영어, 정보 과목에서 AI 디지털교과서가 제공됩니다. 중학교 1학년, 고등학교 1학년 아이들도 마찬가지로 기존 형태의 교과서와 AI 디지털교과서를 제공받게 됩니다. 그린스마트스쿨 사업이나 디벗(디지털 벗) 서비스 등을 통해서도 살펴볼 수 있듯 디지털 교과서를 기반으로 수업할 수 있도록 무선 인터넷 환경, 전자칠판 구축 등이 병행됩니다. 이를 두고 '메가톤급 교육혁신과 교실혁명이 일어나고 있다'는 평가도 있습니다.

학부모 설명회 등에서 디지털 교과서 관련 설명이 이루어지고 있습니다. 그러나 많은 학부모들이 디지털 기기의 올바른 이용과 교실 내 사용에 관해 걱정이 많은 상황입니다. 정책을 추진하는 입장과 현장의 준비 상황이 얼마나 조화로운지, 속도는 적당한지 알기 어렵습니다. 2022 개정 교육과정의 도입, 2025 고교학점제 및 디지털 교과서 도입, 2028 대입 변화 등과 맞물려 학부모들은 빠른 변화 속에서 혼란스러운 시기를 보내게 될 듯합니다. 새로운 시도는 항상 불안과 기대감을 동시에 가져오지요. 이럴 때일수록 불안에 쫓겨 사교육 시장에 눈을 돌리기보다 본질에 집중해야 합니다. 학교에서 제공하는 학부모 교육이나 연수 등을 찾아보고 교실 현장의 변화에서 긍정적인 면을 내 아이가 받아들일 수 있도록 함께 생각하고 준비해야 합니다. 교육은 학교와 가정의 상호협력 속에 이루어진다는 점을 다시 한번 생각하고 가정에서도 부모가 먼저 공부하여 아이의 디지털 학습 변화를 지원할 수 있어야 합니다.

5장

국어 · 영어 글쓰기, 교육 과정으로 살펴보기

1 ─────────────────────── ✦
내 아이 영어 글쓰기, 어떻게 시작할까
: 일기 vs 에세이

"고학년인데 일기는 좀 아니지 않아요? 에세이를 써야 도움이 될 텐데."

6학년 아이와 일기쓰기로 영어 글쓰기를 시작한다니 고개를 갸우뚱하는 분들이 계셨습니다. 일기쓰기는 저학년을 위한 기초 글쓰기이지 않느냐는 거지요. 일기쓰기로 영어 쓰기를 시작하면 사고력과 표현력이 일상생활에 머물러 평면적이기 때문에 4학년 이후에는 에세이(Eaasy)를 써야한다고 했습니다. 저는 이 대화가 흥미로웠습니다. 과연 일기와 에세이, 어떻게 다른 걸까요?

1.(문학) 일정한 형식을 따르지 않고 인생이나 자연 또는 일상생활에서 의 느낌이나 체험을 생각나는 대로 쓴 산문 형식의 글. 보통 경수필과 중수필로 나뉘는데, 작가의 개성이나 인간성이 두드러지게 나타나며 유머, 위트, 기지가 들어 있다.

2.(문학) 주로 무거운 내용을 담고 있는 논리적이고 객관적인 수필. 비
개성적인 것으로, 비평적 수필·과학적 수필 따위가 있다.

표준국어대사전에서는 에세이를 위와 같이 정의하고 있습니다. '에세이'
라는 단어는 우리말 '수필'로 번역되어 쓰이고 있습니다. 사전적 정의를 살
펴보니 궁금해집니다. 1번 정의에 따르면 에세이란 ① 일정한 형식을 따르
지 않고 ② 일상생활에서의 느낌이나 체험을 생각나는 대로 쓴 산문 형식
의 글이며 ③ 글쓴이의 개성이나 인간성이 두드러지게 나타나는 글입니다.
잠시, 이 내용 혹시 '일기'에 대한 정의 아닌가요? 혹시 대화를 나눈 분들의
에세이는 2번 정의에 따른 논리적이고 객관적인 내용을 담은 글을 가리키
는 걸까요? 영어 학원에서는 2번과 같은 글쓰기를 한다는 뜻인가요?

엄마들과 여러 번 이야기 나누며 이유를 알게 되었습니다. 무엇보다 영
어 학원에서 쓰는 글을 대부분 '에세이'로 부르고 있기 때문이었습니다. 경
험담을 들어보니 3학년만 되어도 분량이 상당합니다. 공교육 과정에서는
초등학교 3학년 때 처음 영어를 접합니다. 또한 초등 영어과 과정에서는
'경험'을 통해 아이가 자신이 좋아하는 것을 찾아가는 과정에 큰 가치를 부
여합니다. 그러다 보니 본격적인 영어 글쓰기는 중등 이후에 이루어질 가
능성이 큽니다. 결국 엄마들의 기준에서 눈에 분명히 보이는 인정할 만한
영어 글쓰기는 사교육을 통해 이루어집니다.

이은경 작가님의 『나는 다정한 관찰자가 되기로 했다』가 떠올랐습니다.

작가님이 다른 아이의 영어 에세이를 보고 눈이 뒤집혔던 엄마로서의 에피소드가 담겨 있습니다. 반듯한 글씨체로 여백의 미 없이 꽉꽉 채운 아이의 영어 에세이라니! 에세이를 쓴 아이가 어느 집에 사느냐에 따라 폭탄이 되기도 하고 폭죽이 되기도 합니다.

'에세이'는 대학 시절 '레포트'에 준하는 의미로 사용되고 있습니다. 미국 대학에서 대학생이 제출하는 보고서를 '에세이'라 부르지요. 그렇게 자연스럽게 '에세이'라는 단어는 우리의 집단 무의식에 자리잡고 구별 짓기의 힘을 지니게 된 것 같아요. 피에르 부르디외는 『언어와 상징 권력』에서 언어가 단순한 의사소통 수단이 아니라, '사회적 위계질서를 반영하고 강화하는 도구'라고 주장합니다. 예를 들어 표준어와 같은 특정 언어 형식은 더 큰 사회적 지지를 얻고, 이러한 언어를 사용하는 사람들은 더 높은 사회적 기회를 얻게 됩니다. 반대로, 표준어를 사용하지 않는 사람들은 종종 사회적으로 불이익을 받게 된다는 것입니다. '에세이'를 쓰는 아이와 '일기'를 쓰는 아이를 다르게 여기는 것도 일종의 사회적 상징언어가 되어 가는 것 같습니다.

『일기를 에세이로 바꾸는 법』[44]의 이유미 작가는 두 글의 차이를 다음과 같이 정리했습니다. (작가님도 '지극히 주관적'이라고 본인의 관점을 밝혔으니 참고해 주세요.)

일기	에세이
나만 보는 글	남이 읽는 글(독자가 있다)
문맥이 필요 없다	문맥이 있어야 한다
문체가 필요 없다	자신만의 문체가 필요하다

---

44 『일기를 에세이로 바꾸는 법』, 이유미, 위즈덤하우스, 2020

자료 조사가 필요 없다	취재, 인용, 주장, 정보가 필요하다
메모 X(일기 쓰려고 메모하진 않는다)	반드시 소재를 메모해야 한다
모호해도 상관없다	모호하면 안 된다
날마다 쓸 필요 없다	날마다 쓰면 좋다(눈에 띄는 실력 향상)
남의 의견이 없다	댓글이 달리기도 한다
상처의 치유	(때로는) 상처를 받을 수도 있다
반성하게 된다	자기주장이 확실해진다
사례가 필요 없다	사례가 풍부할수록 좋다
분량 제한 없다	분량 A4 1장~2장 (대략)
하루에 관한 이야기	요즘 나의 관심사, 세상 이슈
내가 포함된 이야기	내가 없어도 되는 이야기

『쓰는 사람이 되고 싶다면』[45]의 배지영 작가님은 '일기와 에세이 사이'에서 이렇게 이야기합니다. 일기와 에세이 사이에는 견고한 장벽이 존재하지 않으며 한 번 쓰고 그대로 덮어 버리면 일기, 독자를 생각하며 몇 번씩 읽어 보고 고치면 에세이라고요. 그리고 서로를 단련시키고 북돋아 주면서 삶에 울림을 주는 글이 에세이라는 것이지요.

일반 에세이 작가의 견해에 더해 초등 영어 전문가의 견해도 살펴보면 도움이 될 것 같아요. 『초등 완성 영어 글쓰기 로드맵』에서 장소미 선생님은 '에세이 쓰기'를 영어 글쓰기 실전이라고 표현합니다. 이어 주제에 대한 내 생각과 이유를 조금 더 논리적 구조에 맞춰 쓰는 글로 정의하고 있습니다.

일기와 에세이, 모두 아이의 생각을 담아내는 그릇입니다. 나를 비춰 주는 내면의 거울이며 내 목소리를 마음껏 털어놓는 대나무숲인 일기는 아이의 성장에 따라 자기를 알고 진로를 탐색하는 소중한 동료가 될 겁니다. 나

45　『쓰는 사람이 되고 싶다면』, 배지영, 사계절, 2022

로부터 동심원처럼 퍼져나가며 만나는 존재들을 인식하고 소통해야 하는 에세이는 사회 구성원으로서 공감하고 소통하며 생각을 나누는 힘을 키워 줄 겁니다.

글쓰기의 궁극적 목적은 나를 알고 세상과 나답게 소통하기 위한 역량을 키우는 것입니다. 어느 갈래에서 영어 글쓰기를 시작하든 다 소중하고 귀합니다. 어른들의 편견으로 인해 아이가 자신의 글쓰기 노력을 낮게 평가하는 일은 없어야겠습니다.

2
일기는 모든 글쓰기의 출발점

◆

저희 엄마는 제가 글쓰기 상을 받아오면 학교 시험 잘 본 것보다 더 기뻐하셨습니다. 엄마가 되어 보니 저도 제 아이들이 다른 무엇보다 글쓰기를 잘하면 좋겠습니다. 글쓰기를 잘한다는 것은 종합적 역량이 뛰어날 가능성이 크다는 뜻이지요. 전반적인 학교 성적, 중고등학교 수행 평가에서도 긍정적 영향을 미칠 수 있습니다. 쓰기는 읽기를 전제로 하니 탄탄한 문해력이 자리 잡았을 가능성이 높습니다. 입시 이후에도 쓰기의 쓸모는 평생을 갑니다. 그토록 중요한 내 아이의 글쓰기, 바로 초등 1학년 일기 쓰기부터 시작됩니다.

『초등, 글쓰기보다 중요한 것은 없습니다』[46]의 이상학 선생님은 일기 쓰기의 의미를 '일상 속 숨겨진 의미 발견하기'로 설명합니다. 아이들은 비슷한 일상생활을 그냥 흘려보내기 쉽습니다. 그러나 살면서 단 하루뿐인 그날만의 사건을 찾아 그에 대한 생각을 남기는 것은 매우 중요하다고 강조합니다. 이상학 선생님은 일기쓰기와 관련된 지도의 유의점을 수록해두었

---

46 『초등, 글쓰기보다 중요한 것은 없습니다』, 이상학, 김영사, 2021

습니다.

- 일기를 통해 글쓰기 능력을 키우는 데 너무 강조점을 두어서는 안 된다. 학생들이 자신이 겪은 일을 자유롭게 쓰는 과정에 재미를 느끼도록 해야 한다.
- 학생들은 특별한 일에서 일기의 글감을 골라야 한다고 생각하는 경향이 있다. (…) 날마다 반복되는 일상을 새롭게 발견하는 눈을 키워주는 지도가 필요하다.
- 일기를 통한 자기반성을 너무 강요하지 않도록 한다. 싫은 감정도 솔직하게 써서 일기를 통한 치유의 과정도 경험할 수 있도록 안내한다.
- 일기 표현 방식을 다양하게 해 볼 수도 있다. (예: 시, 노랫말로 바꾸기, 만화 등)

초등 글쓰기에 관한 다양한 책을 읽으며 공통점을 찾았습니다. 바로 '일기가 내 아이 글쓰기의 첫걸음'임을 강조한다는 점입니다. 일기 쓰기에 대한 교화적, 평가적 요소를 걷어 내고 자기의 하루를 글로 써내는 그 기쁨을 맛보게 해야 한다고 거듭 당부합니다. 즐거워서 지속할 수 있고, 지속할 수 있어야 습관이 되고, 습관이 내 아이 글쓰기 운명으로 거듭납니다.

아이들이 어릴 때 최숙희 작가님의 『너는 어떤 씨앗이니』를 참 좋아했습니다. 스스로에게 "너는 어떤 씨앗이니~?"라고 묻고 "나는 ~~가 되고 싶은 씨앗이야."라고 답하며 까르르 웃었습니다. 처음에는 아는 꽃, 나무 이름을 넣더니 나중에는 세상 온갖 것들이 다 씨앗 이름이 되었습니다. 매일 바뀌는 그 씨앗들이 참 신통했습니다.

우리 아이들은 단 한 명도 같은 아이가 없습니다. 온 우주를 통틀어 단 하나밖에 없는 귀한 씨앗들입니다. 일기도 그렇습니다. 형식이나 규격이 정해져 있지 않습니다. 아이는 시인이 될 수 있고 작사가가 될 수 있습니다. 미래 과학자다운 관찰 보고서를 쓸 수 있고 멋진 프로젝트를 제안하는 편지를 제안서처럼 쓸 수도 있습니다. 내가 겪은 일을 사실적으로 적을 수도 있고 좋아하는 아이돌, 스포츠 스타와 함께 경험한 일로 상상의 나래를 펼 수도 있습니다. 기후 위기를 극복하고 온 우주에 사는 생물들에게 환경 파괴를 막기 위한 호소문을 쓸 수도 있습니다. 아이가 스스로 장르가 되도록 엄마들이 믿고 기다리며 응원해 줘야 하는 이유입니다.

3

진로 탐색과
자기 성찰을 돕는 일기

  저는 지도 보기를 좋아해서 지도, 지구본을 항상 곁에 둡니다. 지난 달에 발트해와 북극해, 도버 해협과 카나리아 제도 등지에서 에스파냐 쪽으로 모이는 갈매기들의 만남과 삶을 다룬 책을 읽었습니다. 공간적 배경과 이동 경로가 잘 떠오르지 않아 지도를 찾아봤습니다.

  '아하, 거쳐 오는 지역들 자연 환경이 다양하네. 그래서 이야깃거리가 풍부한 갈매기라고 표현했구나.'

  책 세 쪽을 읽으며 나오는 지명마다 지도를 찾아보고 안 나오는 곳은 인터넷으로 검색해서 찾아봤습니다. 책의 배경이 된 계절이 언제인지를 고려해 그 시기 해류에 대해서도 찾아 읽어봤습니다. 계절상 새들이 날갯짓을 크게 하지 않고도 우아한 활강이 가능한 시기더군요. 고요한 역동성이 느껴지는 새들의 비행을 묘사한 이유를 알 수 있었습니다. 지중해 지역에서 부는 바람인 레반터에 대해서도 나왔는데 파울로 코엘료의 『연금술사』에서 나왔던 레반터를 갈매기들의 이야기에서 다시 만나니 반가웠습니다. 이런 식으로 읽다 보니 열 쪽 읽는데 한 시간 반이 걸렸습니다. 비효율적입니다. 그러나 지리적 정보를 통해 책에 담긴 인물과 상황이 생생하게 살아난 것을 기준으로 한다면 최고의 효율입니다.

　글쓰기를 잘하기 바라는 마음에는 '성적 향상과 입시성공'이라는 현실적 이유가 존재합니다. 그리고 성적만큼이나 중요한 아이 진로를 위한 준비도 연결됩니다. 이제 내년부터 고교학점제가 시행되면 아이들은 고1 5월에 선택 과목을 결정해야 합니다. 고등학교에서 선택 과목은 대학 학과와 직결되는데 중학교 때 진로에 대한 큰 그림이 그려져 있어야 선택할 수 있습니다. 중학교 때 그리는 진로의 큰 그림은 초등학교 때 다양한 경험을 통해 바탕을 마련해야 합니다. 그러려면 아이는 초등학교 때 다양한 경험을 하고 자신이 뭘 좋아하는지, 어떤 일을 할 때 행복한지, 무슨 영역을 싫어하는지 등을 알아야만 합니다.

　최태성 선생님은 『역사의 쓸모』[47]에서 "삶이라는 문제에 역사보다 완벽한 해설서는 없다."고 했습니다. 진로 탐색에 있어 아이의 진심과 관심이 담긴 일기보다 더 좋은 자료는 없습니다. 일기를 쓰면 아이는 자신을 들여다볼 시간이 많아집니다. 아이들은 '반복되지 않는 사건'만이 일기의 대상이라고 생각하는 경향이 있습니다. 그러나 우리에게 똑같은 하루는 없습니다. 언뜻 보면 닮아 있는 일상에서 선명하게 다른 모습을 드러내는 순간을 포착하고 표현하는 힘이 일기를 통해 길러집니다. 자신의 마음에서 꿈틀대는 감정에 이름을 붙여보게 되고, 오늘 한 일 가운데 무엇이 가장 즐거웠는지도 알게 됩니다. 누군가와 다퉜다면 어떤 일이 계기가 되었는지, 그에 대한 나의 입장이나 태도를 깨닫게 되지요.

47　『역사의 쓸모』, 최태성, 다산초당, 2019

대동여지도를 만든 김정호 선생님은 조선의 산천과 지형을 정확하게 기록하기 위해 수십 년간 전국을 직접 답사했습니다. 당시에는 현대적인 도구나 기술이 없었기 때문에, 직접 걸어서 산과 강을 넘으며 걸음 수로 거리를 측정하고 지역 주민들의 삶에서 지리적 정보를 파악했습니다. 길고 험난한 여정을 통해 수집한 데이터를 바탕으로, 수백 장에 달하는 지도를 손수 그렸습니다.

김정호 선생님은 대동여지도를 만드는 데 있어서 매우 정확한 비율과 정밀한 지형 묘사를 목표로 삼았습니다. 이는 단순히 지리적인 정보를 전달하는 것을 넘어, 백성들이 이 지도를 활용해 안전하게 이동하고, 땅을 이해하며, 생활에 도움을 받을 수 있도록 하기 위함이었습니다. 김정호 선생님은 대동여지도를 백성들에게 널리 보급하기 위해 목판으로 새기기로 했습니다. 더 많은 사람이 지도를 통해 더 나은 삶을 살기를 바랐기 때문입니다. 김정호 선생님이 목판에 새긴 건 지도의 모습을 한 꿈[48]이었습니다. 조선인의 눈으로 조선을 그리고 담아 조선 사람들의 삶에 도움이 되고자 하는 바람이었습니다.

아이들도 그렇게 자기 세계를 누비고 돌아볼 시간이 필요합니다. 자기 발로 직접 자기 보폭만큼 자기 내면을 톺아봐야 합니다. 그래야 진짜 자기를 만날 수 있습니다. 입시를 준비하는 시기가 점점 빨라지는 시대입니다. 하지만 충분한 시간을 들여 일기를 끄적이고 고요하게 생각에 잠겨보는 것은 우리 아이들이 누려야 할 성장의 기회와 권리입니다.

---

48 『목판에 새긴 꿈, 대동여지도』, 도건영, 개암나무, 2024

4

'나'의 시간을 세계 역사로 이어 주는 일기
: 자기 역사를 쓴다는 것

앞서 말씀드린 대로 일기는 자기 성찰의 도구입니다. 시간을 기준으로 보면 자기 역사를 쓰는 지극히 개인적인 글입니다. 그런 일기가 거대한 역사의 흐름에 영향을 미치는 기록이 되기도 합니다. 개인은 사회와 동떨어져 별개로 존재하지 않기 때문입니다. 이순신 장군의 『난중일기』, 안네 프랑크의 『안네의 일기』가 대표적인 사례입니다.

『난중일기』[49]는 이순신 장군이 임진왜란 7년(1592년~1598년) 동안 전란 속에서 남긴 일기입니다. 장군이 전사하기 이틀 전인 1598년 11월 17일 일기를 보고 있노라니 눈물이 돕니다. 『난중일기』에는 날씨의 변화, 군사적 사항들이 있습니다. 이순신 장군의 본가와 가족에 대한 걱정, 친구에 대한 우정 등 인간적인 면모도 담겨 있습니다.

『난중일기』는 우리나라 국보 제76호이며 2013년에 유네스코 세계기록유산으로 등재될 정도로 그 가치를 높게 평가받고 있습니다. 개인이 기록한 삶이 시대의 흐름과 맞닿아 보편적 가치로 승화되었기 때문입니다. 어릴

---

49 『쉽게 보는 난중일기 완역본』, 이순신, 도서출판 여해, 2022

때 위인전에서 본 『난중일기』는 용감한 장군의 일기였습니다. 40대가 되어 읽어 본 난중일기는 생사의 갈래에서 하루하루를 고되게 살아낸 한 가장의 기록으로 다가와 마음이 더 먹먹해집니다.

『안네의 일기』[50]는 살고자 죽은 듯 지내야 했던 유대인 소녀의 일기입니다. 안네의 가족은 2차 세계대전 당시 유대인 박해를 피해 네덜란드 암스테르담으로 이주했습니다. 그러나 나치가 네덜란드를 점령하면서 1942년 은신 생활을 시작합니다. 1944년 8월 4일 누군가의 밀고로 은신처가 발각되어 체포된 안네는 1945년 티푸스에 걸려 유대인 수용소에서 사망합니다. 책에는 안네의 13살에서 15살까지의 삶이 담겨 있습니다. 사춘기를 진하게 오래오래 보내고 있는 제 딸을 보며 다시 읽어 본 안네의 일기에는 사춘기 소녀 특유의 여러 감정이 보였습니다. 또래로서 읽었던 안네의 삶과 엄마로서 다시 본 안네의 삶은 전혀 다른 이야기로 느껴졌습니다. 『안네의 일기』는 1947년 출판되어 홀로코스트의 잔혹함을 세상에 알리는 역사적 기록물이 되었습니다.

한 걸음을 떼기 시작해야 온 세상을 가로지를 수 있습니다. 자신을 살피고 기록한 경험이 있어야 내 바깥에 존재하는 세상을 관찰하고 소통할 수 있습니다. 다치바나 다카시는 『자기 역사를 쓴다는 것』에서 자기 역사를 쓰는 가장 중요한 이유로 "자신의 존재 확인"을 꼽습니다. 세계는 만물의 집합체로 존재하며, 동시에 동시대를 구성하는 많은 인간이 공유하는 장대한 기억의 네트워크입니다. 나를 존재하게 하는 건 나 자신의 기억과 나를 기

---

50 『안네의 일기』, 안네 프랑크, 문예출판사, 2009

억하는 다른 이들이 있기에 가능합니다. 아이들이 일기를 통해 자기만의
역사를 기록하고 나아가 세상의 역사가 될 수 있도록 응원하고 함께해야
합니다.

5
마음이 담긴 '한 문장'부터
시작되는 글쓰기

문장을 얻는다는 것은 새로운 마음을 얻는다는 것이다. (…) 문장이 올 때 이 세상에 평범하고 보잘것없는 것은 아무것도 없다는 사실을 알게 된다. 문장은 개개의 사물과 사람과 생명이 고유하게 간직한, 꺼지지 않는 빛을 발견하는 일인 까닭이다.[51]

                  -『나는 첫 문장을 기다렸다』, 문태준, 마음의 숲, 2022

"글을 읽으면 글을 쓸 줄 압니다. 그냥 한 문장부터 시작해서 쓰십시오. 그러다 보면 어느 순간 제법 긴 글을 쓴 자기 자신에게 뿌듯함을 느끼는 순간이 올 겁니다."

최재천 교수님이 글쓰기에 대해 유튜브 영상[52]에서 하신 말씀입니다. 『통섭의 식탁』[53]을 읽어 보면 알 수 있듯 최재천 교수님은 학문과 세상의 경계

---

51   『나는 첫 문장을 기다렸다』, 문태준, 마음의 숲, 2022

52   최재천의 아마존, 글쓰기가 어려운 이유, 유튜브

53   『통섭의 식탁』, 최재천, 움직이는 서재, 2015

를 자유로이 오가며 이야기를 풀어냅니다. 최재천 교수님은 대한민국의 명문 서울대학교와 세계적인 명문 하버드대학에서 공부한 분입니다. 학술적 연구뿐만 아니라 일반 대중에게 과학을 알리기 위해 꾸준히 책을 쓰셨고 100권이 넘는 저서를 내셨습니다. 그런 분께서 '한 문장'의 힘을 통해 글을 잘 쓰는 사람이 될 수 있다고 하셨습니다.

글의 기본 단위는 문장입니다. 문장이란 무엇일까요? 표준국어대사전에 따르면 문장은 '생각이나 감정을 말로 표현할 때 완결된 내용을 나타내는 최소의 단위'라고 정의되어 있습니다. 글쓰기를 한다는 것은 문장을 적어 가는 일이라고 할 수 있습니다. 보이지 않는 생각, 손으로 만져지지 않는 감정을 말로 표현하기란 어렵습니다. 게다가 한 문장이 완성되려면 형식적으로, 의미상으로 나름의 요소들을 갖춰야 합니다.

"엄마가 아무거나 쓰래요. 내 마음대로 쓰면 뭐라고 하면서."

제가 가르치던 아이들이 자주 하던 말입니다. 그 말을 듣는 저는 엄마의 마음이 이해되고 속상해하는 아이도 안타까웠습니다. 한 문장을 '아무거나'로 시작한 글은 '별 볼 일 없는' 글이 되기 쉽습니다. 엄마들의 그 말은 일단 쓰기 시작하라는 격려였을 겁니다. 여백만 바라보고 앉아 있지 말고 어떻게든 첫 문장을 쓰면 다음 문장이 따라오리라는 응원이었을 겁니다. 그러나 아이들에게 그 마음이 전달되지 않습니다. 그런 일이 반복되면 아이들은 글쓰기를 아무거나 써서 여백만 채우면 되는 일로 여기게 될 수 있습니다.

글쓰기는 많은 단계를 거칩니다. 인식된 정보를 정리, 분석, 종합하고 그에 대한 내 생각과 감정들을 더하고 빼며 하나로 만들어야 합니다. 그렇게 태어난 생각을 손끝으로 흐르도록 하여 필기구를 통해 종이에 사각사각 적어가야 하는 일이 글쓰기입니다. 그 안에는 감정도 담기고 논리도 담깁니다.

미래 사회에서는 공감과 협력이 인재의 덕목인데, 자신의 감정을 읽지 못하는 사람이 타인을 이해하고 소통하기는 어렵습니다. 그렇기에 글쓰기를 통해 감정의 영역과 이성의 영역을 고르게 만들어 가는 일은 중요합니다. 시인이 말하듯 문장을 얻는 것은 마음을 얻는 일입니다. 과학자가 말하듯 문장을 얻는 것은 세상의 이치를 깨우치는 일입니다. 알을 스스로 깨고 나온 새가 살아남듯 한 문장 한 문장 아이 스스로 만들어 세상을 나오도록 기다려주세요.

"자기가 본 걸 쓰기만 하면 되는데 늘 생각만 하니 저렇죠. 보고 있으면 답답해요."

관찰한 내용을 쓰는 것은 쉽게 쓸 수 있는데 아이가 딴청을 피워 쓰지 못한다는 엄마들을 자주 만났습니다. 아이가 조금만 신경 쓰면 집중하면 할 수 있는데 그걸 안 한다며 속상해하셨습니다. 여기서 잠시 더 나은 글쓰기를 위해 마음을 살짝 가라앉히고, 같이 생각해 보면 좋겠어요. 과연 '더 쓰기 쉬운 글'이 있을까요?

관찰한 내용을 글로 옮기려면 어떤 과정을 거칠지 생각해 보겠습니다.

먼저 나의 의식을 온전하게 주제 대상에 집중하여 다섯 가지 감각을 고르게 활용할 수 있어야 합니다. 그러려면 감각별 특성을 알고 비교, 대조를 통해 지금 주어진 대상에 어울리는 감각을 선택하는 과정이 우선 필요합니다. 시각에 집중하기로 했다면 관찰의 기준을 정해야 할 겁니다. 그 기준은 크기가 될 수도 있고, 형태나 색상, 놓인 위치, 관찰할 범위를 정하는 일이 될 수도 있습니다. 크기라는 기준도 부피감이냐, 면적이냐에 따라 달라질 수 있습니다. 길이를 측정하는 객관적 단위로 할지, 주관적으로 느껴지는 느낌을 기준으로 빗대어 표현할지 등을 정해야 합니다.

변화를 알아차리고 반응할 때도 있을 겁니다. 물체를 한참 관찰하다가 문득 발견한 결을 따라 머릿속에 떠오르는 촉감을 결합하여 공감각적으로 쓸 수도 있습니다. 움직이는 물체가 대상이었다면 그에 따라 빛과 그림자의 변화, 그것을 지켜보는 내 마음의 변화를 느끼고 그 변화를 기록할 수도 있습니다. 온전한 집중력과 감각을 언어로 바꿔 표현할 수 있는 충분한 언어가 아이의 정원에 자리 잡고 있어야 합니다. 관찰하여 사실대로 쓰는 글의 세계는 섬세합니다.

문학 작품을 읽고 쓰는 글이라면 작품 속 상황에 몰입하여 인물들의 심정을 이해하거나 의문을 던질 수 있어야 합니다. 고요한 글자들 사이에 작중 인물을 생생하게 살려내는 건 독자의 몫이니까요. 작가가 설치해 둔 복선과 암시의 숲을 걸으며 헨젤과 그레텔이 조약돌을 찾아가듯 작품을 읽어야 합니다. 독자의 경험이 적거나 감정 언어가 빈약하면 충분히 감상하기 어렵습니다. 밋밋한 감상은 빈약한 글로 이어지게 됩니다.

비문학의 경우 배경지식의 정도에 따라 읽기를 시작도 못하는 경우도 있습니다. 제대로 읽지 못했는데 쓸 수 있을 리 만무합니다. '구슬이 서 말이라도 꿰어야 보배'인데 꿸 구슬이 몇 개 없는 상황입니다. 이에 더해 추상적인 논리성이 중요한 글에서는 내가 적확하게 생각의 징검다리를 놓지 않으면 글쓰기의 구조를 제대로 세우기 어렵습니다. 사람은 감정의 동물입니다. 내가 관심조차 없는 영역이라면 더 보기 싫을 것이고 그에 대한 쓰기는 더욱 어렵습니다.

　이런 어려움에도 불구하고 아이들은 끙끙거리며 문장을 엮어 가며 글을 씁니다. 우리 아이들은 디지털 네이티브로 태어나 읽고 쓰는 것이 상대적으로 적어진 세상에서 자랐습니다. 그 아이들이 고사리손에 연필을 쥐고 한숨을 쥐며 한 줄 한 줄 써 내려갑니다. 어떻게든 문장을 만들어 가는 것입니다. 그러니 엄마가 그 곁에서 응원해 줘야 합니다. 속에서 천불이 나고 당장 지우개를 들고 와서 다 지우고 싶은 충동이 들더라도 참고 응원해야 합니다. 왜냐하면 아이들은 지금 새로운 마음을 얻는 중이니까요.

6
학교의 시선에서 바라보는
국어·영어 글쓰기

    혹시 각 교과 공통과정에 대한 교육부 자료를 살펴보신 적 있으세요? 초등 과정부터 중등 과정까지 각 교과에서 어떤 목표로 무슨 역량을 키우고자 하는지 일목요연하게 정리되어 있습니다. 아이들 성장에 따른 단계별 변화와 연계성을 살펴볼 수 있어서 교과과정에 대한 의문점이 깔끔하게 해결됩니다. 여기에서는 바쁜 일상을 보내는 엄마들을 위해 핵심적인 내용을 정리했습니다. 먼저 2022 개정교육과정의 의미와 방향, '쓰기'에 초점을 맞춰 국어와 영어 교육 과정을 차례대로 살펴보도록 하겠습니다.

    2022 개정 교육과정에서 강조하는 '깊이 있는 학습'은 미래 사회의 불확실성과 복잡성을 극복할 수 있는 학습자의 역량을 키우기 위한 방편입니다. 언뜻 인공지능의 '딥러닝(deep learning)'을 연상시키는 깊이 있는 학습은 개념을 바탕으로 한 교육 과정을 통해 실현됩니다. 깊이 있는 학습은 단순한 지식과 기능이 아닌 개념적 이해를 강조하여, 탐구 중심 수업으로 학생들이 자기주도적으로 학습하도록 합니다.

    학습자는 이 과정에서 정보를 능동적으로 탐색하고 연결하여 지식을 구성하고, 자신만의 관점으로 세상을 해석하게 됩니다. 결국 이러한 과정은 정보 과잉 시대에 자기만의 관점으로 정보를 선별하고 비판적으로 분석하는 비판적 사고, 새로운 문제를 해결하고 더 나은 방향을 찾는 창의적 사고, 빠르게 변화하는 사회에 적응하며 성장하는 학습자 주도 평생학습 능력을 키우는 목표를 향하게 됩니다.[54]

우리는 영어를 제2외국어로 배웁니다. 그렇기에 아이들의 영어 글쓰기는 당연히 국어 글쓰기가 바탕이 되어야 합니다. 국어 글쓰기가 탄탄하면 영어 글쓰기도 상대적으로 쉬워질 가능성이 큽니다. 요즘 초등학교 교과서를 보면 모든 과목이 글쓰기와 밀접합니다. 수학조차도 탐구 수학 영역을 보면 줄글로 풀어내야 합니다. 그럼에도 불구하고 아직까지 글쓰기와 가장 관련이 높은 과목은 국어입니다.

이제부터 2022 개정 국어과 교육 과정(교육부 고시 제2022-33호)을 살펴보겠습니다. 초등학교와 중학교 '국어'는 국어를 정확하고 효과적으로 사용하는 능력을 기르고, 가치 있는 국어 활동을 통해 바람직한 인성과 공동체 의식을 키우는 것을 목표로 합니다. 또한 비판적이고 창의적인 사고와 활동을 바탕으로 국어문화를 누리는 것 또한 중요한 지향점입니다. 국어 과목을 잘 배우면 여러모로 인성과 실력을 두루 갖춘 인재가 되겠구나 싶습니다.

국어과 공통 교육 과정은 몇 개의 영역으로 나뉘어 있고 어떤 역량을 강조하고 있을까요? 국어과 공통 교육 과정 영역은 '듣기 · 말하기, 읽기, 쓰기, 문법, 문학, 매체' 여섯 영역으로 설정되어 있습니다. 중점 역량은 총 6가지로 ① 비판적 · 창의적 사고 역량 ② 디지털 · 미디어 역량 ③ 의사소통 역량

---

54 『2022 개정교육과정 평가, AI로 날개를 달다』. 지미정·오한나·노명호·권의선·김영수·이진원·장희영·소민영·조보현, 앤써북, 2024

④ 공동체 · 대인 관계 역량 ⑤ 문화 향유 역량 ⑥ 자기 성찰 · 계발 역량으로 설정되어 있습니다. 그 중 2015 개정 교육과정에서 '자료정보 활용 역량'이 '디지털 · 미디어 역량'으로 수정되었습니다. 디지털 다매체 시대로 변화한 언어 환경을 고려하여 디지털 리터러시, AI 리터러시 등이 기존의 문해력과 함께 중요하게 주목받고 있는 현실이 반영되었음을 알 수 있습니다.

이 가운데 우리의 관심 영역인 글쓰기는 당연히 '쓰기' 영역입니다. '쓰기' 영역 내용 체계와 성취 기준을 살펴보겠습니다. 내용 체계란 학습 내용의 범위와 수준을 말합니다. 성취 기준이란 영역 고유의 성격을 고려하여 특별히 강조하거나 중요하게 다루어야 할 교수 · 학습 및 평가의 영역별 내용 요소를 학습한 결과 학생이 궁극적으로 할 수 있거나 할 수 있기를 기대하는 도달점을 의미합니다.

▶ 쓰기영역 내용 체계

핵심 아이디어	· 쓰기는 언어를 비롯한 다양한 기호나 매체를 활용하여 인간의 생각과 감정을 글로 표현함으로써 의미를 구성하는 행위이다. · 필자는 상황 맥락 및 사회·문화적 맥락 속에서 자신의 의사소통 목적을 달성하기 위하여 다양한 유형의 글을 쓴다. · 필자는 쓰기 과정에서 부딪히는 문제를 해결하기 위하여 적절한 쓰기 전략을 사용하여 글을 쓴다. · 필자는 쓰기 경험을 통해 언어 공동체의 구성원으로 성장하고, 쓰기 윤리를 갖추어 독자와 소통함으로써 바람직한 의사소통 문화를 만들어 간다.			
범주		내용 요소		
		초등학교		중학교
		1~2학년	3~4학년	5~6학년	1~3학년
지식·이해	쓰기 맥락		· 상황 맥락	· 상황 맥락 · 사회·문화적 맥락	
	글의 유형	· 주변 소재에 대해 소개하는 글	· 절차와 결과를 보고하는 글	· 대상의 특성이 나타나게 설명하는 글	· 복수의 자료를 활용하여 다양한 형식으로 쓴 글

지식·이해	글의 유형	· 겪은 일을 표현하는 글	· 이유를 들어 의견을 제시하는 글 · 독자에게 마음을 전하는 글	· 적절한 근거를 들어 주장하는 글 · 체험에 대한 감상을 나타내는 글	· 대상에 적합한 설명 방법을 사용하여 쓴 글 · 타당한 근거를 들어 주장하는 글 · 의견 차이가 있는 사안에 대해 주장하는 글 · 자신의 정서를 표현하는 글
과정·기능	쓰기의 기초	· 글자 쓰기 · 단어 쓰기 · 문장 쓰기	· 문단 쓰기		
	계획하기		· 목적, 주제 고려하기	· 독자, 매체 고려하기	· 언어 공동체 고려하기
	내용 생성하기	· 일상을 소재로 내용 생성하기	· 목적, 주제에 따라 내용 생성하기	· 독자, 매체를 고려하여 내용 생성하기	· 복합양식 자료를 활용하여 내용 생성하기
	내용 조직하기		· 절차와 결과에 따라 내용 조직하기	· 통일성을 고려하여 내용 조직하기	· 글 유형을 고려하여 내용 조직하기
	표현하기	· 자유롭게 표현하기	· 정확하게 표현하기	· 독자를 고려하여 표현하기	· 다양하게 표현하기
	고쳐 쓰기		· 문장, 문단 수준에서 고쳐 쓰기	· 글 수준에서 고쳐 쓰기	· 독자를 고려하여 고쳐 쓰기
	공유하기	· 쓴 글을 함께 읽고 반응하기			
	점검과 조정		· 쓰기 과정과 전략에 대해 점검·조정하기		
가치·태도		· 쓰기에 대한 흥미	· 쓰기 효능감	· 쓰기에 적극적 참여 · 쓰기 윤리 준수	· 쓰기에 대한 성찰 · 윤리적 소통 문화 형성

다음은 2022 개정 국어과 교육과정의 '쓰기' 영역 성취 기준입니다.

⊙ 국어과 교육과정의 '쓰기' 영역 성취 기준

[초등학교 1~2학년]

글자와 단어를 바르게 쓴다.

쓰기에 흥미를 가지며 자신의 생각이나 느낌을 문장으로 표현한다.

주변 소재에 대해 소개하는 글을 쓴다.

겪은 일을 표현하는 글을 자유롭게 쓰고, 쓴 글을 함께 읽고 생각이나 느낌을 나눈다.

[초등학교 3~4학년]

중심 문장과 뒷받침 문장을 갖추어 문단을 쓰고, 문장과 문단을 중심으로 고쳐 쓴다.

절차와 결과가 드러나게 정확한 표현으로 보고하는 글을 쓴다.

대상에 대한 자신의 의견과 그렇게 생각한 이유가 드러나게 글을 쓴다.

목적과 주제를 고려하여 독자에게 마음을 전하는 글을 쓴다.

자신의 쓰기 과정을 점검하며 쓰기에 자신감을 갖는다.

[초등학교 5~6학년]

알맞은 내용을 선정하여 대상의 특성이 나타나게 설명하는 글을 쓴다.

적절한 근거를 사용하고 인용의 출처를 밝히며 주장하는 글을 쓴다.

체험한 일에 대한 감상을 나타내는 글을 쓴다.

독자와 매체를 고려하여 내용을 생성하고 표현하며 글을 쓴다.

쓰기 과정을 점검 · 조정하며 글을 쓰고, 글 전체를 대상으로 통일성 있게 고쳐 쓴다.

쓰기에 적극적으로 참여하며 자신의 글을 독자와 공유하는 태도를 지닌다.

다음은 2022 개정 영어과 교육 과정(교육부 고시 제2022-33호)입니다. 영어과 교육 과정 자료는 흥미로운 점이 많습니다. 교육부 자료는 문장이 굉장히 깁니다. 한 문장이 다섯 줄에 이르기도 합니다. 여기에서는 읽기 편하도록 문장을 짧게 만들었습니다. 전문과 원문은 교육부 홈페이지에서 보실 수 있습니다.

영어과는 급변하는 미래 사회 요구 역량에 따라 '영어 의사소통 역량'을 핵심적인 역량으로 삼습니다. 핵심 역량이 하나로 명명된 점이 인상적입니다. '영어 의사소통 역량'이란 가장 널리 통용되는 소통의 수단인 영어로 제시된 ① 다양한 정보를 습득하고, ② 문화적 산물을 누리며, ③ 영어로 자기 생각을 창의적으로 표현하고, ④ 영어 사용 공동체 참여자들과 협력적으로 상호 작용할 수 있는 역량을 의미한다고 합니다.

특히 다음 부분을 엄마들과 꼭 읽어 보고 싶었습니다. 매체의 발달과 기술의 변화로 의사소통 방식(사회 관계망 서비스, 비대면 원격회의 등)이 다변화되면서 듣기, 말하기, 읽기, 쓰기의 구분이 불명확해졌고 그 비중도 균등하지 않다는 것입니다. 듣기와 읽기에 더해 시청각 이미지가 결합한 보기(viewing)가 영어를 접하는 주요 수단이 되었고, 말하기와 쓰기에 더해 발표 등과 같은 제시하기(presenting)가 중요한 표현 수단이 된 현실적 상황을 강조합니다. 영어 학습의 궁극적인 목적은 학생이 삶과 연계한 실생활 맥락에서 영어를 습득하고 사용하는 데 있으며, 실생활에서의 영어 의사소통은 언어 사용의 목적과 결과를 수반하는 과업을 중심으로 이루어지고 이 과정에서 다양한 언어 기능이 동시에 혹은 선택적으로 사용된다는 것이지요.

이에 2022 개정 영어과 교육 과정에서는 지금까지 듣기, 말하기, 읽기,

쓰기의 네 가지 언어 기능 관점으로 교육 내용의 영역을 분류하던 기존 방식에서 탈피하여 언어의 사회적 목적 관점에 따라 '이해(reception)'와 '표현(production)'의 두 가지 영역을 설정했다고 합니다. 이해 영역에서는 담화와 글뿐만 아니라 이미지, 동영상 등이 다양하게 결합된 방식으로 제공되는 영어 지식 정보를 처리하고 사용하는 능력을 기릅니다. 표현 영역에서는 다양한 매체를 통해 말, 글, 시청각 이미지 등을 활용하여 자신의 느낌, 생각, 의견 등을 전달하는 능력을 기릅니다. 이해 영역과 표현 영역은 독자적인 영역으로 기능하는 한편, 두 영역이 결합한 형태로 영어 사용자 간 상호작용도 가능하게 합니다. 상호 작용은 대화, 토론, 문자 교환 등 참여자 간의 다양한 소통 방식으로 이루어질 수 있습니다. 영어과 역량 및 영역 구성을 그림으로 정리하여 제시했습니다.

다음은 2022 개정 교육과정 영어과 교육 과정 내용 체계입니다.

2. 내용 체계 및 성취기준

가. 내용 체계

(1) 이해(reception)

핵심 아이디어	· 의사소통 목적과 상황에 맞게 배경지식을 활용하고 관점, 목적과 맥락을 파악함으로써 담화나 글을 이해하는 능력을 함양한다. · 적절한 사고 과정 및 전략을 활용하여 담화나 글의 의미를 파악하고 분석한다. · 담화나 글을 이해하는 활동은 협력적이고 포용적으로 화자나 필자의 의도를 이해하는 태도를 길러 준다.		
범주	**내용 요소**		
	초등학교		중학교
	3~4학년	5~6학년	1~3학년
언어	· 쉽고 간단한 단어, 어구, 문장의 소리, 철자, 강세, 리듬, 억양 · [별표 2] 의사소통 기능과 예시문 · [별표 3] 기본 어휘 관련 지침에 따른 학습 어휘 수 300단어 이내 · [별표 4] 초등학교 권장 언어 형식	· 간단한 단어, 어구, 문장의 강세, 리듬, 억양 · [별표 2] 의사소통 기능과 예시문 · [별표 3] 기본 어휘 관련 지침에 따른 학습 어휘 수 300단어 이내 · [별표 4] 초등학교 권장 언어 형식	· 단어와 문장의 강세, 리듬, 억양, 연음이나 축약 · [별표 2] 의사소통 기능과 예시문 · [별표 3] 기본 어휘 관련 지침에 따른 학습 어휘 수 1,500단어 이내 · [별표 4] 중학교 권장 언어 형식
지식·이해	· 이야기나 서사 및 운문(동화, 그림책, 만화, 노래, 시 등) · 친교나 사회적 목적의 담화와 글(대화, 편지, 이메일 등) · 정보 전달·교환 목적의 담화와 글(표지판, 메모, 묘사, 안내 등)	· 이야기나 서사 및 운문(동화, 그림책, 만화, 노래, 시, 일기 등) · 친교나 사회적 목적의 담화와 글(대화, 편지, 초대장, 이메일 등) · 정보 전달·교환 목적의 담화와 글(공지, 안내, 묘사, 설명, 광고 등) · 의견 전달·교환이나 주장 목적의 담화와 글(포스터, 감상문 등)	· 이야기나 서사 및 운문(수필, 단편 소설, 대본, 시, 전기문, 여행 일지 등) · 친교나 사회적 목적의 담화와 글(이메일, 소셜 미디어, 인터뷰, 초대장 등) · 정보 전달·교환 목적의 담화와 글(공지, 안내, 설명, 보고, 기사, 광고 등) · 의견 전달·교환이나 주장 목적의 담화와 글(논설, 연설 등)
맥락	· [별표 1] 소재 · 자기 주변 주제 · 간단한 의사소통 상황 및 목적 · 다양한 문화권에 속한 사람들의 비언어적 의사소통 방식	· [별표 1] 소재 · 일상생활 주제 · 일상적인 의사소통 상황 및 목적 · 다양한 문화권에 속한 사람들의 언어적·비언어적 의사소통 방식	· [별표 1] 소재 · 친숙한 주제 · 다양한 의사소통 상황 및 목적 · 다양한 문화권에 속한 사람들의 언어적·비언어적 의사소통 방식

과정·기능	· 소리 식별하기 · 알파벳 대소문자 식별하기 · 강세, 리듬, 억양 식별하기 · 소리와 철자 관계 이해하며 소리 내어 읽기 · 의미 이해하기 · 주요 정보 파악하기 · 시각 단서 활용하여 의미 추측하기 · 다양한 매체로 표현된 담화나 문장을 듣거나 읽기	· 강세, 리듬, 억양 식별하기 · 강세, 리듬, 억양에 맞게 소리 내어 읽기 · 의미 이해하기 · 세부 정보 파악하기 · 중심 내용 파악하기 · 일이나 사건의 순서 파악하기 · 시각 단서 활용하여 듣거나 읽을 내용 예측하기 · 특정 정보를 찾아 듣거나 읽기 · 내용 확인하며 다시 듣거나 읽기 · 다양한 매체로 표현된 담화나 글을 듣거나 읽기	· 연음이나 축약된 소리 식별하기 · 세부 정보 파악하기 · 줄거리나 요지 파악하기 · 주제 파악하기 · 일이나 사건의 순서, 전후 관계 파악하기 · 일이나 사건의 원인과 결과 파악하기 · 기분이나 감정 추론하기 · 의도나 목적 추론하기 · 단어, 어구, 문장의 함축적 의미 추론하기 · 다양한 매체로 표현된 담화 글을 듣거나 읽기 · 적절한 전략 활용하여 듣거나 읽기
가치·태도	· 흥미와 자신감을 가지고 듣거나 읽으며 즐기는 태도 · 상대의 감정을 느끼고 공감하는 태도 · 다양한 문화와 의견을 존중하고 포용하는 태도		· 자신감을 가지고 관심 분야에 대해 적극적으로 듣거나 읽는 태도 · 다양한 의견과 관점을 존중하는 태도

(2) 표현(production)

핵심 아이디어	· 의사소통 목적과 상황에 맞게 적절한 매체를 활용하여 자신의 감정이나 의견을 담화나 글로 표현하는 능력을 함양한다. · 적절한 사고 과정 및 전략을 활용하여 의미를 표현하거나 교환한다. · 담화나 글로 표현하는 활동은 다양한 문화와 관점에 대한 이해를 바탕으로 협력적이고 포용적으로 상호 소통하며 의미를 표현하거나 교환하는 태도를 길러 준다.		
	내용 요소		
범주	초등학교		중학교
	3~4학년	5~6학년	1~3학년
지식·이해 / 언어	· 쉽고 간단한 단어, 어구, 문장의 소리, 철자, 강세, 리듬, 억양 · [별표 2] 의사소통 기능과 예시문 · [별표 3] 기본 어휘 관련 지침에 따른 학습 어휘 수 300단어 이내 · [별표 4] 초등학교 권장 언어 형식	· 간단한 단어, 어구, 문장의 강세, 리듬, 억양 · [별표 2] 의사소통 기능과 예시문 · [별표 3] 기본 어휘 관련 지침에 따른 학습 어휘 수 300단어 이내 · [별표 4] 초등학교 권장 언어 형식	· 단어와 문장의 강세, 리듬, 억양, 연음이나 축약 · [별표 2] 의사소통 기능과 예시문 · [별표 3] 기본 어휘 관련 지침에 따른 학습 어휘 수 1,500단어 이내 · [별표 4] 중학교 권장 언어 형식

지식·이해	언어	· 이야기나 서사 및 운문(동화, 그림책, 만화, 노래, 시 등) · 친교나 사회적 목적의 담화와 글(대화, 편지, 이메일 등) · 정보 전달·교환 목적의 담화와 글(표지판, 메모, 묘사, 안내 등)	· 이야기나 서사 및 운문(동화, 그림책, 만화, 노래, 시, 일기 등) · 친교나 사회적 목적의 담화와 글(대화, 편지, 초대장, 이메일 등) · 정보 전달·교환 목적의 담화와 글(공지, 안내, 묘사, 설명, 광고 등) · 의견 전달·교환이나 주장 목적의 담화와 글(포스터, 감상문 등)	· 이야기나 서사 및 운문(일기, 수필, 기행문, 소설, 대본, 노래 가사, 시 등) · 친교나 사회적 목적의 담화와 글(편지, 이메일, 소셜 미디어 등) · 정보 전달·교환 목적의 담화와 글(공지, 안내, 설명, 보고, 기사, 광고 등) · 의견 전달·교환이나 주장 목적의 담화와 글(사설, 논설, 연설 등)
	맥락	· [별표 1] 소재 · 자기 주변 주제 · 간단한 의사소통 상황 및 목적 · 다양한 문화권에 속한 사람들의 비언어적 의사소통 방식	· [별표 1] 소재 · 일상생활 주제 · 일상적인 의사소통 상황 및 목적 · 다양한 문화권에 속한 사람들의 언어적·비언어적 의사소통 방식	· [별표 1] 소재 · 친숙한 주제 · 다양한 의사소통 상황 및 목적 · 다양한 문화권에 속한 사람들의 언어적·비언어적 의사소통 방식
과정·기능		· 강세, 리듬, 억양에 맞게 따라 말하기 · 알파벳 대소문자 쓰기 · 소리와 철자 관계 바탕으로 단어 쓰기 · 실물, 그림, 동작 등을 보고 말하거나 쓰기 · 인사 나누기 · 자기 소개하기 · 주변 사람이나 사물 묘사하기 · 행동 지시하기 · 감정 표현하기 · 주요 정보 묻거나 답하기 · 표정, 몸짓, 동작 수반하여 창의적으로 표현하기 · 적절한 매체 활용하여 창의적으로 표현하기 · 철자 점검하며 다시 쓰기	· 강세, 리듬, 억양에 맞게 말하기 · 실물, 그림, 동작 등을 보고 말하거나 쓰기 · 알파벳 대소문자와 문장 부호 바르게 사용하기 · 주변 사람 소개하기 · 주변 사람이나 사물 묘사하기 · 주변 장소나 위치, 행동 순서나 방법 설명하기 · 감정이나 의견, 경험이나 계획 기술하기 · 세부 정보 묻거나 답하기 · 예시문 참고하여 목적에 맞는 글쓰기 · 반복, 확인 등을 통해 대화 지속하기 · 브레인스토밍으로 아이디어 생성하기 · 다양한 매체 활용하여 창의적으로 표현하기 · 피드백 반영해 고쳐 쓰기	· 연음 및 축약된 소리 활용하기 · 사람이나 사물 등 묘사하기 · 기분이나 감정 묘사하기 · 위치나 장소 등 설명하기 · 그림, 사진, 도표 등 설명하기 · 방법이나 절차 설명하기 · 경험이나 계획 설명하기 · 일이나 사건의 순서, 전후 관계 설명하기 · 일이나 사건의 원인과 결과 설명하기 · 자신의 의견 주장하기 · 듣거나 읽고 요약하기 · 일기, 편지, 이메일 등 쓰기 · 적절한 매체 활용하여 말하거나 쓰기 · 적절한 전략 활용하여 말하거나 쓰기 · 자신의 창의적인 생각을 말하거나 쓰기
가치·태도		· 말하기와 쓰기에 대한 흥미와 자신감 · 대화 예절을 지키고 협력하며 의사소통 활동에 참여하는 태도		· 상대방을 배려하며 말하거나 쓰는 태도 · 정보 윤리를 준수하며 말하거나 쓰는 태도

다음은 2022 개정 영어과 교육 과정 성취기준입니다.

나. 성취기준

[초등학교 3~4학년]

(1) 이해

[4영01-01] 알파벳과 쉽고 간단한 단어의 소리를 듣고 식별한다.

[4영01-02] 알파벳 대소문자를 식별하여 읽는다.

[4영01-03] 쉽고 간단한 단어, 어구, 문장을 듣고 강세, 리듬, 억양을 식별한다.

[4영01-04] 소리와 철자의 관계를 이해하며 쉽고 간단한 단어, 어구, 문장을 소리 내어 읽는다.

[4영01-05] 쉽고 간단한 단어, 어구, 문장의 의미를 이해한다.

[4영01-06] 자기 주변 주제에 관한 담화의 주요 정보를 파악한다.

[4영01-07] 적절한 전략을 활용하여 담화나 문장을 듣거나 읽는다.

[4영01-08] 다양한 매체로 표현된 담화나 문장을 흥미를 가지고 듣거나 읽는다.

[4영01-09] 시, 노래, 이야기를 공감하며 듣는다.

[4영01-10] 자기 주변 주제나 문화에 관한 담화나 문장을 존중의 태도로 듣거나 읽는다.

(2) 표현

[4영02-01] 쉽고 간단한 단어, 어구, 문장을 강세, 리듬, 억양에 맞게 따라 말한다.

[4영02-02] 알파벳 대소문자를 구별하여 쓴다.

[4영02-03] 소리와 철자의 관계를 바탕으로 쉽고 간단한 단어를 쓴다.

[4영02-04] 실물, 그림, 동작 등을 보고 쉽고 간단한 문장으로 말하거나 단어나 어구를 쓴다.

[4영02-05] 자신, 주변 사람이나 사물의 소개나 묘사를 쉽고 간단한 문장으로 말하거나 보고 쓴다.

[4영02-06] 행동 지시를 쉽고 간단한 문장으로 말하거나 보고 쓴다.

[4영02-07] 자신의 감정을 쉽고 간단한 문장으로 말하거나 보고 쓴다.

[4영02-08] 자기 주변 주제에 관한 담화의 주요 정보를 묻거나 답한다.

[4영02-09] 적절한 매체나 전략을 활용하여 창의적으로 의미를 표현한다.

[4영02-10] 의사소통 활동에 흥미와 자신감을 가지고 대화 예절을 지키며 참여한다.

[초등학교 5~6학년]

(1) 이해

[6영01-01] 간단한 단어, 어구, 문장을 듣고 강세, 리듬, 억양을 식별한다.

[6영01-02] 간단한 단어, 어구, 문장을 강세, 리듬, 억양에 맞게 소리 내어 읽는다.

[6영01-03] 간단한 단어, 어구, 문장의 의미를 이해한다.

[6영01-04] 일상생활 주제에 관한 담화나 글의 세부 정보를 파악한다.

[6영01-05] 일상생활 주제에 관한 담화나 글의 중심 내용을 파악한다.

[6영01-06] 일상생활 주제에 관한 담화나 글에서 일이나 사건의 순서를 파악한다.

[6영01-07] 적절한 전략을 활용하여 일상생활 주제에 관한 담화나 글을 듣거나 읽는다.

[6영01-08] 다양한 매체로 표현된 담화나 글을 흥미와 자신감을 가지고 듣거나 읽는다.

[6영01-09] 시, 노래, 이야기를 공감하며 듣거나 읽는다.

[6영01-10] 일상생활 주제나 문화에 관한 담화나 글을 포용의 태도로 듣거나 읽는다.

(2) 표현

[6영02-01] 간단한 단어, 어구, 문장을 강세, 리듬, 억양에 맞게 말한다.

[6영02-02] 실물, 그림, 동작 등을 보고 간단한 단어, 어구, 문장으로 말하거나 쓴다.

[6영02-03] 알파벳 대소문자와 문장 부호를 문장에서 바르게 사용한다.

[6영02-04] 주변 사람이나 사물을 간단한 문장으로 소개하거나 묘사한다.

[6영02-05] 주변 장소나 위치, 행동 순서나 방법을 간단한 문장으로 설명한다.

[6영02-06] 자신의 감정이나 의견, 경험이나 계획을 간단한 문장으로 표현한다.

[6영02-07] 일상생활 주제에 관한 담화나 글의 세부 정보를 간단한 문장으로 묻거나 답한다.

[6영02-08] 예시문을 참고하여 목적에 맞는 간단한 글을 쓴다.

[6영02-09] 적절한 매체와 전략을 활용하여 창의적으로 의미를 생성하고 표현한다.

[6영02-10] 의사소통 활동에 흥미와 자신감을 가지고 참여하여 협력적으로 수행한다.

'읽고 듣고 쓰고 말한다'는 전통적인 4분법이 이해와 표현이라는 두 가지 기준으로 바뀐 점이 가장 인상적입니다. 언어의 기능을 중심으로 접근하는 것이 아닌 '말'로서 언어가 가지는 사회적 기능에 집중하여 재편한다는 것입니다. 영어 공화국에 살면서 영어를 영어로 구사하지 못하는 현실을 안타까워하는 엄마들 마음에 단비 같은 소식입니다.

우선 우리는 쓰기에 중점을 두고 살펴봤기에 '표현' 영역에서 '쓴다'라는 동사를 서술어로 사용한 성취 기준을 살펴보겠습니다. 3, 4학년 성취 기준을 보면 반복되는 말이 있습니다. '쉽고 간단한'이라는 표현입니다. 5, 6학년 성취 기준에서도 '간단한'이란 표현이 계속 나오지요. 각 성취 기준에 대한 상세한 설명을 여기에 다 싣기에는 지면이 허락하지 않아 어렵습니다만, 꼭 한 번 살펴보시기를 권합니다. 성취 기준별 상세 설명에서 두드러지는 것은 디지털 매체 다양화와 그에 따른 소통 양식의 변화에 따른 역량 강화입니다. 그래야 다른 세상에 대한 다양성을 이해하고 다른 문화와 언어를 포용하는 태도를 기를 수 있으니까요. 우리 아이들은 디지털 네이티브이자 세상에 없던 신인류라 불리는 알파 세대입니다. 인공지능과 공존해야 하는 시대의 리터러시를 장착해야 합니다. 빅데이터의 99%는 영어로 되어 있습니다. 이 모든 것을 생각할 때 무엇보다 중요한 건 영어에 대한 흥미와 관심의 지속입니다. 적어도 싫어 죽겠다, 까지는 가지 말아야 합니다.

현실적으로 초등학생들이 영어로 쓰기를 하는 것은 쉽지 않아 보입니다. 국어 쓰기도 아이들마다 상황이 달라 어려운 현실이니까요. 선생님들께 여쭤보면 학교 현장에서는 아이들의 흥미와 참여를 위해 말하기와 듣기를 더 중점에 두고 있다고 합니다. 따라서 영어 일기쓰기는 내 아이를 늘 곁에서 지켜보는 엄마가 아이 특성에 맞게 욕심을 내려두고 도와주면 할 수 있습니다. 초등 영어 쓰기 교재를 살펴보면 다음과 같은 점을 공통적으로 이야기합니다.

아이가 영어로 무언가를 썼다는 자체에 의의를 두셔야 합니다.
문법이나 철자가 틀렸는지 일일이 확인하고 지적하지 않아야 합니다.
한 문장씩 시작해서 천천히 늘려나가야 합니다.

엄마들은 이미 잘 알고 있습니다. 스스로 영어를 익히고 잘하고 싶다는 마음은 아이가 영어를 싫어하지 않을 때 생긴다는 사실을요. 그러나 다른 아이들은 모두 달리는데 나만 손 놓고 있을 수 없다는 생각이 듭니다. 지금이 어떤 시대인가요. 초3 의대반을 이야기하고 초등학생이 수능 1등급을 받는다는 소식이 SNS를 통해 일파만파 퍼져 나가는 시절입니다. 나는 내아이만 보고 싶습니다. 그런데 내 속을 모르는 알고리즘이 (영어 원서를 줄줄 읽고 에세이를 척척 쓰는) 남의 집 아이들을 계속 보여 줍니다. 지금을 놓치면 후회하게 된다, 아이를 망칠 거냐며 입시 정보를 받아 가라는 계정들이 연거푸 나타납니다. 겉으로 드러나는 부분이 더 커 보이도록 내 아이를 쑤욱 잡아당기는 순간 아이의 뿌리는 상처받습니다. 남들이 좋다는 거름과 비료도 너무 많이 주면 식물은 견디지 못합니다. 그 빠르고 정신없는 물결 속에 내아이가 다치지 않고 자기 뿌리를 내리도록 지킬 수 있는 사람은 오직 한 사람, 엄마뿐입니다.

6장

무조건 성공하는
초등 영어 글쓰기 전략 8가지

1

성공적인 영어 글쓰기를 위한 엄마 마음 준비

"무엇부터 준비해야 할까요?"

챗GPT 글쓰기에 대한 엄마들의 질문은 다양했습니다. 기술적인 활용 부분을 많이 궁금해했습니다. 프롬프트 구성 방법, 정보의 출처를 확인하고 할루시네이션(환각)을 피할 수 있는 법, 함께 활용한 여러 애플리케이션이나 도구들의 정보, 디지털 기기 사용 시간 조절 등이 주요 내용이었습니다.

챗GPT 글쓰기를 시작한 후 집마다 상황이 달랐습니다. 어느 집은 이 좋은 것을 이제라도 할 수 있어서 고맙다며 커피를 샀습니다. 커피가 달았습니다. 어떤 집은 우리 아이는 이것도 안 되나 보다며 땅이 꺼지도록 한숨을 쉬며 커피를 샀습니다. 커피가 씁쓸했습니다. 어떤 차이가 있는 것일까? 여러 엄마와 대화를 나누며 곰곰이 생각해 봤습니다. 그러다가 알게 되었습니다. 챗GPT 글쓰기를 성공적으로 수행하기 위한 첫 번째 조건은 '엄마의 마음'이라는 사실을요.

가정마다 상황은 천차만별입니다. 엄마와 아이들 성향, 가정 분위기, 영어 경험치 등 모든 면에서 다릅니다. 그런데 어떤 경우에도 적용되는 진리가 하나 있습니다. 엄마와 아이의 관계가 좋으면 학습이 순조롭다는 사실입니다. 엄마가 의욕에 불타올라 상의 한마디 없이 학원 프로그램처럼 시작하자고 하면 아이는 시작부터 지칩니다. 엄마는 엄마대로 그 마음 몰라주는 아이가 원망스러워집니다.

글쓰기는 최선의 고통[55]입니다. 공부, 자아성찰, 진로를 찾아갈 때도 마찬가지입니다. 사람은 여백을 마주하여 어려움을 견디고 매듭을 지으면 반드시 성장합니다. 아이들은 아직 어리기 때문에 주변의 응원과 격려가 반드시 필요합니다. 어른들도 그런데 아이들은 오죽할까요. 인간은 감정의 동물입니다. 긍정적 감정이 살아 있는 관계와 대상에 대해 기꺼이 에너지를 쏟고 움직이게 되지요.

저는 아이와 공부하거나 글쓰기를 할 때 하이파이브로 시작합니다. 오늘도 잘 해 보자며 경기장에 들어서는 선수처럼 서로를 격려합니다. 엄마와 아이가 원팀이 되어 최선을 다하는 시간을 만드는 루틴입니다. 아이와 챗GPT 글쓰기를 하며 어떤 마음이 서로에게 도움이 되는지 꾸준히 이야기하며 정리했습니다. 그 시간을 바탕으로 마음가짐을 위한 원칙 'H.E.A.R.T & S.M.I.L.E'을 만들었지요. 마인드셋은 이후 모든 행동의 방향타가 되기에 엄마와 아이 모두에게 마음가짐이 중요합니다. 아이에게 '이런 자세를 가져야 해!'라고 외우게 하는 게 아니라 엄마와 아이가 함께 노력해야 한다는 사실을 꼭 기억해 주세요.

---

55 『최선의 고통』, 폴 블룸, 알에이치코리아, 2022

2
H.E.A.R.T로
아이의 글쓰기를 응원하세요

    강원국 작가님은 『강원국의 진짜 공부』[56]에서 글쓰기를 통해 제대로 된 공부를 할 수 있다고 강조합니다. 자기 존중감, 자아 효능감, 애호감이 있어야 글을 잘 쓰는 사람이 될 수 있습니다. 엄마가 먹여주는 따뜻한 마음밥은 내 아이에게 최고의 힘이 됩니다. 내 아이 영어 글쓰기를 튼튼하게 키울 엄마의 마음가짐은 'H.E.A.R.T'입니다. HEART는 우리에게 익숙한 영어 단어입니다. '심장' 그리고 '마음'을 의미합니다.

Honor	아이를 독립적인 존재로 존중하기
Encourage	아이의 도전 그 자체를 격려하기
Acknowledge	크든 작든 아이가 이루어 낸 모든 것을 인정하기
Reflect	비난하지 않고 하나씩 톺아보며 성찰하기
Trust	온 마음을 기울여 아이를 신뢰하기

---

56 『강원국의 진짜 공부』, 강원국, 창비교육, 2023

H는 Honor의 첫 글자로 '존중'을 뜻합니다

내 아이는 나를 통해 이 세상에 왔지만 나와는 엄연히 다른 존재입니다. 머리로는 잘 알지만, 가슴은 따라주지 않는 이 사실을 일관성 있게 기억해야 합니다. Honor는 자녀의 존재와 생각, 감정, 그리고 선택을 있는 그대로 존중하는 자세입니다. 그래야 자녀를 독립적인 개인으로 인정하고 아이만의 관점을 중요하게 대할 수 있습니다. 엄마가 아이를 진심으로 존중하면 자기 존중감을 높이는 데 결정적인 역할을 한다고 합니다. 아이는 분재가 아닙니다. 아이는 엄마가 자신을 진지하게 있는 그대로 받아들인다고 느낄 때 자신이 소중한 존재임을 확신할 수 있습니다.

E는 Encourage의 첫 글자이며 '격려'를 뜻합니다

새로운 도전은 설렘과 부담을 동반합니다. 잘 해낼 수 있을지 너무 어렵지는 않을지 걱정도 됩니다. 이때 엄마가 격려하면 아이는 용기를 내어 한 발짝 나아갑니다. 격려는 아이가 자신감을 가지고 도전을 지속하게 하는 중요한 에너지가 됩니다. 좋은 결과가 나왔을 때만 칭찬하지 않고, 어려운 상황에서도 끝까지 노력한 그 과정 자체를 격려받은 경험은 아이를 용감하게 만듭니다. 실패했을 때도 흔들림 없는 엄마의 응원을 받아본 아이는 다시 도전할 수 있습니다. '실패'가 아닌 '성공하기 위한 과정'이라고 스스로 의미를 부여할 수 있는 아이는 단단하게 자라납니다.

A는 Acknowledge의 첫 글자이며 '인정'을 뜻합니다

Acknowledge는 작든 크든 있는 그대로 아이가 노력해서 이루어 낸 바를 축하하고 인정하는 자세를 의미합니다. 아이가 무엇을 이루었든, 그 과정에서 보여준 노력을 엄마가 인정하면 아이의 자기 효능감이 높아집니다. 엄마가 아이의 성과를 알아주고 칭찬할 때, 아이는 자신이 가치 있는 일을 해냈다고 느끼며 더 큰 목표에 도전할 동기를 얻게 됩니다. 여기서 기억해야 할 부분이 있습니다. Acknowledge는 단순히 결과를 칭찬하는 것이 아니라, 과정에서의 크고 작은 노력 그 자체를 인정하는 자세입니다. 아이들은 예민한 더듬이를 지니고 있어서 엄마의 이중언어를 바로 알아차립니다. 겉 다르고 속 다른 엄마의 말들은 화살이 되어 아이에게 상처를 입힐 수 있습니다. 아이가 스스로를 믿고 성장하기를 바란다면 진심, 또 진심으로 인정하는 노력이 필요합니다.

R은 Reflect의 첫 글자이며 '성찰, 되새김'입니다

Reflect는 글쓰기 과정으로 보자면 퇴고에 해당합니다. 퇴고를 세분화하면 표현, 대상, 형식, 논리, 구조에 이르기까지 다양하게 나눌 수 있습니다. 마찬가지로 아이와 함께하는 되새김은 매일 하루를 되돌아보는 것일 수도 있고 일정 기간을 정해 살펴보는 일일 수도 있습니다. 공부를 주제로 삼는다면 엄마와 아이가 함께 지난 학습 과정을 되돌아보고, 그 경험을 허심탄회하게 서로 이야기하는 과정입니다. 꼭 반성해야 할 필요는 없습니다. 아이도 엄마와 공부하는 과정에서 할 말이 많을 수 있는데, 자칫하면 엄마의 비난과 일방적인 평가로 흐르기 쉽습니다.

성찰은 아이가 자기 행동과 결과를 분석하고, 이를 통해 개선할 점을 찾는 데 중요한 역할을 합니다. 엄마는 아이의 말에 귀 기울이고 스스로 생각하게 돕는 맑은 거울이 되어야 합니다. 아이의 말에서부터 시작해서 지지하고 응원할 수 있습니다. 자기주도 학습과 메타인지에서 성찰은 무척 중요합니다.[57] 단순한 회고가 아니라 아이가 자신을 이해하고 계획을 생각해 보는 중요한 시간입니다. 잊지 마세요. 더 잘하게 만들고 싶은 엄마의 욕심이 앞서면 아이는 마음을 닫고 침묵의 세계로 들어갈 지도 모릅니다.

T는 Trust의 첫 글자이고 '신뢰'를 뜻합니다

 Trust는 자율성 부여가 핵심입니다. 믿지 않으면 맡길 수 없습니다. 내 아이가 자신의 속도와 방법으로 생각하고 글을 쓰도록 기다려줘야 합니다. 후추도 쓰기를 정말 싫어하는 아이였습니다. 집에 글쓰기와 관련된 책들이 많은데 손으로 쓴 글들은 많지 않았습니다. 쓰기를 싫어하는 아이이니 대신 글감들을 같이 읽어 보고 말로 대화를 나누는 방법을 택했습니다. 『어린이의 세계』를 쓴 김소영 작가님의 『말하기 독서법』에 나오는 말하기로 독후활동을 대신했습니다. 이은경 선생님의 글쓰기 시리즈를 두고 손에 잡히는 대로 펼쳐보고 대화를 이어 갔습니다. 여러 종류의 아이스크림을 골라 먹는 즐거움처럼 누군가와 생각을 나누고 소통하는 과정의 행복함을 지키고자 했습니다. 말은 글로 이어질 씨앗들입니다. 말하는 일이 즐거우니 이대로 옮겨 쓰는 글쓰기도 즐거울 수 있겠다는 가능성의 싹을 잘 지키려고 노력했습니다. 언어로 소통하는 일이 부담스럽고 싫어지면 아이는 영영 펜을 잡지 않게 됩니다.

---

57 「자기주도학습 능력 향상을 위한 애플리케이션과 플랫폼 활용 초등영어 쓰기 교수·학습 모형 개발」, 최신형, Primary English Education, Vol. 28, No.3, 2022

아이들도 책임감을 느낍니다. 엄마가 아이의 능력과 선택을 전적으로 신뢰할 때, 아이는 자신의 힘으로 목표를 달성해 보고 싶은 마음이 듭니다. "너는 스스로 해낼 수 있어. 엄마는 너를 믿어."라는 메시지는 아이를 홀로 우뚝 서게 만듭니다. 명문대에 입학한 후 정체성 혼란이 찾아와 자퇴하는 아이들 이야기가 심심치 않게 들립니다. 자녀 독립에 대해 철저하다는 서구 사회에서『50이면 육아가 끝날 줄 알았다』[58]는 책이 출간되는 상황입니다. 우리는 성인 자녀와 함께 늙어 가는 세대입니다. 아이들과 서로를 잃지 않고 살아갈 수 있다니 축복입니다. 그러나 그 시간이 홀로서기 하지 못한 성인 자녀들을 끌어안고 한숨 쉬는 시간이 되면 곤란합니다. 아이들이 걸은 만큼만 아이들 인생입니다. 그러려면 엄마의 조건 없는 신뢰가 필요합니다.

---

58 『50이면 육아가 끝날 줄 알았다』, 로렌스 스타인버그, 김경일, 이은경 역, 저녁달

3
활짝 웃으며 글을 쓰도록
S.M.I.L.E

   글쓰기는 갈증이며 샘물[59]입니다. 타는 듯한 목마름을 느끼다가도 내 생각, 내 마음에 딱 들어맞는 단어와 문장을 얻는 순간 갈증이 사라집니다. 단어가 문장이, 문장이 문단이 되고, 문단이 한 편의 글이 되는 모든 순간 갈증과 샘물을 마시는 순간이 번갈아 옵니다. 한 번이라도 애써 완성한 순간의 성취감을 경험한 아이는 어렵더라도 다시 글을 씁니다. 엄마가 아이 영어 글쓰기 응원군이 되고 아이도 영어 글쓰기를 잘할 수 있는 태도를 키운다면 금상첨화입니다. 아이가 웃으며 글을 쓰는 데 도움이 될 다섯 가지 태도를 'S.M.I.L.E'로 정리했습니다.

Stay Curious	호기심 유지하기
Make it a Habit	습관 만들기
Inspire Creativity	창의력 발휘하기

---

59 『갈증이며 샘물인』, 정현종, 문학과 지성사, 1999

Learn from Mistakes   실수에서 배우기

Enjoy the Journey   과정을 즐기기

S는 Stay Curious이며 '호기심 유지하기'입니다

호기심은 아이들이 무엇인가를 배우고 싶어지게 만드는 핵심 요소입니다. 아이가 어릴 때, 쉬지 않고 질문하던 시절을 기억하시나요? 아이가 궁금한 점을 자유롭게 질문하고 스스로 답을 찾도록 격려하는 일은 중요합니다. 초등 고학년이 되면 사고 체계가 발달하면서 긴 시간의 흐름과 추상적인 내용을 이해할 수 있게 됩니다. 더 높은 수준의 대화도 가능해지지요. 안타깝게도 일찍부터 공부에 시달린 아이들은 질문을 잃어버리는 경우가 많습니다. 자아를 탐색하고 진로를 고민하는 대화가 오가야 할 시점에 오히려 질문하는 힘을 키우기 어렵게 됩니다.

또 하나 주의할 점이 있습니다. 아이가 쓴 글에서 맞고 틀린 것을 찾아 지적하는 태도는 삼가야 합니다. 이미 아이들은 여기저기서 지적당하고 비교당한 상처를 안고 살아갑니다. 말로 하지 않아도 자신을 바라보는 눈길에서, 뒤돌아선 엄마 등에서, 문 밖으로 들리는 한숨 소리에서 아이들은 고스란히 엄마의 실망과 비교를 느끼게 됩니다.

내 아이가 커다란 나무로 자라기 위해서는 바람에 흔들리고 다치기도 해야 합니다. 그러나 엄마가 급한 마음에 아이의 뿌리를 다치게 하면 곤란합니다. 얼마나 안정적으로 자리 잡았는지 궁금하다고 이제 막 싹이 돋은

식물을 뽑아 살펴보면 안 됩니다. 그런 일을 당한 식물은 바로 다시 심고 땅을 다져 줘도 건강하게 자라기 어렵습니다.

아이의 질문 그대로를 존중하고 탐구하는 방향으로 소통해야 합니다. 글쓰기에서도 아이가 일상에서 느끼는 사소한 궁금증을 주제로 글을 쓰도록 독려하면, 아이는 글쓰기를 엄마에 의해 강제로 주어진 과제가 아닌 탐구의 과정으로 받아들입니다. 나의 호기심을 바탕으로 글을 쓰고 더 나아가 영어로 표현하는 일은 영어 학습에 대한 긍정적 정서로 이어집니다.

M은 Make it a Habit이며 '습관 만들기'를 의미합니다

『아주 작은 습관의 힘』의 저자 제임스 클리어는 습관은 정체성을 형성하며 우리의 반복되는 행동이 결국 삶의 방향을 결정하게 된다고 강조합니다. 그가 말하는 성공 습관들은 사소합니다. 일어나자마자 침구 정리하기와 같은 일이지요. 그런 작은 습관들을 해내면 자기는 성공하는 사람이라는 정체성이 서서히 쌓여 갑니다. 고대 그리스의 철학자 아리스토텔레스도 "우리는 반복적으로 하는 일의 집합체다. 그러므로 탁월함은 행동이 아니라 습관이다."라고 했습니다.

아이들의 글쓰기에서도 이 점은 마찬가지입니다. 초등 글쓰기, 영어 글쓰기, 성인을 대상으로 한 글쓰기 책들의 제목의 일부를 정리해 봤습니다.

- 『초등 첫 문장 쓰기의 기적』[60]
- 『초등 매일 글쓰기의 힘』[61]
- 『하루 3줄 초등 글쓰기의 기적』[62]
- 『바빠 초등 영어일기 쓰기』[63]
- 『매일 아침 써봤니?』[64]
- 『항상 앞부분만 쓰다가 그만두는 당신을 위한 어떻게든 글쓰기』[65]

몇 권만 간단히 살펴봐도 글쓰기의 핵심이 습관에 있음을 알 수 있습니다. 글쓰기를 꾸준히 하는 습관은 종합적 사고력과 언어 능력 향상의 필수 조건입니다. 부모는 자녀가 매일 일정한 시간에 짧게라도 대화하고 글을 쓰도록 습관을 만들어 주어야 합니다. 하루 한 줄, 하루 15분으로 시작하는 글쓰기는 꾸준히 이어질 때 문단이 되고 한 편의 글로 이어질 수 있습니다. 이를 위해 아이들이 부담 없이 글을 쓸 수 있는 분위기와 환경이 중요합니다. 무리한 목표 설정보다 작은 성공을 반복하며 글쓰기가 생활의 일부분이 되도록 해야 합니다.

글쓰기 습관에 못지않게 글감 모으기 습관도 중요합니다. 1만 시간의 법

---

60 『초등 첫 문장 쓰기의 기적』, 송숙희, 유노라이프, 2022

61 『초등 매일 글쓰기의 힘』, 이은경, 상상아카데미, 2021

62 『하루 3줄 초등 글쓰기의 기적』, 윤희솔, 청림라이프, 2020

63 『바빠 초등 영어일기 쓰기』, 성기홍, 이지스에듀, 2024

64 『매일 아침 써봤니?』, 김민식, 위즈덤하우스, 2018

65 『항상 앞부분만 쓰다가 그만두는 당신을 위한 어떻게든 글쓰기』, 곽재식, 위즈덤하우스, 2018

칙을 창시한 대니얼 레비틴은 저서『정리하는 뇌』[66]에서 우리 뇌에 떠오르는 아이디어와 생각들을 정리하고 기록하는 습관을 강조합니다. 23년 편집자 경력을 바탕으로 쓴『메모의 즉흥성과 맥락의 필연성』[67]에서는 메모 상자인 제텔카스텐을 사용해 자신만의 언어로 메모를 써서 그 메모들을 연결하고 위대한 저서를 남긴 이들의 일화를 접할 수 있습니다. 훌륭한 저자들은 모두 아주 작은 생각의 조각, 글감을 놓치지 않고 모았습니다. 그리고 그 작은 글감 씨앗들에 독서와 생각이라는 물과 햇빛을 더해 한 편의 책으로까지 키워 냈습니다.

I는 Inspire Creativity이며 '창의력 발휘하기'입니다

동물들은 존재의 흔적만 남기지만 인간은 창조의 흔적을 남깁니다.『창조하는 뇌』[68]는 뇌과학자 데이비드 이글먼과 작곡가인 예술가 앤서니 브란트가 함께 인간 창의성의 비밀에 대한 탐구를 담아낸 책입니다. 넷플릭스에서 다큐멘터리로 만들어지기도 했습니다. 인류 역사를 다양한 각도에서 조망하며 역사 속 위인들과 혁신적 사례를 분석합니다. 이들에 의하면 창의적 사고가 '번개처럼 번쩍이는 아이디어'라는 생각은 오해입니다. 똑같이 '보는 기능'을 활용한다 해도 누군가는 '견학'에 그치고 누군가는 '관찰'합니다. 견학을 둘러보는 일입니다. 관찰은 뉴턴의 사과 에피소드에서 알 수 있듯 현상 아래의 원리와 본질을 보는 방법입니다. 창조성은 과거의 경험과

---

66 『정리하는 뇌』, 대니얼 J. 레비틴, 와이즈베리, 2019
67 『메모의 즉흥성과 맥락의 필연성』, 김영수, 인간희극, 2024
68 『창조하는 뇌』, 데이비드 이글먼, 앤서니 브란트, 쌤앤파커스, 2019

지식, 이미 주변에 존재하는 무언가를 원재료로 삼아 피어나며 갑자기 나타나는 존재가 아닙니다.

창의적인 사고는 자녀 교육에 있어 부모들이 가장 관심을 갖는 주제입니다. 학습 과정에서도 중요할 뿐만 아니라 변화무쌍한 미래 사회에서 살아가기 위한 중요한 역량이기 때문입니다. 아이가 창의적인 글쓰기를 하려면 나의 내면과 주변 세계를 관찰하고 탐구하는 시간이 필요합니다. 내 의지로 글쓰기의 주제를 자유롭게 선택하고 질문하는 대화가 이어져야 합니다. 긍정적인 경험이 반복되면 아이는 더 잘 쓰고 싶은 마음에 읽고 알아가는 영역으로 스스로 나아갑니다.

기억해 주세요. 아이가 쓰고 싶은 내용은 엄마가 보고 싶은 글이 아닐 때가 훨씬 많습니다. 엄마가 보고 싶은 것은 엄마가 쓰면 됩니다. 아이가 어릴 때 좋아하던 캐릭터를 그리거나 글쓰기에 등장시켰을 때 "네가 몇 살인데 이런 걸 그려! 쓸 게 그렇게 없어? 생각이 있는 거야, 없는 거야?"하는 순간 아이의 창의성은 사막에 떨어진 한 방울 물처럼 흔적도 없이 증발합니다.

L은 Learn from Mistakes이고 '실수에서 배우기'입니다

『마인드셋』[69]의 저자 캐럴 드웩은 실패한 사람들과 성공한 사람들을 비교 연구하며 중요한 점을 발견합니다. 세상은 배우려는 자와 배우지 않으려는 자로 나뉘며, 두 그룹을 나누는 바탕에는 마인드셋이 있다는 것이지요. 마

---

69 『마인드셋』, 캐롤 드웩, 스몰빅라이프, 2023

인드셋은 쉽게 말해 자신의 재능과 능력에 대해 어떻게 생각하는가에 대한 마음가짐 혹은 태도입니다. 성장형 마인드셋을 가진 사람들은 선천적 능력과 무관하게 자신의 능력을 얼마든지 발전시킬 수 있다고 믿습니다. 반면 고정형 마인드셋을 가진 사람들은 능력은 변하지 않는다고 믿으며 쉽게 포기하고 낙담합니다.

저도 저의 실수를 마주하면 기분이 좋지 않습니다. 특히나 너무나 어이없는 실수를 저질러 가족에게 불편을 주거나 일을 그르치게 되면 더욱 그렇습니다. 다행히도 저는 회복이 빠른 편입니다. 늘 곁에서 상황의 긍정적인 면을 발견하고 현실적인 대안을 찾아 행동해야 한다고 응원해 주신 엄마 덕입니다. 그 사실을 익히 알고 있기에 저희 아이들이 실수할 때에도 "더 나아질 수 있는 기회를 발견한 거야!"라고 말합니다. 아이들은 가끔은 엄마가 왜 저러시나 하고 쳐다보기도 합니다. 실수를 마주했을 때의 불쾌한 감정을 없애거나 없는 척하는 것이 아니라 있는 그대로 바라보고 바로잡을 수 있는 기회로 관점을 바꾸는 일은 엄마가 줄 수 있는 선물입니다.

영어 학습과 관련하여 학습자의 감정, 정서에 집중한 연구들이 있습니다. 학습자가 평가에 대해 가진 두려움이 쓰기 활동에 부정적인 영향을 미친다는 연구는 엄마가 아이에게 어떤 태도를 보여야할지 가르쳐 줍니다. 엄마에게조차 평가받을까 두렵고 무섭다면 아이에게 글쓰기는 매번 고통스러운 일이 될 겁니다. 실수는 아이가 성장하는 데 중요한 자원이자 기회입니다. 아이가 글쓰기에서 실수했을 때, 그것을 실패로 여기기보다는 성장의 기회로 삼도록 응원해 주세요. 실수에 대해 괴로워하는 마음을 억지로 덮거나 피하지 말고 직면하고 나아가면 됩니다. 다음에 잘하면 됩니다.

괜찮지 않은 아이에게 괜찮다고 100번 말해야 소용없습니다.

엄마가 도와주세요. 아이가 실수를 두려워하지 않고, 그것을 통해 더 나은 결과를 얻을 수 있도록 지지해 주세요. 영어 글쓰기에서도 맞춤법이나 문법에서 실수하더라도, 그 실수를 바로잡고 더 나은 표현을 찾는 과정에서 자녀의 영어 실력은 한층 더 발전합니다. 쓰기는 맞춤법이나 문법이 전부가 아니라 아이의 삶이 담기고 기록되는 과정임을 잊지 말고 응원해 주세요. 실수는 성장으로 나아가는 과정입니다.

E는 Enjoy the Journey이고 '과정을 즐기기'입니다

Journey는 '여행' 그리고 '여정'을 뜻합니다. 여정은 도착만 목표로 하지 않습니다. 목적지를 향하는 모든 걸음걸음이 과정으로서 소중합니다. 아이와 영어 글쓰기를 하는 일은 단거리 경주로 끝나지 않습니다. 평생을 지속할 일입니다. 게다가 아이는 엄마가 살아보지 못한 세상에서 스스로 적응하고 극복하며 살아가야 합니다.

'결과가 전부가 아니다.' 이런 말씀을 드리려는 건 아닙니다. 현실적인 부분도 무시할 수 없으니까요. 잠시 제 개인사를 말씀드릴게요. 저는 최초로 400점 만점 체제의 수능을 본 97학번입니다.(1996년도 시험을 본 거죠.) 다들 최초가 되지 못해 안달인데, 입시 제도의 변화를 최초로 겪어야 한다는 사실은 달갑지 않았어요. 고등학교 3년은 카오스 그 자체였습니다. 뭐가 어떻게 돌아가는 건지 한없이 불안했습니다.

제가 중학교 3학년 때 첫 대학수학능력시험이 실시되었습니다. 연 2회 치러졌었지요. 당시에는 인터넷이 없었습니다. 신문과 저녁 뉴스 정도로 세상을 만나는 게 전부였어요. 달라진 시대만큼 뛰어난 사고력을 보이는 학생을 선발하는 방식으로 대학 입시가 바뀐다고 했습니다. 도대체 뭐가 바뀌고 달라진다는 걸까. 나는 그런 뛰어난 사람에 속할 수 있을까. 무지는 불안과 두려움을 낳습니다. 그 변화에 적응하지 못하면 쓸모없는 인간이 될 것 같은 공포가 턱 밑까지 차올랐습니다. 좋지 않은 성적을 보고 실망한 부모님들의 '괜찮은 척 하려고 애쓰는 괜찮지 않은 모습'이 떠올라 괴로웠습니다.

'으아, 숨 막혀. 복도에서 아무도 안 노나?'

연합고사를 치루고 인문계 고등학교에 진학했습니다.(그때는 고등학교도 시험을 봐서 진학했습니다.) 매운 입시의 채찍에 갈겨 마침내 진학한 고등학교는 어디다 무릎을 꿇어야 할지 한 발 재겨 디딜 곳조차 없었습니다. 3월이 끝나가도록 쉬는 시간에 복도에서 노는 친구가 없었습니다. 새로 시행된 시험에 대한 적응과 과거의 흔적을 완전히 지워내기는 어려울 것이라는 불안 속에 내신, 수학능력시험, 논술, 대학별 시험, 과거의 본고사 등 준비해야 할 일들이 많았습니다. 당시에는 국어, 영어, 수학뿐만 아니라 사회영역(사회문화, 정치경제, 한국지리, 세계지리, 한국사, 세계사, 국민윤리 등), 과학영역(물리, 화학, 지구과학, 생물)의 모든 과목을 공부해야 했습니다. 해마다 변화되는 입시 제도 속에서 살아남아야 한다는 생존각성의 나날이었습니다.

어른이 되어, 당시 관련 자료와 교육부 자료들을 살펴보았습니다. 종래 특정 교과목 중심의 암기 위주 고사 방식에서 과감히 탈피하여 종합적 사고능력을 묻는 적성시험이 대학수학능력시험이라는 설명을 읽었습니다.

'기초수학능력'과 '고등정신능력'을 측정하고 암기 위주의 입시 교육을 방지하여 과외 수요를 줄이고 학생들의 심리적 부담, 학부모들의 경제적 부담을 줄이는 것이 목적이라고 적혀 있었습니다.

어라, 이 이야기들, 어디선가 많이 듣던 이야기입니다. 단순 암기 탈피, 사교육 줄이기, 심리적 부담 감소, 창의력과 사고력 지향, 미래 사회 인재 양성. 네, 오늘날 우리가 여전히 듣는 이야기들입니다. 안타깝게도 사교육 시장은 나날이 커졌고 등급제 아래에서 아이들은 더 큰 부담을 느끼며 부모들의 부담도 함께 커졌습니다. 입시 준비에 워낙 일찍 뛰어들다 보니 해야 할 것은 더욱 많아졌습니다. 어른들이 '현실'이라는 이름으로 시작한 불안과 경쟁심의 횃불이 아이들과 부모들의 마음을 타들어 가게 합니다. 서로의 어둠을 밝히고 소식을 전하는 공존공생의 빛이면 좋으련만 더 밝고 큰 빛을 시샘하고 죽여야만 살 수 있는 어두운 빛인 것 같아 안타깝습니다. 우리 아이들은 기후 위기 같은 전 세계적인 문제, 변화무쌍한 미래 사회에 함께 대응하며 살아가야 합니다. 정작 아이들은 협동과 소통보다 더 나은 등급 판정표를 얻기 위해 친구를 밟아야 내가 살 수 있는 상황에서 자라고 있습니다.

30년의 시간차이가 있음에도 불구하고 쳇바퀴에 올라탄 듯 반복되는 대한민국 입시 상황에서 두 가지 말씀을 드리고 싶습니다.

하나는 교육 과정 및 입시 제도의 변화가 어떻게든 나은 방향으로 가 보고자 하는 노력이라는 점입니다. 안타깝게도 그 과정과 결과가 애초 목표한 대로 달성되기는 어려워 보입니다. 다른 하나는 그래서 엄마들의 역할이 더 중요하다는 점입니다. 사회가 제도를 만들고 시스템을 바꿀 때, 가장 바탕이 되는 아이 삶의 힘과 에너지를 지키는 것은 중요합니다. 팔려나가는 상품처럼 등급으로 나뉜 결과에 자신의 인생 전체를 걸고 스스로의 가치를 함부로 깎아내리지 않도록 아이를 지키고 응원해야 합니다.

아이들은 우리보다도 더 긴 인생을 살아갈 겁니다. 결과보다 과정을 즐기는 태도는 학습뿐만 아니라 삶을 살아가는 데에서도 중요합니다. 학습은 단순히 인지적인 기능만이 아니라, 과제에 도전하고 극복하는 경험을 통해 세상을 견디는 힘을 키워줍니다. 따라서 기꺼이 도전하고 깨지고 다시 일어나도록 응원해야 합니다. 아이가 글쓰는 과정을 통해 일상의 작은 성취감을 느끼고, 그 성취가 쌓일 때 오는 뿌듯함을 경험하게 해 주세요. 결과에 상처받고 평가받지 않도록 해 주세요. 글쓰기가 점차 익숙해질수록 아이의 세계도, 아이의 실력도 함께 커나갈 수 있습니다.

4
아이의 영어 글쓰기 정서, 망치지만 말자

'쓰기'라는 말만 들어도 표정이 변하고 한숨 쉬는 아이들이 많습니다. 엄마는 그런 아이를 보며 어떻게 해야 할지 고민됩니다. 마음 한편에 화가 차오릅니다. 아이를 원망하다가 그런 마음을 갖는 나 자신이 못나 보이고 죄책감이 듭니다. 저 역시 아이와의 글쓰기가 늘 순탄하고 평화롭지 않기에 그 마음 너무나 잘 알고 있습니다. 그럴 때 저는 소리 내 가만히 말해봅니다.

"망치지만 말자."

『상위 1%의 비밀은 공부정서에 있습니다』[70]에서 이 문장을 읽었을 때 시원함, 안도감, 서운함, 의구심 등 다양한 감정이 느껴졌습니다. 정우열 선생님은 요즘 우리 사회에서 부모의 할 일에 대한 기준이 너무 높아지고 있다고 진단합니다. 우리는 누구나 아이를 잘 키우는 훌륭한 부모가 되고 싶습니다. 문제는 그 마음이 압박감으로 변하면서 시작됩니다. 그런 압박감은 긍정적 영향을 끼칠 가능성이 거의 없습니다. '1등으로 잘하자.', '최고로 해내자.'라는 마음을 '최악으로 가지는 말자.' 정도로 유지하는 것이 중요하

---

70 『상위 1%의 비밀은 공부정서에 있습니다』. 정우열, 저녁달, 2024

다고 강조합니다.

글쓰기는 공부의 심장입니다. 글쓰기 격차가 학습 격차로 이어진다는 사실은 분명합니다. 글 잘 쓰는 아이가 공부를 잘한다는 말, 한 번쯤 들어보셨을 겁니다. 내 아이의 글쓰기를 생각하는 엄마들의 심장이 조여 오는 건 당연합니다. 글쓰기는 쉽지 않으니까요. 단시간에 빠르게 익히기 어렵습니다. 은근슬쩍 알아보니 옆집 아이는 반듯반듯한 글씨에 한쪽을 넘겨서 술술 써 내려간다고 하네요. 내 아이는 도대체 뭐가 문제인지 알 수가 없습니다. 삐뚤빼뚤한 글씨와 "오늘 나는"으로 시작하는 내용이 반복됩니다. 1학년 때는 그래도 귀엽습니다. 학년이 올라가면 글자 칸이 작아지고, 칸이 사라지면서 줄이 늘어납니다. 채워야 할 여백은 많아지고 아이는 빈 공책 앞에 오도카니 앉아 쓸 말이 없다고 합니다.

※ 위와 같은 상황에서 엄마가 해야 할 말로 알맞은 것을 고르세요.

A.

① 왜 쓸 말이 없어! 왜 맨날 같은 말을 써!

② 게임하고 유튜브 볼 시간에 책 좀 읽지! 아는 게 없으니 쓸 게 없지!

③ 지난 번에 〈티처스〉 보여줬잖아. 주술 구조 맞춰 쓰라고 몇 번을 말해!!

B.

① 어? 오늘 너한테 이런 일이 있었구나. 덕분에 엄마도 소식을 알게 되었네. 너 있잖아, 엄마가 맨날 같은 반찬만 해 주면 어떨 것 같

아? 싫어? 왜? 그렇지, 같은 것만 먹으면 엄마도 질려버릴 거야. 네가 일기 쓸 때도 살짝 변화를 주면 어떨까? 그래, 시작하는 부분만 바꿔보는 거야. 그때 나눈 이야기를 적는다든지, 주변 상황을 떠올려본다든지 할 수도 있어. 그럼 글이 더 맛있어질 것 같아.

② 설명하는 내용으로 일기를 쓰려는데 단어가 생각이 안 나서 답답했나 보다. 어휴, 맞아. 진짜 답답하지. 엄마도 말하고 싶은 단어 생각이 안 나서 "그거, 그거 있잖아."라든가 "거기, 거기 기억 안 나?"할 때가 있어.(아이들이 폭포처럼 그간 지켜본 엄마의 실수를 신나게 읊어 줄 겁니다. 엄마들, 이 순간에 절대 화내면 안 됩니다!) 혹시 어떤 내용 쓰고 싶었는지 같이 생각해 보면 좋겠는데, 어때?

③ 엄마가 지난번에 키친 타올을 치킨 타올이라고 해서 우리 다 웃었던 것 기억나? 아빠가 과일 가게에서 "일론 머스크 사자."했는데 누나가 '샤인 머스캣' 집었잖아. 글자 맞춰 단어 쓰기도 이렇게 헷갈리는데 주어랑 서술어 맞추는 일이 쉽겠어? 쓰느라 애썼어.

알죠. 우리는 다 압니다. 그런데도 생각과 행동은 자주 어긋납니다. 정우열 선생님에 따르면 엄마가 공부와 관련해 오랫동안 가지고 있던 부정적인 정서가 아이를 가르칠 때 되살아난다고 합니다. 그렇게 아이를 가르치며 계속 건드려진 엄마의 부정적인 정서가 어느 순간 아이에게 화살이 되어 폭포수처럼 쏟아지는 겁니다. 해결되지 못한 엄마의 부정적 감정 찌꺼기들이 내 아이에게 박히는 겁니다. 이때 아이가 경험하는 감정은 생각보다 깊고 넓고 아프고 오래 간다고 해요. 우리 아이들은 130세까지 살게 될 겁니다. 그래서 평생 공부해야 합니다. 급변하는 사회에 적응하고 살아야 하니까요. 글쓰기는 공부의 심장인데 나도 모르는 사이 내 아이의 쓰기 정서를 망가뜨릴 수도 있다고 생각하면 아찔합니다.

엄마가 텅 빈 공책 앞에서 화를 내면 아이의 마음밭은 황폐해집니다. 아이들의 세계는 오랜 시간 정성들여 가꾸면 근사한 마당이 되고 울창한 숲이 될 수도 있습니다. 아이들이 쩔쩔매지 않았으면 좋겠습니다. 자기가 심은 씨앗들이 무슨 꽃인지 모르는데 당장 그 꽃을 피워내라고 다그치면 얼마나 무섭고 고통스러울까요. 아이들의 정원에는 자기도 모르는 사이에 날아와 자리 잡은 씨앗들도 있을 겁니다. 엄마의 성화에 땅을 파헤치면 여린 뿌리와 싹은 끝내 버티지 못합니다. 고대로부터 생명을 지키고 조화를 유지하는 일은 모두 어머니의 몫이었습니다. 내 아이의 온전한 성장 가능성을 지키는 일은 엄마가 가장 잘할 수 있습니다.

엄마가 아이를 사랑하는 일이 무슨 끝이 있을까요. 나도 모르게 조급하고 답답해지면 눈을 감고 나지막이 말해 보세요.

"망치지만 말자."

5
가족과
긍정확언 나누기

학창 시절 운동회는 즐거운 추억입니다. 운동 신경 좋은 친구들을 선발하고 다른 반 전력을 살피며 정보를 나눕니다. 그러나 뭐니 뭐니 해도 운동회의 꽃은 응원전입니다. 운동회 당일 경기 결과는 우리가 결정할 수 없지만, 응원만큼은 함께 격려하며 계속할 수 있습니다. 이기면 이겨서 '잘했다'라고 소리치고 지면 진대로 '괜찮아!'를 외칠 수 있으니까요. 우리가 정한 우리 반 구호를 목이 터져라 외치며 기쁘고 속상한 마음을 나누고 나면 반 아이들과 한결 가까워진 느낌이 들었습니다.

공부도 가족이 함께 공유하는 가치가 있다면 더 수월하고 즐겁게 해 나갈 수 있습니다. 'SKY ○○학번, 반드시 간다!', '이번 시험, 무조건 1등급!' 등의 명확한 목표 의식이 담긴 문장도 있겠으나, 이런 문구보다 가족 한 사람 한 사람의 존재 가치를 빛내주는 말을 나누면 어떨까요. 공부는 평생 필요합니다. 나를 소중히 여기고 하고 싶은 일이 있는 사람은 공부를 알아서 하게 됩니다. 그런 사람에게 공부는 단순히 등급이나 점수를 획득하기 위한 과정이 아니라 나다운 행복과 만족을 느끼게 위해 하는 일이니까요.

저희 가족이 집안 곳곳에 붙여 두고 틈날 때마다 소리 내어 읽(어주)는 글이 있습니다. 『학급긍정훈육법』[71]이라는 책에 나오는 내용인데, 제가 읽어 주니 아이들이 '기분 좋아지는 글'이라고 했습니다.

나는 내면의 힘이 강한 사람이다

1. 나는 능력이 있다.
2. 나는 꼭 필요한 사람이다.
3. 나는 남에게 도움을 주고, 주변에서 일어나는 일에 긍정적인 영향을 미친다.
4. 나는 원칙이 있고 자기 조절력이 있다.
5. 나는 다른 사람을 존중하며 행동한다.
6. 나는 꾸준한 연습을 통해 지혜와 판단력을 발달시킨다.

사춘기가 한창인 중2 딸이 "눈으로 봤을 때도 좋은 말이다 싶었는데 엄마가 소리 내어 읽어 주는 걸 들으니 더 좋았다."고 했습니다. 여러 장을 프린트해서 집안 곳곳에 붙여두었습니다. 제가 처음에 소리 내어 읽으니 어느 날부터인가 아이들도 소리 내어 읽기 시작했습니다. 나와 가족을 위해 긍정 언어를 선물하는 일은 어렵지 않습니다.

낯간지럽고 손발이 오그라들어 못할 것 같다구요? 아이를 위해 우리가

---

71   『학급긍정훈육법』, 제일 넬슨 외, 에듀니티, 2014

못할 일이 뭐가 있나요! 사람에게는 거울 뉴런이 있습니다. 한 사람이 시작하면 그 행동을 본 다른 사람이 같은 방식으로 행동하고 반응하게 됩니다. 내 아이 평생의 핵심 근육이 될 글쓰기를 위한 일인데 용기를 내야 하지 않을까요? 반응이 느리더라도 아이는 응원과 격려를 서서히 느끼게 됩니다. 서로를 위해 애쓴 시간들은 차곡차곡 가슴에 쌓이게 될 겁니다.

6 ──────────────── ✦
옆집 아이는 '남의 떡'이다
: 인간은 비교 기계

    지금도 그때를 떠올리면 미안해서 얼굴이 붉어집니다. 큰아이 유아식을 시작한 지 얼마 되지 않았을 때입니다. 설레는 마음으로 처음 수박을 줬습니다. 흘리지 않고 잘 먹던 아이가 그날은 입가로 수박이 줄줄 흘리더라구요. 즙으로 만들고 갈기도 하며 몇 번을 시도했는데 마찬가지였습니다. 모든 유아식 책에서 최고의 간식이라고 하는 수박인데 이게 무슨 일인가 싶었습니다. 다른 아이들은 다 잘 먹는데 내 아이는 왜 이러나 궁금했습니다. 수박 잘 먹는 아이 엄마가 어찌나 부럽던지요. 지금 생각하면 왜 그렇게 수박에 목숨 걸었나 모르겠습니다.

    아이가 자라면서 (몇 년에 걸쳐) 새로운 사실을 알게 되었습니다. 제 딸은 수박, 오이, 참외, 멜론, 생토마토 등을 모두 먹을 수 없었던 거예요! 어린이집에서도 이따금 구토하며 밥을 먹지 못했던 때가 있었는데 비빔밥에 오이가 들어간 날이었음을 나중에야 알게 되었지요. 어린 것이 말도 못하고 그저 울기만 했으니 얼마나 힘들었을까요. 저는 아이를 안고 병원으로 달렸습니다. 선생님들은 아이가 편식이 심하다며 식습관 교정을 위해 집에서 노력해 달라고 했습니다. 병원에서는 그럴 수 있다며 배앓이 약을 처방해졌습니다. 지금 생각하면 미안한 마음뿐입니다.

안타깝게도 이런 일들이 공부와 관련해서 자주 일어납니다. '못 먹는 과일'이 '못 하는 과목'으로 바뀐 것뿐입니다. 글쓰기도 그 과목 가운데 하나입니다. 이제까지 살펴본 대로 글쓰기는 평생 공부의 영역입니다. 모든 감각과 사고를 나를 통해 걸러내고 내 안에 녹여내야 합니다. 보이지 않는 생각을 보이는 문장이 되도록 필기구와 종이를 통해 몸으로 써나가야 합니다. 당연히 어렵습니다. 이런 상황에서 옆집의 누군가, 같은 라인의 누군가와 비교 당하는 일은 상처 그 자체입니다. 잘 쓰고 싶어 누구보다 힘든 사람은 아이 자신일 테니까요.

수잔 피스크는 '인간은 비교 기계'라고 비유합니다. 인간은 끊임없이 타인과 자신을 비교하는 존재라는 겁니다. 그녀에 따르면 누구나 사회적 존재로서 자신과 타인의 지위나 능력을 비교하는 경향이 있으며, 이 비교가 사회적 위계와 관계를 형성하는 데 중요한 역할을 합니다. 사람들은 자신보다 지위가 높은 사람에게는 질투나 선망을 느끼고, 지위가 낮은 사람에게는 경멸이나 무시를 느끼는 경향이 있다고 합니다. 이 과정에서 사람들은 끊임없이 자신이 상대적으로 어느 위치에 있는지 파악하고, 그에 따라 감정과 행동을 조절합니다.

문제는 이 비교가 아이를 대상으로 일어날 때 벌어집니다. 아이는 엄마의 트로피가 아닙니다. 그러나 아이를 사랑하고 안정된 미래를 마련해 주고 싶은 부모 마음은 넘지 말아야 할 선을 넘기도 합니다. 옆집 아이가 영어 에세이를 술술 써 내려간다는 소식을 전하며 엄마가 부러움, 원망, 화나는 마음을 티 내지 않으려 해도 아이들은 다 압니다. 아이들 처지에서도 마주하고 있어 봐야 엄마 화만 돋우는 일일 테니 문 닫고 들어가 혼자 있는 편이 속 편합니다. 이런 마음으로 시작한 글쓰기가 잘될 리 없습니다. 좋아질 리도 없습니다.

아이들이 혼자 사각사각 빈칸을 채우는 시간은 '자율성'과 '독립심'을 키워 주는 일이 아니라 외로움과 불안을 키우는 시간이 될 수도 있습니다. 내가 사랑하는 엄마를 실망하게 하고 싶지 않은데 잘 써지지 않는 노트를 보며 본인을 못난 존재로 여기도록 만드는 시간이 될 수도 있습니다. 나는 열심히 정말 열심히 썼는데 중요한 내용이 빠졌다며, 문장의 호응 관계를 지적하는 엄마를 보며 '어차피 써 봐야 소용없어.'라며 학습된 무기력에 빠질 수도 있습니다. 아이들이 텅 빈 모니터나 공책을 공포와 불안감으로 마주하지 않도록 쓰기 정서를 지켜 주는 일은 오로지 엄마의 응원과 사랑으로 가능합니다.

아이들은 우리가 남긴 말과 행동을 유산으로 간직하게 됩니다. 쌓이는 줄도 모르고 내 아이 안에 차곡차곡 쌓이기에 더욱 중요한 것이 부모의 말과 행동이지요. 정서적 금수저가 되어야, 공부 정서를 망치지는 말아야, 글쓰기에 대한 트라우마가 없어야 합니다. 아이들은 130세를 바라보는 세상에 살게 될 것이고, 그 긴 시간 공부 없이는 자기가 원하는 삶을 살기 어렵습니다. 우리는 열 달 동안 아이를 품어 세상과 만나게 하는 통로가 되었습니다. 우리의 초대를 받고 이 세상에 온 아이가 어떤 우주를 품고 자라게 될지 지켜보고 응원해 나가면 좋겠습니다.

7

구름을 드리우는 엄마
vs 무지개를 펼쳐 주는 엄마

초등 고학년 자녀를 둔 엄마들과 교과 과정 내용 체계와 성취기준을 살펴본 적이 있습니다. 상대적으로 '내용 체계'보다 '성취기준'에 관한 관심이 더 높았습니다. 아이들이 한 번의 시험 결과로 평가받지 않도록 과정을 살피도록 되어 있습니다만, 결국 이야기 결론은 '평가'로 귀결되더라고요. 이야기를 나누다 보니 엄마들이 아이 쓰기 교육 고민이 선명하게 나타났습니다.

"이것 봐, 글자와 단어를 바르게 쓰라잖아. 어휴, 지금 몇 학년인데 글씨체도 안 잡히고."

"중심 문장과 뒷받침 문장을 갖추라는데, 논리적인 흐름이 엉망이야, 엉망. 어쩜 좋아"

"아이고, 논리력은 배부른 고민이지. 우리 애는 절차와 결과가 드러나게 순서대로 쓰는 것도 못 해요."

"자기 의견이 있어야 한다는데 맨날 쓸 것 없다, 할 말 없다, 모르겠다 그러니 속 터져서 정말."

"주변에 있는 일을 쓰라는데 우리 애는 관찰력도 없고 의욕도 없고."

이야기를 나누다가 한 가지 이상한 점을 발견했습니다. 성취기준에는 분명 정성적인 부분들도 중요하게 다뤄지고 있습니다. 흥미를 갖고 자유롭게 쓰며 자신의 글에 자신감을 느끼는 것. 이런 자세야말로 아이의 쓰기 정서와 공부 정서를 결정하고 자기 주도적 학습을 하는 바탕이 되는 요인일 것입니다. 그런데 엄마들은 글쓰기의 기술적인 부분에 대한 성취기준에 훨씬 민감하게 반응하고 있었습니다. 한결같이 부족한 점만 이야기하고 있었습니다.

엄마도 아이도 잘하고 싶은 마음이 큽니다. 잘 써서 엄마에게 칭찬받고 기쁘게 해 주고 싶고 잘 가르쳐서 아이 인생에 도움이 되도록 하고 싶은 겁니다. 그런데 글쓰기를 둘러싼 우리들의 이야기는 장점을 발견하기보다 단점에서 출발하고 있습니다. 부족한 부분을 채워 더 잘하도록 이끌어주는 일은 중요합니다. 문제는 그 방식이 비난이나 지적인 경우가 많다는 사실입니다. 사람은 처음에 고정된 시야에서 벗어나기 어렵습니다. 학교에서, 학원에서 비교당하고 부족한 자신을 수시로 만나는 아이들이 집에서까지 모자란 존재가 된다면 아이들이 자신을 멋지다고 여기기 어렵습니다.

아이의 글쓰기가 잘 안 되는 날, 집안 분위기는 우중충한 흐린 날일 겁니다. 그때 엄마는 선택할 수 있습니다. 구름을 더 몰고 와 천둥 번개를 동반한 억수가 쏟아지게 할 수 있습니다. 반대로 아이에게 이 비가 지나갈 거라 다독이고 무지개를 펼쳐 보일 수도 있습니다. 현실을 똑바로 보라며 아이 머리 위로 구름을 층층이 쌓아올리면 아이의 표정을 볼 수 없게 됩니다. 세상에 하나밖에 없는 자신의 가치를 아이가 의심하지 않도록, 쏟아지는 빗속의 아이가 눈물 흘리지 않도록 엄마가 무지개를 펼쳐주세요.

8

나는 네가
보지 못한 것을 봐[72]

"아우, 진짜. 내가 엄마 생각을 어떻게 아냐고. 죽어라 썼는데 맨날 뭐라
그래."

"너희 엄마도 그러냐? 우리 엄마도 맨날 나보고 생각이 없는 애라고 그
런다. 답답해."

"선생님, 엄마는 왜 맨날 내가 안 쓴 것만 중요하다고 하는지 모르겠어
요. 저보고 생각이 없고 핵심을 모른대요. 짜증 나."

대치동에서 논술을 지도할 때 '맨날' 아이들에게 듣던 말입니다. 어쩜 우
리 삶은 '맨날' 그렇게 똑같을까요. 아이들은 최선을 다해 글감도 찾고, 개
요를 만들었답니다. 너무너무 쓰기 싫지만, 꾹 참고 바르게 쓰려고 노력했
고요. 그런데 엄마는 자기가 쓴 글을 제대로 읽지도 않고, 어떤 생각을 했
는지 묻지도 않고, 손이 얼마나 아픈지 신경도 안 쓰면서 엄마가 생각하는

---

72 독일의 스무고개 놀이이다. 독일 아동·청소년문학상 60주년 기념 작품집의 제목이기도 하다. 독일 아동·청
소년 문학협회 회장은 주자네 헬레네 베커에 의하면 "국가 사회주의 시대에 독일의 야만적인 행위가 어떤
결과를 초래했는지 목도하며 의도적으로 국제적인 상으로 구상"되었다고 한다. 전 세계 사람들을 이야기
로 잇고자 한 정신이 담긴 세계 각국의 주옥같은 작품이 담겨 있다.

중요한 부분이 빠졌다고 혼낸다고 했습니다. 그때는 웃으며 들었습니다. 두 아이의 엄마가 된 지금 저도 아이들과 그 '맨날'을 살고 있습니다.

논술은 논리적이고 이성적인 글쓰기 갈래입니다. 그러나 그 안에 담긴 내용들은 엄연히 사람 사는 부분에 대한 것이지요. 가슴은 뜨겁게 머리는 차갑게 써야 합니다. 초등학생들의 경우 문학과 비문학의 고른 독서 습관을 잡기 위해 다양한 영역의 책을 함께 읽습니다. 저는 수업 시간에 저의 초등학교 일기장을 보여 주기도 했는데요, 아이들이 몹시 신기해하며 관심을 가졌습니다. 시간이 흘러 아이들과 신뢰가 쌓이면 속마음을 보여 줄 때가 있습니다. 아무리 사교육 기관에서 아이들을 만나더라도 사생활을 존중하고 아이들 마음을 있는 그대로 보듬어 다독이는 건 어른으로서 당연한 일입니다.

아이들이 서운하고 슬펐던 마음을 말하더라도 해당 내용으로 바로 학부모 상담을 하면 집안에 평지풍파를 일으킬 수 있습니다. 아이의 글쓰기 데이터를 모아 적당한 시기에 아이의 답답했던 마음을 잘 녹여 학부모 상담에 반영합니다. 아이의 성장과 긍정적 변화를 중심에 두고 보완해야 할 부분과 아이의 답답해하는 마음은 살짝 얹어서 칭찬과 응원을 해 주시길 말씀드렸습니다. 안타깝게도 산에 올라가 허공에 흩어지는 메아리를 바라보는 느낌일 때가 많았습니다.

상담을 하다 보면 엄마도 쌓인 게 많습니다. 최선을 다해 장점을 찾고, 칭찬거리를 생각했다고 합니다. 너무너무 못 써서 칭찬할 게 없지만 참고 긍정적인 말을 해 주려고 노력했고요. 그런데 아이는 엄마가 해 준 말을 제대로 듣지도 않고, 어떤 실수를 고쳐야 하는지 묻지도 않고, 엄마 마음이 얼마나 답답한지 신경도 안 쓰면서 대충 보고 왜 뭐라 하느냐며 오히려 따지고 대든다고 했습니다.

대구법도 이런 슬픈 대구법이 없습니다. 여기서 꼭 기억해야 할 부분이 있습니다. 아동의 권리가 존중받고 대등해진 시대라고 하나 아이들은 가정 내에서 약자입니다. 그리고 엄마를 세상 누구보다 사랑합니다. 그런 엄마가 사랑해서 실력이 나아지기를 바라며 가시로 계속 찌르면 아이들의 글쓰기 의욕은 구멍 난 풍선이 됩니다. 서서히 바람이 빠지며 작아집니다. 차라리 펑 터지면 바로 알 텐데 아이들이 나름대로 버티려고 애쓰기에 작아지고 있다는 사실조차 모릅니다. '글쓰기 해 봤자 혼나기만 하고 무슨 소용이야?'라고 묻게 만든 학습된 무기력이 자리 잡으면 글쓰기는 점점 어려워집니다.

엄마는 어른이고 아이는 어린이입니다. 엄마는 아이가 보지 못한 것을 볼 수 있습니다. 그런데 어른들이 자주 잊어버리는 사실이 있습니다. 아이도 엄마가 보지 못한 것을 볼 수 있습니다. 어쩌면 더 투명하고 훨씬 깊이 볼 수도 있습니다.

아이가 보지 못한 '틀린 부분'과 '부족한 부분'을 보는 엄마.

글자 뒤에 가려진 '엄마를 사랑하는 마음'과 '잘 쓰고 싶어 발 동동 구르는 마음'을 보는 엄마.

사랑 가득한 눈으로 무엇을 볼지 우리는 선택할 수 있습니다.

닫는 글

"자식 공부 잘하게 하는 일이라면 도둑질 안 할 부모가 없단다."

제가 어릴 때 외할아버지께서 하셨던 말씀입니다. 그때는 그냥 웃었는데 저도 부모가 되고 나니 그 말씀이 새록새록 생각납니다. 시대를 떠나 아이들 교육 문제가 부모에게 얼마나 중요하고 절실한지 느껴지기 때문입니다.

수많은 책 가운데 이 책을 골라들고 여기까지 함께 읽어 주신 모든 분께 깊이 감사드립니다. 인공지능의 시대에 글쓰기는 공부의 심장, 삶의 심장으로 더욱 중요해질 것입니다. 글쓰기는 기본적으로 대화이며 소통입니다. 온전히 '나'에게 집중해서 표현한 다음, 내 이야기에 귀기울여주는 독자가 있어야 글이 생명을 얻으니까요. 그렇기에 나로부터 출발하되 다른 사람의 입장과 처지를 생각하고 배려해야 울림 있는 글, 좋은 글을 쓸 수 있습니다. '나'는 '남'이 있어야 알아볼 수 있습니다. 제가 아이와 궁리하고 시도한 도전의 과정에 함께 해 주신 여러분이 계셔서 이 책이 살아 숨 쉴 수 있게 되었습니다.

글은 쓴 사람을 투명하게 드러내는 거울입니다. 아이가 성장하며 글을 쓸 때마다 그만큼 달라진 아이의 모습이 비춰집니다. 글쓰기를 지속하며 커가는 아이는 자신이 누구인지, 자기는 무엇을 좋아하는지, 어떤 삶을 살고 싶은지 스스로 결정하고 최선을 다할 것입니다. 자신을 아끼고 소중히 하며 대화하는 사람은 자기 자신과 남을 절대 함부로 대하지 않습니다. 그런 사람들이 많아진다면 우리가 함께 살 세상은 더 풍요롭고 행복할 수 있습니다.

아이가 쓴 글은 때로 세상과 소통하는 창문이 됩니다. 엄마는 어느새 자라 품을 떠나려는 아이를 보며 걱정과 두려움이 앞서기도 합니다. 아이가 자신의 색깔대로 자라면서 엄마와 끝없이 대화할 수 있도록 아이의 글쓰기를 차근차근 충분한 시간을 들여 응원하고 기다려주세요. 그리고 엄마도 함께 쓰시면 좋겠습니다. 멋들어진 글, 남에게 보여 줄 글이 아니라 온전히 내 아이에게 귀 기울이고 대화하는 메모 한 장은 그 어떤 글보다 가치 있고 소중합니다.

'인공지능을 활용해 글쓰기를 하면 시험을 잘 볼 것'이라는 수단—목적 프레임으로 글쓰기를 대하면 곤란합니다. 글쓰기의 쓸모는 평생이고 쓰는 사람의 잠재력은 무궁무진한데 시험 보는 동안만 억지로 하는 결과를 낳을 수 있으니까요. 글쓰기를 '사람 사이의 생생한 소통의 열쇠'로 대한다면 엄마와 아이는 서로의 마음을 열고 들어갈 수 있습니다. 그렇게 자란 아이는 자신의 마음을 읽고 표현할 수 있기에 병들지 않고, 다른 이와 공감할 수 있기에 훌륭한 사회 구성원으로 성장할 겁니다. 숫자로 드러나는 성적, 세상에 흘러 다니는 불안과 공포로 아이가 창 하나 없는 어두컴컴한 방에 갇

히지 않도록 함께해 주세요. 아이가 독립한 후 빈 자리를 바라보며 허무하지 않도록 엄마도 엄마를 위한 글쓰기의 씨앗을 뿌리시면 좋겠습니다.

불안이 아닌 확신의 언어, '남의 아이'가 아닌 '내 아이'를 있는 그대로 바라보는 시선, 사교육 시장의 유행이나 트렌드를 넘어선 본질의 언어가 늘 여러분 곁에 함께 하기를 간절히 바라봅니다. 이 책을 쓰면서 저와 저희 가족은 대화가 많이 늘어났습니다. 그 덕분에 처음에는 책이 되리라 생각지도 못했던 하루하루의 글쓰기가 쌓였습니다. 가족의 나이테가 되고 한 권의 책이라는 몸을 갖추게 되었습니다. 한 문장 한 문장 써 나가는 동안 제 스스로 겉과 속이 다른 이중 언어를 쓰고 있지 않은지, 있는 그대로의 현실과 노력을 담았는지, 스스로 부끄러운 마음에 포장한 부분은 없는지, 혹시나 독자들께서 불편한 마음이 드는 부분은 없을지 고민하고 또 고민했습니다. 그래도 부족하고 모자란 부분이 있을 겁니다. 선입견과 편견은 깨지기 전에는 알아차리지 못하니까요. 만일 그런 부분이 있으시다면 너그러운 마음으로 이해해 주시길 부탁드려봅니다.

학부모와 아이가 불안해하지 않고 자기답게 질문하고 공부하는 사회를 꿈꿔봅니다. 그런 사회의 교육 가족으로 살고 싶습니다. '입시공화국'인 현실은 쉽게 변하지 않겠지만 본질에 충실한 공부, 삶의 바탕이 되는 근육을 키우는 공부, 인공지능의 시대에 오히려 더 중요한 글쓰기의 가치를 지키려는 분들이 계셔서 희망을 갖게 됩니다.

오래 보아야 예쁜 법입니다. 아이들도 엄마도 그렇습니다. 불안에 사로잡히면 제대로 그윽하게 바라보기 어렵습니다. '지금'이 가장 빠른 때이고 좋은 순간입니다. 지금부터 아이가 보여 주는 일상 속 빛나는 모습을 바라보고 대화하며 기록해 보세요. 비교의 안경을 벗고 불안의 잣대를 내려놓고 오늘부터 1일이라는 마음으로 바라보면 좋겠습니다. 엄마의 애정과 인정 속에 아이의 글쓰기도, 삶을 헤쳐 나갈 힘도 자라납니다. 비교와 꾸지람에 눌려 납작해졌던 아이가 제 모습을 갖추며 입체적으로 살아날 거예요. 엄마와 아이가 함께 쓰고 대화하면 가족은 든든한 등대가 됩니다. 사춘기의 풍랑도, 입시의 태풍도, 알 수 없는 미래의 삶도 직면하고 헤쳐 나갈 수 있는 빛이 됩니다.

책을 준비하며 소중한 인연들을 많이 만나게 되었습니다. 앞으로도 두 명의 중학생 학부모로서 아이들이 지나온 시절에 대한 경험을 나누겠습니다. 다가올 시절에 대한 선배 엄마들의 조언에 에 귀 기울이겠습니다. 무엇보다 아이들의 중등 과정이 그 자체로 귀하고 소중한 시간이 되도록 '지금'을 알차고 행복하게 살고 싶습니다. 언제가 될지 모를 미래를 위해 현재를 저당잡히는 일은 어렵고 고통스럽습니다. 또 하나, 저와 아이들이 서로의 삶에 휩쓸리지 않고 건강한 거리를 유지하도록 저 스스로 읽고 쓰며 성장하는 어른이 되기 위해 노력하겠습니다. SNS를 두려워했는데 새로운 소통 창구로서의 가능성을 확인하게 되어 이제라도 시작해 보려고 합니다. 고민을 나누고 아이와 함께 성장하고 싶은 멋진 어른들을 기다릴게요.

후추는 자신이 쓴 글이 많지 않은데 닫는 글을 따로 쓰기 부끄럽다며 저에게 대신 감사 인사를 전해 달라고 부탁했습니다. 언젠가 자기가 혼자 쓴 책이 나온다면 그때는 여는 말과 닫는 말을 모두 쓰겠다고도 했습니다. 아이가 스스로 엮어 갈 시간을 곁에서 묵묵히 응원하겠습니다. 그리고 저는 중학생이 된 아이가 실제 중학교 과정에서 인공지능을 활용하고 성장해 나가는 내용을 담아 다음 책으로 인사드리겠습니다.

인공지능의 시대, 함께 살아갈 우리를 응원하며 제가 사랑하는 소설『작은 아씨들』의 한 구절로 글을 마칩니다.

"엄마가 되기 위한 나의 노력에 대해 내가 받을 수 있었던 가장 달콤한 보상은 내 아이들의 사랑, 존경, 그리고 자신감이었습니다. 내 아이들도 나처럼 자신의 아이들에게 그렇게 할 수 있기를 바랍니다."

– 루이자 메이 올컷,『작은 아씨들』중에서

2024년 끝자락에서, 이리재 드림

부록

1. 챗GPT 글쓰기에 활용할 수 있는 프롬프트 모음

2. 챗GPT 글쓰기, 이제는 실전이다

부록 1 | 챗GPT 글쓰기에 활용할 수 있는 프롬프트 모음

프롬프트는 챗GPT에게 원하는 작업을 수행하도록 요청하는 글입니다. 챗GPT는 일상적인 자연어로 쓸 수 있어서 편안하게 소통할 수 있습니다. 여기에 제시한 프롬프트들은 아이와 제가 직접 챗GPT와 글쓰기를 하며 작성한 내용을 바탕으로 정리했습니다.

더 훌륭한 프롬프트 작성을 위해 생각해 볼 점

- 반드시 아이가 '나 스스로' 생각하는 시간을 충분히, 먼저 갖게 해 주세요.

- 챗GPT가 반드시 처리해야 할 일에 ""(큰 따옴표)를 쓰거나 @chatGPT라는 표시를 더하면 해당 부분은 놓치지 않고 처리할 가능성이 높아집니다. 참고하세요. 뒤의 프롬프트는 이용에 편리하도록 큰 따옴표를 넣어두었습니다.

- 앞으로 인공지능 발달에 따라 아이들은 인공지능과 공존하리라 예상됩니다. 챗GPT에게 일방적으로 명령하거나 원하는 대로 한없이 조작할 수 있는 단순한 기계로 여기지 않도록 지도해 주세요. 사물이나

동물을 함부로 대하는 태도는 사람을 대하는 태도로 전이됩니다.

· 기후위기 시대 탄소중립이 화두입니다. 인공지능은 엄청난 데이터를 사용하기 때문에 탄소 발생량이 천문학적입니다. 미국에서는 데이터 회사가 호수 아래 전선을 설치한 이후 발생한 열로 인해 호수 안의 물고기들이 떼죽음을 당하는 사건도 있었습니다. 아이들에게 인공지능을 활용하면 지구 환경에 큰 영향을 미친다는 점을 함께 알려 주세요. 더 좋은 세상, 함께 살아가는 세상을 위해 꼭 필요한 만큼만 생산할 수 있도록 지도해 주세요. 공존하는 인간, 호모 심비우스로 살아가야 할 아이들의 가치관을 길러주세요.

· 가장 좋은 프롬프트는 '나만의 관점과 경험'이 담긴 프롬프트입니다. 좋은 프롬프트를 만들기 위해서 아이는 가족, 친구, 학교, 사회에서 충분히 경험하고 대화해야 합니다. 가정 내에서도 귀기울여 듣고 도전할 수 있도록 응원해 주세요.

· 사랑하는 아이를 위해 낯선 세계의 문을 두드리는 여러분은 이미 최고의 엄마입니다. 바깥의 기준으로 완벽을 추구하기보다 우리 가족만의 기준으로 '충분히 괜찮은(good enough)' 읽고 쓰고 생각하는 시간 가꾸어 가시길 응원합니다. 함께 살아 주셔서, 함께 키워 주셔서 고맙습니다.

① 한국어 일기 초안 작성 후 – 번역 요청하기

프롬프트:

> 1. "안녕, 나는 너에게 별명을 붙여줄게. 너도 나에게 응답할 때 내 이름을 불러줘."
> 2. "존대말은 부담스러우니까 친구처럼 이야기하자."
> 3. "내가 쓴 일기를 13살 남자/여자 아이가 쓸 수 있는 자연스러운 영어 문장으로 번역해 줘. 아래에 한국어로 쓴 일기를 입력할게:[한국어 일기 텍스트 입력]문장을 바꿀 때, 다른 표현을 권하고 싶으면 먼저 나에게 물어보고 알려 줘."
> 4. "번역할 때 교육부 권장 초등단어 800개 수준을 고려해 줘. 어렵지 않게 부탁할게."
> 5. "오늘 쓰고 싶은 주제는 아이돌이야. 중요 핵심 단어는 아이돌, 신곡, 굿즈야. 내가 두 문장을 입력할 테니 문장을 읽어 보고 너는 어떤 문장이 더 마음에 드는지 알려 주고 이유도 설명해 줘."
> 6. "내가 한 줄 먼저 말하면 네가 다음 문장을 말하고, 다시 내가 이어서 적을게. 함께 글쓰자."

② 원어민 선생님 피드백이 가능한 경우

프롬프트:

> 1. "선생님이 내 글에 남긴 피드백을 완전히 이해했는지 확인하고 싶어. 다시 한 번 쉽게 설명해 줄래?"
> 2. "선생님이 사용한 '[문법 용어/표현]'가 무슨 의미인지 더 구체적으로 설명해 줄래?"
> 3. "새로운 문법 내용에 대해 더 잘 이해하고 싶어. 내가 좋아하는 말들을 입력할 테니 그 말로 예문을 만들어 줘. 수학여행, 축구, 여행을 주제로 문장을 만들어 줘."

4. "이 표현을 다른 상황에서도 쓸 수 있는지, 예문을 보여 줄 수 있어?"
5. "선생님이 제안한 수정을 반영한 문장을 새로 만들어 줄 수 있을까?"

③ 원어민 선생님 피드백 대신 챗GPT와 본문을 정리할 경우

프롬프트:

1. "이 번역문에서 내가 알아두면 좋을 문법 내용을 쉽게 2가지 정리해 줘. 예문도 함께 만들어 줘. 예문은 짧게 부탁해."
2. "이 글에 사용된 중요한 문법 포인트를 알려 줘. 간단하게 설명해 주고, 예문도 하나씩 만들어 줘."
3. "내가 쓴 문장 중에서 조금 어려운 표현이 있어. 이 표현을 더 쉽게 바꿀 수 있는 방법이 있으면 알려 줄래?"
4. "이 글에서 사용한 어휘 중에 중요한 단어 2개를 골라서 뜻과 예문을 함께 설명해 줘."
5. "내가 쓴 글의 문장에서 헷갈리기 쉬운 부분이 있다면 알려 줘. 같은 문법 실수를 반복하지 않게 예시도 보여 줘."
6. "이 글에서 사용한 단어 중 비슷한 의미를 가진 다른 단어를 2개씩 골라 줘. 예를 들어, 'happy'와 비슷한 단어는 'glad' 같은 거야."
7. "내가 쓴 문장 중 하나를 더 긴 문장으로 확장해 줄래? 문장의 의미는 같게 유지하면서 단어를 2개 더 추가해서 만들어 줘."
8. "이 글에 나온 표현이 친구랑 대화할 때 쓸 수 있는 말이야, 아니면 글을 쓸 때만 적합한 표현이야? 둘 다 쓸 수 있는지 설명해 줘."
9. "이 표현을 다른 상황에서도 사용할 수 있는지 알려 줘. 예를 들어, 'I'm excited'라는 표현을 학교에서, 집에서, 운동할 때도 쓸 수 있어?"

10. "내가 쓴 문장에서 사용한 'play'라는 단어를 다른 의미로도 쓸 수 있을까? 예를 들어, 'play a game' 말고 다른 예시도 보여 줘."
11. "오늘 쓴 글에 나온 내용으로 영어 단어 게임을 만들어 줘. 단어의 뜻과 예문을 활용해서 짧게 해 볼래?"
12. "내가 쓴 글의 내용을 바탕으로 새로운 대화를 만들어 줄 수 있을까? 등장인물을 추가해서 짧은 대화를 보여 줘."
13. "이 글에 나온 표현을 더 감정을 살려서 바꿔 줄 수 있어? 예를 들어, 'I'm happy' 대신 'I'm super happy!' 같은 표현으로.'

④ 문법 또는 표현에 대한 구체적인 질문하기

프롬프트:

1. "여기에서 나온 '[문법 용어/표현]'가 어떤 의미인지 더 알고 싶어. 간단하게 설명해 줘."
2. "이 표현을 다른 상황에서도 쓸 수 있어? 아니면 이 문장에서만 맞는 표현이야?"
3. "'[표현/어휘]'를 쉽게 설명해 줄래? 나 같은 초등학생이 이해하기 쉬운 말로 알려 줘."
4. "이 문장에서 '[표현/어휘]' 대신 다른 단어를 사용할 수 있을까? 몇 가지 예시를 보여 줘."
5. "이 문법 구조를 사용할 때 주의해야 할 점이 있으면 알려 줘."
6. "이 표현을 예의 있게 바꾸려면 어떻게 바꿔야 할까? 예를 들어, 친구한테 말할 때와 선생님한테 말할 때 차이점을 설명해 줘."
7. "여기 나온 표현이 구어체(말할 때 쓰는 말)야, 아니면 문어체(글로 쓸 때 쓰는 말)야? 다른 예시도 보여 줘."

⑤ 다른 매체로 표현하기

프롬프트:

1. "내가 쓴 일기 내용을 바탕으로 그림을 그려줘. 그림 속에서 중요한 장면들을 표현해 줄래?"
2. "내가 쓴 일기를 토대로 짧은 뮤직비디오를 만드는 아이디어를 내줄 수 있어?"
3. "이 일기를 랩 가사로 바꿔 줘. 멜로디와 비트도 같이 생각해 줄래?'
4. "일기 내용으로 짧은 연극 대본을 만들어 줘. 주요 등장인물과 대사를 설정해 줘."
5. "내가 쓴 글을 애니메이션 장면으로 만든다면 어떤 장면이 가장 중요할까? 장면 구성을 설명해 줘."
6. "내가 쓴 내용을 만화 형식으로 바꾸면 어떤 식으로 구성할 수 있을까? 만화의 각 장면을 어떻게 설정하면 좋을지 알려 줘."

⑥ 기타
: 감정 표현 및 궁금한 주제 탐색을 하고 싶을 때

프롬프트:

1. "오늘 너무 공부하기 싫어. 나랑 게임처럼 영어 단어 맞추기 놀이할래?"
2. "엄마가 너무 공부만 시키셔. 너라면 엄마에게 뭐라고 말할 것 같아?"
3. "너도 공부할 때 지칠 때가 있어? 그럴 때는 어떻게 해?"
4. "내가 공부한 걸 바탕으로 재미있는 이야기를 만들어 줄 수 있어? 판타지나 모험 이야기처럼 해 줘."

5. "오늘 공부한 내용을 퀴즈로 만들어 줘. 내가 풀어볼게!"
6. "내가 쓴 일기를 농담 섞어서 재밌게 바꿔줄 수 있어? 엄마도 웃으실 수 있게 말이야."
7. "어떻게 하면 영어 단어를 빨리 외울 수 있을까? 너만의 비법이 있으면 알려 줘."
8. "너랑 영어 말하기 놀이 하고 싶어. 내가 먼저 한 문장을 말하면 네가 다음 문장을 말해 줄래?"
9. "내가 좋아하는 게임 캐릭터를 영어로 설명해 줄 수 있어? 그리고 나랑 그 캐릭터가 대화하는 상황을 만들어 줘."
10. "내가 가장 좋아하는 동물을 주인공으로 해서 짧은 이야기 만들어 줄래? 영어로 재미있게 부탁해!"
11. "영어로 노래 가사를 바꾸는 건 어때? 내가 좋아하는 노래의 한 소절을 영어로 만들어 줘."
12. "너라면 영어를 더 재미있게 배울 수 있는 방법을 뭐라고 생각해?"
13. "나한테 격려해 주는 영어 문장 몇 개만 알려 줘. 힘이 나는 말이 필요해."
14. "나는 엄마에게 칭찬받고 싶어. 네가 선생님이 되어서 내가 영어 공부를 잘하고 있다고 칭찬하는 내용으로 영어 편지를 써 줘."
15. "내가 오늘 쓴 영어 일기에서 단어 3개를 골라서 그 단어로 짧은 이야기를 만들어 줘."
16. "내가 공부한 문장 중에서 가장 인상적인 문장을 영어 명언처럼 바꿔 줄 수 있어?"
17. "너랑 영어 속담 게임을 해 보고 싶어. 내가 속담을 한글로 말하면, 너는 영어로 바꿔 줄래?"
18. "오늘 배운 단어로 그림을 그려서 표현한다면 어떻게 할 수 있을까?"
19. "내가 쓴 문장에서 한 단어씩 바꿔서 다른 뜻이 되는 문장을 만들어 줘. 예를 들어, 'I love cats.' 대신 'I love hats.' 같은 식으로."
20. "너라면 공부할 때 어떤 음악을 듣고 싶어? 영어 공부할 때 들으면 좋은 노래 추천해 줄 수 있어?"

① 스포츠

1. "내가 좋아하는 축구 선수에게 물어보고 싶은 질문이 있어. '네가 축구를 시작하게 된 이유는 뭐야?'라고 물어볼 수 있겠지?"
2. "축구에서 미드필더는 왜 중요할까? 그 포지션을 설명해 줘."
3. "축구 경기에서 가장 많이 쓰이는 영어 표현 몇 가지 알려 줘. 예를 들어, 'Goal!' 같은 말이야."
4. "농구에서 득점할 때마다 다른 표현을 쓴다고 하던데, 어떤 표현들이 있어?"
5. "올림픽은 왜 4년에 한 번 열리는 거야? 올림픽의 역사를 간단히 알려 줘."

② 역사와 사회

1. "우리나라 독립운동가 중 한 명의 이름을 알려 줘. 그분이 어떤 일을 했는지 간단히 설명해 줘."
2. "안중근 의사의 시신을 찾아 우리나라로 다시 모셔오는 일이 중요하다고 생각해. 이제부터 그 일이 어떻게 가능한지 같이 생각해 보자. 내가 아이디어를 내면 너는 그 아이디어가 어떤 면에서 가능한지 안 가능한지 말해 줘. 그리고 발생할 수 있는 문제들도 물어볼거야."
3. "세계에서 가장 유명한 건축물 중 하나가 피라미드라고 들었어. 왜 피라미드를 지었는지 알려 줄래?"
4. "중세 시대에는 사람들이 어떤 옷을 입었을까? 다른 나라의 전통 의상도 궁금해."
5. "일본과 한국의 역사 문제는 왜 자주 뉴스에 나오는 거야? 간단하게 설명해 줘."
6. "역사에서 가장 유명한 전쟁 중 하나를 알려 줄래? 그리고 왜 그렇게 유명한지 간단히 설명해 줘."

문화와 엔터테인먼트

1. "내가 좋아하는 아이돌의 연습생 시절은 어땠을까? 그들이 어떻게 데뷔했는지 알려 줘."
2. "세계에서 가장 인기 있는 만화책은 뭐야? 그 만화가 왜 유명한지 알아보고 싶어."
3. "내가 좋아하는 아이돌이 신곡을 발표했어. 이 노래가 어떤 주제를 다루는지 알아봐 줘."
4. "미국에서 가장 유명한 영화 감독은 누구야? 그 사람이 만든 대표 영화도 알려 줘."
5. "K-pop 아이돌들이 해외에서 공연할 때, 팬들이 어떤 응원 문구를 쓰는지 궁금해."

과학과 기술

1. "요즘 학교에서도 많이 쓰는 인공지능(AI)은 뭘 할 수 있어? 학교에서 어떻게 사용되고 있는지 예를 들어 줘."
2. "과학자들이 왜 기후 변화를 중요하게 생각해? 기후 변화가 왜 일어나는지 간단히 설명해 줘."
3. "우주에는 행성이 얼마나 많아? 그리고 우리가 사는 지구랑 다른 점은 뭐가 있어?"
4. "어린이도 쉽게 이해할 수 있는 바이러스의 정의를 알려 줘. 우리 몸에 왜 나쁜지 궁금해."
5. "전기 자동차가 왜 환경에 좋은 거야? 그리고 다른 자동차와 어떻게 달라?"

부록2 | 챗GPT 글쓰기, 이제는 실전이다

여기 실린 글은 아이가 직접 챗GPT로 영어 글쓰기한 내용입니다. 한 편한 편 본인 힘으로 열심히 생각하고 적은 글입니다. 내가 쓴 글을 공개할때는 용기가 필요하지요. 부족한 점이 있더라도 따뜻한 시선으로 읽어 주시면 감사하겠습니다.

앞서 말씀드렸듯 즐거운 영어 글쓰기 경험이 목적이었기에 우리말 글도일체 첨삭을 하지 않았습니다. 다듬어지지 않은 글이 읽는 아이들에게 어떤 영향을 미칠까 걱정했으나, 잘 다듬어진 매끈한 글보다 다른 아이들도편하게 읽고 만만한 글쓰기를 시작하기를 바라는 마음으로 정리했습니다.만난 적은 없지만 같은 하늘 아래 자라고 있는 아이들이 서로 일상을 나누는 통로가 되면 행복하겠습니다. 또한 글감 때문에 막막한 느낌이 들 때"응? 이런 내용도 쓸 수 있네?"라고 글쓰기를 시작할 수 있는 힌트로 삼으면 좋겠습니다.

「챗GPT 글쓰기, 이제는 실전이다」 사용 설명서

「영어 글쓰기, 이제는 실전이다」는 여러분의 '실제 글쓰기'를 돕는 워크북입니다. 챗GPT 글쓰기를 알자마자 바로 글쓰기가 막막할 여러분을위해 단계별로 구성했습니다. 아래 설명에 따라 차근차근 이야기를 나누다 보면 저절로 글 한 편이 완성되는 신기한 시간을 만들어봅시다.

1. 요리조리 살펴보기 :

– 우리말 원문과 영어 원문이 함께 제시되어 있습니다. 두 글을 먼저 가볍게 비교해 봅시다. 예시글이 있으면 훨씬 쉽게 내 글도 시작할 수 있어요.

2. 내 이야기 펼치기 :

– 한글 · 영어 예시글에서 배울 수 있는 글쓰기 포인트를 익힐 수 있습니다. 질문을 따라가며 글쓰기 포인트를 익혀 봅시다.

3. 나의 글쓰기 친구 '챗GPT'

– 예시글을 쓸 때 챗GPT를 어떻게 활용했는지 확인할 수 있습니다. 친구나 부모님, 선생님과 먼저 충분히 이야기를 나누어 보세요. 혼자서 쪽지에 단어를 적어도 좋아요. 말하거나 쓴 내용을 영어로 표현하며 챗GPT와 대화해봅시다.

1. 두더지의 죽음

The Death of a Mole

🔍 요리조리 살펴보기

(우리말)

집에 돌아와서 쉬고 있던 중, 엄마에게 두더지가 죽었다는 소식을 들었다. 엄마는 쥐 종류를 정말 무서워한다. 사마귀는 맨 손으로 잡지만 쥐는 무서워해서, 햄스터를 키울 때 정말 오랫동안 부탁해야 했다. 엄마는 빼고 민중이네 가족과 함께 텃밭으로 갔다. 민중이네 엄마는 그런 것들을 덜 무서워한다. 대신 곤충을 보면 소리를 지르신다. 최재천 교수님 말씀대로 사람 유전자는 진짜 다양한 것 같다.

 정원에 가 보니 정말 두더지가 죽어 있었다. 진짜 『누가 내 머리에 똥 쌌어』에 나오는 두더지처럼 생겼다. 3년 전부터 땅을 열심히 파고 다녀 꼭 보고 싶었는데, 이렇게 죽어서 만나다니…. 내가 그리워하던 두더지였는데, 살아 있었으면 좋았을 텐데. 우리 정원에는 우리가 키우던 햄스터 두 마리가 잠들어 있는 곳이 있다. 정원에 죽어 있던 이름 모르는 새도 그곳에 묻어 줬다. 두더지도 함께 잠들었다. 그들이 하늘나라에서 만나 같은 동네 이웃이 되어 넓은 땅에서 평화롭게 지내길 바란다.

(영어)

While I was resting at home, I heard from my mom that a mole had died. My mom is really afraid of small animals like mice. She can catch a mantis with her bare hands, but she's terrified of mice, so I had to ask for a long time before we could get a hamster. Without my mom, I went to the garden with Minjung's family. Minjung's mom isn't as scared of such things, but she screams when she sees insects. Just like Professor Choi Jae-cheon said, human genetics really seem to be diverse.

 When we got to the garden, the mole was really dead. It looked just like the one from 『Who Pooped on My Head?』 It had been digging around the garden for three years, and I really wanted to see it. I can't believe I finally saw it like this... It was the mole I missed so much, and I wish it had been alive. In our garden, there's a spot where two of our pet hamsters are buried. We also buried an unknown bird we found dead there. Now, the mole is resting with them. I hope they meet in heaven and become neighbors, living peacefully together in a wide, open land.

✐ 내 이야기 펼치기

혹시 너에게 소중한 존재가 망가지거나 사라진 적 있어? 그때 너의 마음은 어땠는지 말해 줄래. 곁에 있는 사람에게 다정하게 물어봐도 좋아.

⑨ 나의 글쓰기 친구 챗GPT

말하거나 쓴 내용들을 영어로 표현해 보자. 처음에는 어색하지만 하면 할수록 익숙해질 거야. 챗GPT에게 이렇게 물어볼 수 있어!

- 내가 아끼던 두더지가 하늘나라에 갔어. 나는 지금 몹시 슬프고 마음이 텅 빈 것 같아. 이런 마음을 표현할 수 있는 영어 표현을 (5가지) 알려 줘.

2. 엄마는 깜박 대장

Mom, the Forgetful Champion

Q 요리조리 살펴보기

(우리말)

오늘 엄마와 같이 도서관에 도착했다. 저번처럼 동아리실을 예약한다고 해서 기다리고 있었다. 그런데 방이 예약되어 있다는 것이었다. 나는 아쉬운 마음으로 동아리실 앞에서 공부를 했다. 근데 시간이 지나도 사람이 안 오는 것이었다. 나는 이상한 마음으로 예약표를 보았다. 그런데, 오늘은 아무 예약이 없었던 것이다! 난 엄마에게 물어봤다. 난 대답을 듣고 엄청 웃겼다. 엄마는 저번 주 예약을 오늘로 착각하신 거다. 그렇게 동아리실을 예약하고 들어갔다. 근데 엄마 폰이 사라졌다는 것이다! 우리는 동아리실을 다 찾아봤지만 없었다. 그런데, 엄마가 폰을 찾으셨다. 바로 화장실에서 말이다. 난 정말 웃겼다. 엄마는 '깜박 대장'인 것 같다.

(영어)

I arrived at the library with my mom today. We were waiting to book the club room like last time. But it turned out that the room was already reserved. I studied in front of the club room with a sad heart. However, as time passed, no one came. I looked at the reservation sheet with a strange feeling. But today, there was no reservation at all! I asked my mom about it, and when I heard the answer, I laughed a lot. My mom confused this week's reservation with last week's. So, we reserved the club room and went inside. But then, my mom said her phone was missing! We looked everywhere in the club room, but we couldn't find it. However, my mom found her phone. It was in the bathroom! I thought it was really funny. I think my mom is a little forgetful!

✏️ 내 이야기 펼치기

일상생활 속에서 깜박했던 일이 있어? 네 주변에서 가장 잘 까먹는 사람은 누구야? 가족일 수도 있고 친구일 수도 있지. 그 사람과 있었던 일과 그때 네가 느낀 마음을 써 보자.

- '아이고, 까먹었다'를 영어로 어떻게 표현하는지 알려 줘.
- 일상생활 속 깜박했던 일에 대해 쓰려고 해. 어떤 내용이 들어가면 좋을지 구조를 알고 싶어.

3. 실패는 성공의 어머니

Failure is the mother of success.

🔍 요리조리 살펴보기

(우리말)

저는 지난 주 주말에 배구 대회에 나갔어요. 아침 6시에 일어나서 학교 갈 준비를 하는데 처음에 정말 긴장이 되었어요. 그러나 친구들이 열심히 응원하고 끈기있게 연습했던 시간을 생각하니 긴장이 저절로 풀리더라고요. 그렇게 버스를 타고 출발해 C초등학교에 도착 했어요. 남자팀은 7, 8번째 경기여서 오후에 진행될 예정이었지요.

체육관에 들어가 다른 팀 경기를 구경했어요. 여자팀도 엄청 잘하더라구요!! 앞선 경기를 마치고 우리 학교 여자팀 경기가 시작됐어요. 상대팀은 아산에서 배구를 잘 한다고 알려진 D초등학교였어요. 그래도 우리 팀은 열심히 싸웠어요. 하지만 아쉽게도 지고 말았어요. 그래도 우리 남자팀 경기가 남아 있었어요. 그렇게 여자 배구 대회가 끝나고 남자팀 배구대회를 시작했어요. 저희의 상대도 D초였어요. 우리는 여자팀 복수를 하겠다는 마음으로 경기를 시작했어요. 그러나 상대의 서브가 너무 강했고 실력 차이가 많이 났어요. 그렇게 그냥 어이없이 1세트를 빼앗겼어요. 그래도 2세트는 열심히 한다는 마음으로 했지만 결국 2대0으로 지고 말았어요. 안 울려고 했는데 눈물이 계속 나서 참느라 힘들었어요. 심지어 저는 주장이었기 때문에 더 마음이 무거웠어요. 정말 허무했던 것 같아요.

엄마가 격려해 주시면서 "최선의 노력이 반드시 최고의 결과로 이어지지 않을 때도 있어. 네가 이번에 최선을 다한 그 경험은 네 삶에 나이테가 될 거야."라고 하셨어요. 저희 6학년은 배구 대회가 없다고 말하셨지만 남은 후배들을 위해서 더 열심히 노력할거에요. 응원에 보답하지 못해서 죄송해요. 앞으로의 제 노력을 선생님도 지켜봐 주세요!

(영어)

Last weekend, I participated in a volleyball tournament. I woke up at 6 AM and prepared to go to school, and I was really nervous at first. But when I thought about how my friends cheered hard and practiced persistently, my nervousness naturally went away. We then took the bus and arrived at C Elementary School. Our boys' team was scheduled to play the 7th or 8th match in the afternoon. I went into the gymnasium and watched the other teams' matches. The girls' team was also playing really well! After the previous matches were over, our school's girls' team started their match. Their opponent was D Elementary School, which is known to be good at volleyball. Our team fought hard, but unfortunately, they lost. But our boys' team's match was still coming up. After the girls' tournament ended, the boys' volleyball tournament began. Our opponent was also D Elementary School. We started the match with the mindset of taking revenge for the girls' team. However, the opponent's serves were too strong, and the skill difference was quite big. We easily lost the first set. In the second set, we tried our best, but we ended up losing 2-0. I tried not to cry, but the tears kept coming, and it was really hard to hold them back. I was the team captain, so I felt even heavier. It was really frustrating.

My mom encouraged me, saying that the best effort does not always lead to the best result, and that my experience of doing my best this time will become the growth rings of my life. They said there will be no 6th-grade volleyball tournament, but I will work even harder for the underclassmen. I'm sorry I couldn't repay the support. Please keep watching my future efforts!

🖉 내 이야기 펼치기

학교에서 여러 가지 스포츠를 하잖아. 우리 팀 이기라고 목청이 터져라 응원하면서 마음을 모았던 기억이 생생해. 네가 참가했던 스포츠나 행사 중 기억에 남는 순간은 언제야? 누구와 어떤 경기를 했니? 네 마음은 어땠어?

- 학교 체육대회에서 아쉽게 졌던 경험을 쓸 거야. 경기에서 졌을 때 쓸 수 있는 표현 3가지, 그리고 그때 느낀 슬픔, 아쉬움, 분함 등을 표현할 수 있는 영어 단어들을 알려 줘.

4. 도서관 황당 사건 : 누가 내 자리를 가져갔어?

The Library Mishap : Who Stole My Seat?

🔍 요리조리 살펴보기

(우리말)

오늘 도서관에 갔다. 원래 만화책만 읽으려고 해서 완전 신났었다. 『유미의 세포들』이랑 『위 아더 좀비』를 읽고 싶었다. 도서관에 도착해서 1층에 가방을 두고 2층에 책을 가지러 갔다. 그런데 돌아왔더니 누군가 내 자리에 앉아 있는 거다! 어쩔 수 없이 다른 자리를 찾아서 앉았다. 책을 다 읽고 나서 또 다른 책을 가지러 갔는데, 이번에도 누가 내 자리를 차지한 거다! 너무 웃겼다. 다시 다른 자리를 찾아서 이번엔 자리 안 뺏기려고 열심히 공부했다.

그런데 공부하다 보니 몸이 좀 이상했다. 머리도 아프고 피곤했다. 엄마가 6시에 일을 끝내고 나를 데리러 오기로 했는데, 어쩔 줄 몰라서 엄마한테 전화를 걸었다. 엄마는 "피곤할 때 이렇게 전화해 줘서 고마워. 엄마는 어렸을 때 이런 말을 못 했거든. 인내심 없다고 하실까 봐." 라고 하셨다. 엄마랑 통화하고 나니까 기분이 훨씬 나아졌다.

(영어)

Today, I went to the library. I was really excited before going because I planned to read only comic books. I wanted to read 『Yumi's

Cells』 and 『We Are the Zombies』. When I arrived at the library, I left my bag on the first floor and went to the second floor to get the books. But when I came back, someone else was sitting in my seat! I had to move and found another spot to read. After finishing the books, I went to get more, but again, someone took my seat! It was such a funny situation. I found another spot and decided to study hard, determined not to lose my seat again.

While studying, I started feeling strange. My head hurt, and I felt tired. My mom was supposed to pick me up after work at 6 PM. Unsure of what to do, I called her. She said, "Thank you for calling me when you felt tired. When I was young, I didn't say such things because I was afraid of being told I was impatient." Talking with my mom always makes me feel better.

✏️ 내 이야기 펼치기

가끔 황당한 일이 벌어지곤 하지. 너는 도서관이나 공공장소에서 재미있거나 당황스러웠던 경험이 있니? 아니면 누군가가 그런 일을 겪었다고 들어본 적 있어?

몸이 갑자기 아프면 힘들고 괴롭잖아. 아플 때 가족이나 친구에게 도움을 받은 적이 있어? 그때 너는 누가 도와줬어? 도움이나 위로를 받은 뒤에는 어땠는지 적어 보자.

- 운동장에 내가 잠시 두고 간 공을 누가 가져가서 황당했던 이야기를 쓸 거야. 어떤 순서로 쓰면 좋을지 함께 만들어 보자.

5. 부탁할 용기

Courage to Ask

Q 요리조리 살펴보기

(우리말)

오늘 새로운 영어 선생님이 오셨다. 이름은 Jenny 선생님이다. 선생님을 환영하지만, 처음이라 많이 쑥스럽다. 그래도 영어 일기를 통해 내영어 실력을 키우고 싶다. 선생님이 내 부탁을 들어주실지 걱정되지만, 용기 내서 부탁해 보려고 한다.

(영어)

Today, a new English teacher came. Her name is Ms. Jenny. I welcome her, but I am very shy because it is the first time. Still, I want to improve my English skills by writing an English diary. I am worried if she will accept my request, but I will try to ask her bravely.

(우리말)

안녕하세요, Jenny 선생님.

저는 6학년 학생입니다. 매주 영어 일기를 써서 선생님께 보여 드리며 영어 실력을 키우고 싶습니다. 예전 선생님과도 이렇게 일주일에 두 번씩 일기를 보여 드리고 피드백을 받았었습니다. 선생님과도 해서 꼭 영어 실력을 키우고 싶습니다. 선생님께서 허락해 주시면 좋겠습니다.

(영어)

Hello, Ms. Jenny.

I am a 6th grade student. I would like to write an English diary every week and show it to you to improve my English skills. I used to show my diary to my previous teacher twice a week and receive feedback. I really want to improve my English with you as well. I hope you can allow this.

Thank you.

✐ 내 이야기 펼치기

우리가 살다보면 부탁을 해야 할 때가 많잖아. 네가 기억에 남는 부탁했던 일은 뭐였어? 그 사람은 네 부탁을 잘 들어줬을까 궁금하다. 그때 네 마음은 어땠을지도 알려 줄래?

- 부탁할 때 쓸 수 있는 다양한 영어 표현을 알고 싶어. 어른들에게 부탁할 때랑 친구에게 부탁할 때 달라지는지도 궁금해.

6. 귀가 아파요

My ear hurts

🔍 요리조리 살펴보기

(우리말)

선생님께서 제 영어 일기 쓰기를 도와주시겠다고 하셔서 정말 기쁘고 감사해요. 선생님은 저희 학교에 적응하는 게 어떠세요? 저는 새로운 곳에 가면 긴장도 되고 설레이기도 해요. 선생님께서 저희랑 다정하게 공부하면 정말 좋겠어요.

저는 지금 귀가 좀 아파요. 4교시 진로 교육 시간에 풍선 아트 활동을 즐겁게 하고 있었어요. 그런데! 갑자기! 제 오른쪽 귀에서 토르(천둥의 신)가 나타난 소리가 들렸어요. 친구 영훈이가 불던 풍선이 펑 터져버렸어요! 순간 고막이 찌릿 했어요. 저는 너무 놀랐어요. 그 후 주위를 둘러봤는데 다른 친구들 말소리가 잘 들리지 않았어요. 저는 꼭 수영장 물 속에 들어간 듯한 느낌이었어요. 시간이 지나서 소리가 들리기는 했지만 계속 삐 삐 소리가 들려서 고통스러웠어요. 집에 와서 엄마에게 말씀드렸더니 깜짝 놀라셨어요. 그리고 내일 병원에 가 보자고 하셨어요. 검색을 해 보니 병원에 가 보는 것이 좋겠더라구요. 별일 없기를 빌어 주세요.

(영어)

Hello, Ms. Jenny. This is Seungju. I am very happy and thankful that you will help me with my English diary. How are you adjusting to our school? When I go to a new place, I feel nervous and excited. I hope you will study with us kindly.

Right now, my ear hurts a bit. During the 4th period career education class, I was having fun with balloon art. But then! Suddenly! I heard a sound like Thor (the god of thunder) from my right ear. My friend Jaehun's balloon popped! My eardrum felt a sharp pain. I was so surprised. After that, I looked around but couldn't hear my friends well. It felt like I was underwater in a swimming pool. After some time, I could hear again, but I kept hearing a ringing sound, and it was painful. When I got home, I told my mom and she was very surprised. She said we should go to the hospital tomorrow. I looked it up and it seems like a good idea to see a doctor. Please hope that everything is okay.

✏️ 내 이야기 펼치기

많이 놀랐을 때 '간 떨어진다'고 하잖아. 너도 그만큼 놀란 경험이 있을 거야. 그때 어떤 일이 일어났고, 어떻게 반응했었어?

- '갑자기 놀랐다'는 표현을 하고 싶어. 원인과 결과로 이어지도록 쓰려면 어떻게 표현하면 좋을지 3가지 쉬운 형태로 제안해 줘.
- 소리가 잘 안 들릴 때의 느낌을 영어로 어떻게 묘사할 수 있을지 알려 줘.

7. 내가 할 수 있는 집안 일

A house chore I can do

🔍 요리조리 살펴보기

(우리말)

나는 오늘 하수구를 청소했다. 처음에는 더러울 것이라 생각해서 하지 않고 놀고 있었다. 누나는 화장실 청소를 시작했다. 난 재미있게 하는 것 같은 누나의 모습을 보고 호기심이 생겼다. '화장실 청소가 재미있을까?' 생각했다. 그리고 엄마에게 말했다.

"엄마! 나 화장실 청소 해 볼래요!"

엄마는 수락을 해 주셨다. 난 즐거운 마음으로 발포제를 챙겨 화장실로 갔다. 화장실에 도착해 하수구 뚜껑을 열고 발포제를 붓고, 뜨거운 물을 부었다. 발포제는 기포가 올라왔다. 난 정말 신기했다. 그리고 청소솔로 더러운 것을 닦았다. 하수구가 깨끗해지니 내 마음도 상쾌해졌다. 난 하수구 청소를 다음에도 하고 싶다. 끝.

(영어)

Today, I cleaned the drain. At first, I didn't want to do it because I thought it would be dirty. My sister started cleaning the bathroom. She looked like she was having fun, and I got curious. I thought, "Is cleaning the bathroom fun?" So I told my mom, Mom, I want to try cleaning the bathroom!" She said yes. I took the cleaner and went to the bathroom. I opened the drain cover, poured in the cleaner, and added hot water. Bubbles started coming up. It was really cool. I scrubbed the dirt with a brush. The drain got clean, and I felt happy. I want to clean the drain again next time. The End.

✏️ **내 이야기 펼치기**

집안일은 같은 집에 사는 가족이라면 누구나 당연히 해야 하는 일이지. 집안일을 하는 사람은 사회성이 높다는 연구도 있어. 너는 집에서 어떤 일을 맡아서 하고 있어? 어떻게 그 일을 맡게 되었는지, 하기 전과 하고 나서의 기분은 어떻게 다른지 써 보자.

- 청소와 관련된 도구, 활동을 영어로 표현하고 싶어. 공간이나 상황에 따라 제시해 줘.

8. 달콤씁쓸한 승리 : 회장이 아닌 부회장이 되다

Bittersweet Victory : Becoming Vice President Instead of President

🔍 요리조리 살펴보기

(우리말)

선생님, 제가 오늘 이 세상에서 가장 슬픈 이야기를 들려드릴게요.

지난 금요일, 결전의 날이 밝았다. 긴장도 되고 행복하기도 했다. "나는 꼭 회장이 될 것이다!"라고 긍정적인 말을 스스로 계속 하며 학교로 갔다. 스쿨 버스를 타고 가는 동안 연설문을 외우는데 뭔가 안 외워져서 굉장히 무서웠다. 일단은 점심시간 때까지는 아무 생각이 없었다. 5교시가 소견 발표 시간이었고 나는 준비한 대로 잘 해냈다. 아이들이 큰 박수와 환호를 보내줬다. 3시 즈음 게시판에 결과를 알려준다고 했다. 정말 궁금해서 죽을 것 같았다.

발표가 끝나고 난 너무 발표를 잘한 것 같다는 느낌이 들었다. 난 꼭 회장이 될거라고 다짐했다. 그리고 공고문이 나왔다. 공고문을 보려는 순간, 옆에 있던 친구들이 "ㅇㅇ 언니 축하해!"라고 했다. 난 부회장이 된 걸 알게 되었다. 공고문을 보니 한 표 차이로 내가 부회장이 되었다. 나는 너무 아쉬웠다. 난 눈물은 나지 않았지만, 마음속으로는 엄청 슬펐다. 그래도 1학기에는 당선되지 못한 친구도 있었는데, 난 당선이라도 돼서 다행이라고 생각했다. 그리고 슬픈 마음을 없엘려고 친구들과 놀앉더니 슬픈 마음이 싹 가셨다. 그리고 엄마에게 오늘 사건을 얘기 했다. 그러더니 엄마는 날 위로해 줬다. 난 긍정적인 마음으로 생각했다. '그래도 학교를 대표하는 자리니 학교를 위해 열심히 봉사해야겠다.'

(영어)

Teacher, today I will tell you the saddest story in the world. Last Friday, the day of the decisive battle dawned. I was both nervous and happy because I kept telling myself, "I will definitely become the president." While riding the school bus, I was memorizing my speech, and it was terrifying because I couldn't remember it properly. I didn't think about anything until lunchtime. The 5th period was the time for presenting opinions, and I did well as I had prepared. The children gave me a big round of applause and cheers. They said the results would be announced around 3 PM on the bulletin board. I was dying of curiosity.

After the presentation, I felt like I had done really well. I was determined to become the president. Then the announcement was posted. As I was about to read the notice, my friends next to me said, "Congratulations, 00!" I realized then that I had become the vice president. I saw in the notice that I had become the vice president by just one vote. I was so disappointed. I didn't cry, but I was incredibly sad inside. Still, I thought I was lucky to have been elected at all, as there were friends who hadn't been elected in the first semester. I played with my friends to erase the sad feelings, and the sadness completely disappeared. Then I told my mom about today's event, and she comforted me. I thought positively, 'I still represent the school, so I must work hard and serve the school.'

✎ 내 이야기 펼치기

우리가 살다보면 꼭 하고 싶던 일이 뜻대로 되지 않는 때가 있어. 너는 언제 그런 일을 겪어봤을까? 그때 너의 감정은 어땠어?

- 나는 지금 슬프고 지쳐있어. 내가 바라던 일이 이루어지지 않았거든. 이런 마음을 나타내는 영어 표현을 다양하게 알려 줘.

9. 추석은 살 찌기 좋은 명절

Korean Thanks Giving Day, Chuseok : The Holiday that Makes You Gain Weight

🔍 요리조리 살펴보기

(우리말)

추석은 풍성한 음식과 함께 살찌기 딱 좋은 명절이다. 우리나라에서 가을은 "천고마비의 계절"이라고 한다. 한자로 "하늘은 높고 말이 살찐다."는 뜻이다. 그만큼 이 계절은 아름답고 깨끗하며 편안한 느낌을 준다. 추석은 그런 가을에 맞아 딱 맞는 명절이다.

추석이 되면 우리 가족은 할머니 댁으로 간다. 할머니 댁에 가는 여정은 길지만, 늘 기다리는 맛있는 음식을 생각하면 그 시간이 그리 길게 느껴지지 않는다. 이번에도 오후 1시에 출발해서 밤 9시에 도착했다. 오는 길도 마찬가지로 정오에 출발해 밤 9시쯤 도착했다. 어릴 적에는 그 시간이 얼마나 긴지 몰라 엄마가 "해가 지고 깜깜해지면 도착할 거야."라고 하셨던 기억이 난다.

할머니 댁에 도착하면, 그 다음 날엔 기대했던 소고기가 나온다. 고기를 한 입 먹을 때마다 입안 가득 퍼지는 풍미에 기분이 절로 좋아진다. 그다음 날엔 대게나 생선회가 준비된다. 매끼마다 할머니가 정성스럽게 준비해 주신 음식들이 잔뜩 차려진다. 이 맛있는 음식을 절대 남길 수 없기에 배가 부풀어 오를 때까지 먹는다. 그래서 이번에도 나는 말처럼 살이 쪘다.

이제 학교에 돌아가 열심히 뛰어놀며 체중을 줄일 계획이다. 추석에 먹은 만큼 다시 뺄 수 있을지 모르겠지만, 도전이다!

(영어)

Chuseok is the perfect holiday for gaining weight because of all the delicious food. In Korea, autumn is called the "season of high skies and fat horses." The phrase, written in Chinese characters, means that the skies are high and horses get fat. It symbolizes how beautiful, clear, and peaceful this season is. Chuseok fits perfectly within this autumn.

During Chuseok, our family always goes to my grandmother's house. Although the journey is long, thinking about the delicious food waiting for us makes the time pass quickly. This time, we left at 1 PM and arrived at 9 PM. On the way back, we left at noon and arrived back in Asan at 9 PM. When I was younger, I didn't understand how long the trip was, and my mom used to say, "We'll arrive when the sun sets and it's dark."

When we arrive at my grandmother's house, we always eat beef the next day. Every bite is filled with such rich flavor that it makes me feel happy. The day after that, we usually have crab or sashimi. Every meal is prepared with so much care, and my grandmother always makes an incredible amount of food. We eat until our bellies are full. So now, I've gained weight, just like the horses.

When I get back to school, I'll need to play hard and exercise to lose the weight. I don't know if I can burn off everything I ate, but it's a challenge I'm ready to take on!

✏️ 내 이야기 펼치기

너는 명절을 어떻게 보내? 가족과 함께 특별한 명절을 보내면서 가장 기억에 남는 음식이나 순간은 무엇인지 생각나는대로 메모지에 써서 붙여보자.

- 너무 배부르거나 배고플 때 쓸 수 있는 표현들을 알려 줘.
- 우리나라 추석과 서양의 추수감사절은 뭐가 다른지 사진 자료와 함께 설명해 줘.

10. 가족은 내 마음의 롤러코스터

Family: My Heart's Roller Coaster

🔍 요리조리 살펴보기

(우리말)

나는 우리 가족을 너무나도 사랑한다. 그러나 가끔 우리 가족이 싫을 때가 있다. 언제 누가 싫어지는지 가족 한 사람씩 돌아가며 말해 보겠다.

먼저 아빠부터 생각해 보자. 우리 부모님은 주말 부부이다. 그러니 아빠는 주말에만 오는 아빠가 많이 반갑다. 그러나 아빠는 주말마다 많이 주무신다. 가끔 아빠랑 놀고 싶어서 방에 들어가면 게임을 하고 있거나 일을 하고 계신다. 아빠가 '나 일해야 돼.'라고 하면 속상하다. 아빠가 나랑 많이 놀아 주면 좋겠다.

다음은 우리 누나이다. 내 주변을 봤을 때 '누나'를 좋아하는 남동생은 찾아보기 어렵다. 누나는 그냥 싫다. 허락도 없이 내 방에 들어와서 간식을 먹고 쓰레기를 치우지 않는다. 자기는 안했다는 듯이 변명해서 내가 혼나는 경우가 있다. 어떤 때는 분리배출 담당이면서 끝내 하지 않아 결국 엄마랑 나랑 같이 하고 정말 힘들다. 사춘기라도 저러면 안 된다.

엄마는 나를 누나 같은 천적으로부터 지켜 주는 안전한 불 같은 존재다. 가끔씩 누나가 지저분하게 만든 방인데, 내 방이니 내가 치워야 한다고 나를 혼내면 엄마가 미워진다. 내가 뭔가 설명을 하려고 "핑계대지 마!"라고 해서 더 속상해진다. 결국 죄인은 벌을 받지 않고 누명이 씌워진 나만 청소한다. 그래도 시간이 흐르고 나서 내가 엄마한테 차근차근 얘기하면, 누나는 2배로 혼난다. 그 후 엄마는 나에게 진심어린 사과를 하고 나를 꼭 안아 주신다. 그래서 나는 가족 중에서 엄마가 가장 좋은 가족인 것 같다.

이렇게 쓰고 나니 속이 후련하다. 한편으로는 마음이 불편하다. 내가 나쁜 사람이 된 것 같기 때문이다. 『페인트』에서처럼 부모 면접을 봐서 선택할 수 있다 해도 나는 내 부모님을 선택할 거다. 엄마에게 쓴 글을 보여 드리니 미안하다고 하셨다. 그리고 주말에 가족회의를 하면서 더 이야기 나누자고 하셨다. 마음이 가벼워졌다. 소중한 가족들과 편안히 즐겁게 지내고 싶다. 전국의 남매, 자매, 형제들 힘내라!

(영어)

I love my family very much. But sometimes, there are times when I don't like my family. I'll talk about each family member and when I feel that way.

First, let's think about my dad. My parents are a weekend couple, so I'm really happy to see my dad on the weekends. But my dad sleeps a lot on weekends. Sometimes, when I want to play with him and go to his room, he's either playing games or working. When he says, "I have to work," it makes me sad. I wish he would play with me more.

Next is my sister. From what I see around me, it's hard to find a younger brother who likes his sister. I just don't like her. She comes into my room without permission, eats my snacks, and doesn't clean up the trash. Sometimes, she makes excuses like she didn't do anything, and I end up getting scolded. Sometimes, even though she's in charge of recycling, she doesn't do it, so my mom and I have to do it together, which is really hard. Even if she's a teenager, she shouldn't act like that.

My mom is like a safe fire that protects me from my sister, who feels like an enemy. Sometimes, when my mom scolds me for not cleaning my room, which my sister made messy, I end up disliking her. When I try to explain something, and she says, "Don't make excuses!" it makes me even more upset. In the end, I'm the one who has to clean up, while the real culprit doesn't get punished. But after some time, when I calmly talk to my mom, my sister gets scolded twice as much. After that, my mom sincerely apologizes to me and hugs me tight. So, I think my mom is the best family member.

After writing this, I feel relieved. But at the same time, I feel uncomfortable. I feel like I've become the bad guy. Even if I could choose my parents like in 『The Paint』, I would still choose my parents. When I showed my mom this writing, she said she was sorry. And she suggested that we have a family meeting this weekend to talk more. I feel lighter now. I want to enjoy my time with my precious family comfortably and happily. To all the siblings out there, hang in there!

✏️ 내 이야기 펼치기

너는 가족과 사이가 어때? 사랑하는 가족이라도 늘 좋은 일만 있을 수는 없어. 가족과의 갈등이나 기분이 상하는 일이 있었다면, 무슨 이야기를 나누었고 그때 마음이 어땠는지 자유롭게 써 보자.

- 가족관계를 나타내는 다양한 영어 표현을 알려 줘.
- 가족 사이에서 일어날 수 있는 일들은 어떤 일들이 있을 것 같아? 10가지 말해 줘.

11. 흑백 요리사 : 오늘의 주제는 카레입니다

The Black-and-White Chef: Today's Dish is Curry

🔍 요리조리 살펴보기

(우리말)

"카레 만들 시간이야."

엄마의 목소리가 들렸다. 내가 좋아하는 카레를 직접 만들기로 한 날이어서 정말 기대되었다. 난 잠자리에서 벌떡 일어나 주방으로 갔다. 쉐프는 위생을 철저히 지켜야 한다고 백종원 아저씨가 그랬다. 먼저 손을 깨끗하게 씻었다. 카레에 들어가는 재료는 양파, 감자, 당근 그리고 돼지고기이다.

"재료 크기가 비슷해야 골고루 잘 익으니까 크기를 맞추자."

엄마 말씀을 듣고 나는 대략 주사위처럼 잘라보기로 했다. 먼저 당근을 손질했다. 당근은 몹시 딱딱해서 혹시나 내 손을 자를까 봐 너무 긴장되었다. 게임할 때보다 더 집중해서 칼을 당근에 밀어 넣었다. 제발 잘 잘려라 기도하는 마음이었다. 네모난 중식도로 자르니 내가 멋진 요리사가 된 기분이었다. 당근 손질을 무사히 마쳤다. 다음은 감자였다. 감자는 당근보다 덜 딱딱하다. 하지만 울퉁불퉁해서 자르기에 좋지 않았다. 채칼을 이용해서 껍질을 벗긴 후 절반을 먼저 잘라 도마에 딱 붙게 했다. 그리고 조심조심 잘랐다. 가로 세로로 맞춰 자르는데 끈적거리는 뿌연 전분이 나왔다. 마지막은 양파였다. 양파는 먼저 껍질을 손으로 까야한다. 엄마가 벗기는 걸 보면 쉽게 하시는 것 같았는데 막상 해 보니 끝 부분 찾기도 어려웠다. 엄마는 끝은 살짝 잘라낸 후 벗기면 쉽다고 가르쳐 주셨다. 양파 껍데기는 음식물 쓰레기가 아니다. 벗긴 껍질은 일반 쓰레기로 버렸다. 그리고 양파도 반을 가른 후 움직이기 않게 하고 깍둑썰기를 했다. 처음에는 괜찮았는데 점점 눈이 매워져서 눈물이 났다. 으, 지금 생각해도 따갑고 눈이 아프다. 커다란 그릇에 야채가 점점 쌓여 갔다. 야채를 모두 썰고 나자 긴장감이 풀렸다. 먼저 기름을 두르고 고기를 넣어서 볶았다. 고기는 설익으면 배탈이 나기 때문에 먼저 충분히 익혀야 한다고 가르쳐 주셨다. 그리고 단단한 야채부터 익혔다. 단단한 야채는 익는 시간이 오래 걸리기 때문이다. 당근, 감자, 양파 순으로 넣어서 볶고 양파가 갈색으로 변해 단맛이 날 때까지 볶았다. 그리고 물을 750ml 넣고 끓였다. 10분이 지난 후, 카레 가루를 물에 넣고 저었다. 이때 카레 가루가 뭉치면 나중에 맛없는 덩어리가 나와서 잘 풀어줘야 한다. 젓는 동안 너무 뜨거웠다. 나는 참고 저었다. 엄마는 이 어려운 일을 맨날 하시는구나 생각하니 엄마에게 정말 감사했다. 20분간 참고 요리한 결과, 엄청나게 맛있는 카레가 완성되었다.

"이야, 우리 아들이 처음부터 다 만들 거야? 대단하다!"

아빠도 엄청 칭찬해 주셨다. 우리 가족이 다 같이 맛있게 먹는 모습을 보니 난 너무 뿌듯하고 기뻤다.

(영어)

"It's time to make curry!"

I heard Mom's voice. It was the day we decided to make my favorite curry, and I was thrilled. I jumped out of bed and headed to the kitchen. Chef Baek Jong-won once said that chefs must always maintain good hygiene, so I started by washing my hands thoroughly.

The ingredients for the curry were onions, potatoes, carrots, and pork.

"To make sure everything cooks evenly, we should cut the ingredients to similar sizes."

Following Mom's advice, I decided to dice the ingredients into pieces about the size of dice. I started with the carrots. Carrots are very hard, and I was so nervous about cutting my hand that I focused harder than I do when playing games. Slowly, I pressed the knife into the carrot, praying, "Please cut properly!" Using a square Chinese cleaver made me feel like a professional chef. Thankfully, I managed to cut the carrots safely.

Next was the potato. Potatoes are softer than carrots, but their uneven surface made them tricky to cut. I peeled the skin with a peeler, then cut the potato in half so it could sit flat on the cutting board. Carefully, I began cutting it into cubes. As I worked, sticky, cloudy starch began to ooze out.

Finally, it was time for the onion. First, I had to peel it. Watching Mom do it always made it look easy, but when I tried, I couldn't even find the ends of the skin. Mom taught me a trick: trim off the ends slightly, and the skin peels off easily. I also learned that onion peels aren't food waste—they go in regular trash. After peeling, I cut the onion in half, placed it flat to keep it stable, and started dicing. At first, it went smoothly, but soon my eyes began to sting and tears started streaming down my face. Ugh, even thinking about it now makes my eyes burn.

The large bowl slowly filled with vegetables as I finished chopping. When all the vegetables were cut, I felt the tension leave my body. First, we added oil to the pan and stir-fried the pork. Mom explained that pork needs to be cooked thoroughly first because undercooked pork can upset your stomach. Then we stir-fried the harder vegetables, starting with the carrots, followed by the potatoes, and finally the onions. We cooked everything until the onions turned brown and released their sweetness.

Next, we added 750ml of water and brought it to a boil. After 10 minutes, we added the curry powder, stirring carefully to dissolve it completely. Clumps of curry powder can ruin the flavor later, so I made sure to mix it well. It was so hot while stirring, but I kept at it, thinking about how Mom does this hard work every time.

After 20 minutes of patient cooking, the result was an incredibly delicious curry.

"Wow, did our son make this all by himself from start to finish? Amazing!" Dad praised me enthusiastically. Seeing my family happily enjoying the curry together made me so proud. From now on, I want to learn more about cooking and make healthy meals for us to enjoy.

✎ 내 이야기 펼치기

너는 좋아하는 음식을 직접 만들어 본 적이 있니? 그 과정에서 어떤 재료를 사용하고 어떤 기분이 들었는지 써 보자. 만일 아직 만든 적이 없다면 어떤 음식을 만들어 보고 싶어?

🄢 나의 글쓰기 친구 챗GPT

- 요리와 관련된 영어 단어와 표현들을 알려 줘.

부록   315

참고문헌

1 『알파의 시대』, 마크 맥크린들 외, 더퀘스트, 2023
2 『포노 사피엔스』, 최재붕, 쌤앤파커스, 2019
3 『하버드 시대의 종말과 학습 혁명』, 오강선, 클라우드나인, 2020
4 『챗GPT 국어 수업』, 김가람 · 김소진 · 김영희 · 윤재오 · 정수화 · 조인혜, 서해문집, 2023
5 『에디토리얼 씽킹』, 최혜진, TURTLENECK PRESS, 2023
6 「챗GPT의 한영 번역 도구로서의 정확성 분석」, 윤여범, 서울교육대학교 한국초등교육 제34권 제4호, 2023
7 『글쓰기, 이 좋은 공부』, 이오덕, 양철북, 2017
8 주간경향, 1594호, 2024.9.2.~8
9 『인공지능은 나의 읽기-쓰기를 어떻게 바꿀까』, 김성우, 유유, 2024
10 『일기를 에세이로 바꾸는 법』, 이유미, 위즈덤하우스, 2020
11 『쓰는 사람이 되고 싶다면』, 배지영, 사계절, 2022
12 『초등, 글쓰기보다 중요한 것은 없습니다』, 이상학, 김영사, 2021
13 『초등 완성 영어 글쓰기 로드맵』, 장소미, 빅피쉬, 2022
14 『역사의 쓸모』, 최태성, 다산초당, 2019
15 『목판에 새긴 꿈 대동여지도』, 도건영, 개암나무, 2024
16 『쉽게 보는 난중일기 완역본』, 이순신, 도서출판 여해, 2022
17 『안네의 일기』, 안네 프랑크, 문예출판사, 2009
18 『나는 첫 문장을 기다렸다』, 문태준, 마음의 숲, 2022
19 『글쓰기가 어려운 이유』, 최재천의 아마존, 유튜브

20 『통섭의 식탁』, 최재천, 움직이는 서재, 2015

21 『2022 개정교육과정 평가, AI로 날개를 달다』, 지미정 · 오한나 · 노명호 · 권의선 · 김영수 · 이진원 · 장희영 · 소민영 · 조보현, 앤써북, 2024

22 『최선의 고통』, 폴 블룸, 알에이치코리아, 2022

23 『강원국의 진짜 공부』, 강원국, 창비교육, 2023

24 「자기주도학습 능력 향상을 위한 애플리케이션과 플랫폼 활용 초등영어 쓰기 교수 · 학습 모형 개발』, 최신형, Primary English Education, Vol. 28, No.3, 2022

25 『50이면 육아가 끝날 줄 알았다』, 로렌스 스타인버그, 김경일, 이은경 역, 저녁달, 2024

26 『초등 첫 문장 쓰기의 기적』, 송숙희, 유노라이프, 2022

27 『초등 매일 글쓰기의 힘』, 이은경, 상상아카데미, 2021

28 『하루 3줄 초등 글쓰기의 기적』, 윤희솔, 청림라이프, 2020

29 『바빠 초등 영어일기 쓰기』, 성기홍, 이지스에듀, 2024

30 『매일 아침 써봤니?』, 김민식, 위즈덤하우스, 2018

31 『항상 앞부분만 쓰다가 그만두는 당신을 위한 어떻게든 글쓰기』, 곽재식, 위즈덤하우스, 2018

32 『정리하는 뇌』, 대니얼 J. 레비틴, 와이즈베리, 2019

33 『메모의 즉흥성과 맥락의 필연성』, 김영수, 인간희극, 2024

34 『창조하는 뇌』, 데이비드 이글먼, 앤서니 브란트, 쌤앤파커스, 2019

35 『마인드셋』, 캐롤 드웩, 스몰빅라이프, 2023.

36 『상위 1%의 비밀은 공부정서에 있습니다』, 정우열, 저녁달, 2024

37 『학급긍정훈육법』, 제인 넬슨 외, 에듀니티

38 Envy up, Scorn Down : How status Divides us, Susan T. Fiske, Shelly E. Tailor, Russell Sage Foundation, 2012

39 서울교육대학교 한국초등교육 Korean Journal of Elementary Education 제34권 제4호, Vol.34, No. 4, 215-231, 2023

40 2015 개정 교육과정 기반 초등학교 6학년과 중학교 1학년 영어 교과서 쓰기 활동 분석, 김소연 (한국교육과정평가원), Primary English Education, Vol.27, No.1, 2021

41 디지털교과서 및 번역기 활용 쓰기 활동이 6학년 학생들의 영어 쓰기 및 자기주도적 학습 태도에 미치는 영향, 김인옥, Primary English Education, Vol.26, No.2, 2020

42　영어 자유글쓰기 활동이 초등학교 6학년 아동의 영어 쓰기 능력에 미치는 효과, 김현진, 전주교육대학교, 김현진, 2006

43　초등 6학년의 쓰기 과제에 대한 흥미 양상-학습자 중심 쓰기 교실 실현의 토대 탐색, 황미향, 학습자중심교과교육연구(The Journal of Learner-Centered Curriculum and Instruction), 2018

44　『스마트폰으로 키우는 초등 문해력』, 정산근, 박수진, 한겨레출판, 2024

45　『평균의 종말, 평균이라는 허상은 어떻게 교육을 속여왔나』, 토즈 로즈, 21세기북스, 2015년

46　『집단 착각』, 토드 로즈, 21세기북스, 2023년

47　『다크호스』, 토즈 로즈, 오기 오가스, 21세기북스, 2019년

48　『독학력』, 고요엘, 에이엠스토리, 2024

49　초등학교 고학년 학생들의 쓰기 능력 발달 연구 : 4,6학년의 설명글과 이야기글 쓰기를 중심으로

50　『불안 세대』, 조너선 하이트, 웅진지식하우스,2024

51　『나쁜 교육』, 조너선 하이트 외, 프시케의 숲 2019

52　외국어고등학교 학생들의 영작문 오류분석, 송현영 · 박은성, 한국영어학회, 영어학, 2012

53　예비 초등 영어교사들의 영작문에 나타난 오류 분석, 장지혜 · 나경희, 영어영문학연구, 2012

54　번역식 영작문과 직접식 영작문의 비교 연구, 황명환 · 이희경, 한국영어교육학회, 2012

55　영어 학습자들의 영작문에 나타난 문법 오류 분석 연구, 2014, 한국영어학회, 영어학, 2014

56　대학 신입생의 영작문에서 나타난 오류 분석 연구, 이혜진, 코기토, 2017

57　영작문 능력 향상을 위한 작문에 반영되는 국어와 영어의 특성에 대한 이해의 필요성, 전문영, 코기토 96, 2022

58　우리나라 EFL 학습자들의 쓰기 불안이 영어쓰기 수행에 미치는 영향 분석, 장지혜 · 나경희, 2013

59　『유튜브는 책을 집어삼킬 것인가』, 김성우, 엄기호, 따비, 2019

60　『단단한 영어공부』, 김성우, 유유, 2019

61　MZ 세대는 통화가 두렵다, 콜 포비아 극복하려면, 헬스조선, 2023. 10. 31.

https://m.health.chosun.com/svc/news_view.html?contid=2023103102221

62 〈먼저 문자 보내지 않고 감히 전화하지 말아요〉, 캐서린 빈들리, 월스트리트저널, 2024.6.2. (www.wsj.com/lifestyle/phone-etiquette-text-before-calling-6015145b)

63 『사춘기라는 우주』, 황영미, 허밍버드, 2022

64 https://www.chosun.com/site/data/html_dir/2017/06/05/2017060500092.html

65 『비고츠키와 인지 발달의 비밀』, 알렉산더 로마노비치 루리야, 살림터, 2013

66 『비고츠키 아동학과 글쓰기 교육』, 한희정, 살림터, 2022

67 2015 개정 교육과정 기반 초등학교 6학년과 중학교 1학년 영어 교과서 쓰기 활동 분석, Primary English Education, Vol.27, No.1, 2021, 김소연(한국교육과정평가원)

68 『내 아이를 위한 30일 인문학 글쓰기의 기적』, 김종원, 상상아카데미, 2022

69 초등학교 6학년 영어교과서 쓰기 활동과 중학교 1학년 영어교과서 쓰기 활동 비교. 교육논총. 54(1), 1-21. 2017, 이선

70 『사춘기 자존감 수업』, 안정희, 카시오페아, 2021

71 『A4 한 장을 쓰는 힘』, 안광복, 어크로스, 2024

72 『국어 잘하는 아이가 이깁니다』, 나민애, 김영사, 2024

73 『읽지 못하는 사람의 미래』, 전병근, 유유, 2024

74 『내 아이를 위한 사교육은 없다』, 김현주, 청림life, 2024

75 『2025 대한민국 미래 교육 트렌드』, 미래교육집필팀, 뜨인돌, 2024,

76 『AI, 결국 인간이 써야 한다』, 이석현, iCOX, 2024

77 『어머니, 사교육을 줄이셔야 합니다』, 정승익, 메이트북스, 2023